나의 목표

시작한 날			년		월		일

마지막 날			년		월		일

하루 공부를 마치고
포도알을 색칠해 보자!

1일 1주제 9분 만에 끝내는
119 한국사

초판 1쇄 발행 2025년 12월 30일

지은이 이종관

펴낸이 윤주용
편집 도은주, 류정화 | 마케팅 조명구 | 홍보 박미나
외주편집 장기영, 박미선

펴낸곳 초록비책공방
출판등록 2013년 4월 25일 제2013-000130
주소 서울시 마포구 동교로27길 53 308호
전화 0505-566-5522 | 팩스 02-6008-1777

메일 greenrainbooks@naver.com
인스타 @greenrainbooks @greenrain_1318
블로그 http://blog.naver.com/greenrainbooks

ISBN 979-11-24126-09-7 (44080)
     979-11-24126-02-8 (세트)

어려운 것은 쉽게 쉬운 것은 깊게 깊은 것은 유쾌하게

초록비책공방은 여러분의 소중한 의견을 기다리고 있습니다.
원고 투고, 오탈자 제보, 제휴 제안은 greenrainbooks@naver.com으로 보내주세요.

1일 1주제 9분 만에 끝내는 한국사

50일 완성

이종관 지음

초록비책공방

119 시리즈 만점 활용법

119 시리즈는 하루 9분, 하나의 주제로 공부 습관을 만드는 책이야. 교실에서 아이들과 함께해 온 현장 선생님들이 직접 쓴 책이라서 너희가 꼭 알아야 할 개념과 생각하는 방법을 쉽고 정확하게 알려줄 거야. 이 책을 더 잘 활용할 수 있는 방법을 소개할게.

1. 하루 한 꼭지, 9분만 집중해 볼까?

119 시리즈는 '읽기 → 생각하기 → 정리하기' 순서로 이어져 있어. 먼저 질문으로 호기심을 열어주고 이어지는 짧은 이야기와 설명을 통해 자연스럽게 개념을 익힐 수 있지. 하루 2~4페이지 분량이라 부담 없고 꾸준히 하기에 딱 좋아.

2. 교과와 연계된 학습 키워드로 중심 잡기

각 꼭지는 학교에서 배우는 교과 단원과 연결되어 있고, 교과 개념과 연결된 학습 키워드를 중심으로 내용이 이루어져 있어. '왜 이걸 배우는지', '교과에서 어디와 연결되는지'를 자연스럽게 이해할 수 있지. 학교 수업과 함께 보면 훨씬 더 깊게 이해되고 복습 효과도 좋아.

3. 배운 내용을 '나만의 말'로 정리해 보기

이 책은 단순히 외우는 공부보다 생각 흐름을 따라 개념을 이해하도록 되어 있어. 본문 중간에 나오는 질문에 스스로 답해 보면 "아, 나는 이렇게 이해했구나!" 하고 정리가 돼. 이런 과정은 바로 논술형 평가에서 필요한 사고력으로 이어져.

4. <실력 쑥쑥 119>로 바로 복습하기

각 꼭지 바로 뒤에는 <실력 쑥쑥 119> 문제가 있어. 오늘 배운 내용을 잘 이해했는지 스스로 확인할 수 있고 중요한 개념만 다시 한 번 떠올릴 수 있어서 공부 효과가 훨씬 커져.

5. <더 알아보기 119>로 배움을 확장하기

선생님이 직접 고른 책·영상·사이트가 매 꼭지마다 소개되어 있어. 궁금한 내용을 조금 더 깊게 알고 싶거나 호기심이 생긴 부분이 있다면 여기 있는 자료들을 통해 탐구를 이어가 봐. 스스로 공부를 확장하는 힘을 자연스럽게 기를 수 있어.

6. <진로 119> 코너로 배움과 미래를 연결해 보기

각 챕터 끝에는 <진로 119> 코너가 있어. 오늘 배운 내용이 어떤 직업과 연결되는지 알려 주고 내가 좋아할 만한 분야가 무엇인지 생각해 볼 수 있어. 공부와 진로를 따로 떼어 놓지 않고 자연스럽게 이어주는 구성이야.

7. 매일 9분, 꾸준함이 진짜 실력이야

하루 9분은 짧아 보이지만 매일 쌓이면 사고력·문해력·기초 개념·교과 이해도가 놀랍게 자라게 돼. 119 시리즈와 함께 익숙한 교과 내용을 새로운 이야기와 질문으로 만나다 보면 자기만의 공부 루틴이 단단하게 자리 잡을 거야.

"선생님, 역사가 제 진로랑 무슨 상관이에요?"

학생들에게 이 질문을 받을 때마다 나는 이 책을 쓰게 된 이유를 떠올려. 역사는 단순히 과거의 이야기가 아니야. 우리가 지금 어떤 세상에 살고 있는지, 앞으로 어떤 세상을 만들어야 하는지를 알려주는 '시간의 지도'와도 같아. 그리고 진로란 그 지도 위에서 '나의 방향'을 찾아가는 여정이야.

돌멩이로 도구를 만들었던 구석기인, 나라를 세운 삼국의 왕들, 임진왜란 속에서 의병으로 나섰던 농민들, 독립을 외쳤던 3·1운동의 시민들까지. 이들은 모두 자기 시대 속에서 고민하고 선택하며 살아간 '사람'이었어. 어떤 일을 할지, 누구와 함께할지, 무엇을 지킬지를 고민했던 평범한 사람들이지. 역사를 공부한다는 건 시간을 뛰어넘어 과거의 사람들을 만나는 일이야. 그들의 선택과 실패, 용기와 좌절을 들여다보면서 우리는 자연스레 묻게 돼. "나라면 어땠을까?" "나는 어떤 선택을 할까?" 과거 사람들의 삶을 잘 들여다보는 것, 그것이 바로 나의 삶과 우리의 삶을 아름답게 만드는 길인 거지.

그렇다면 역사를 왜 공부해야 할까? 많은 학생이 역사를 '정답 맞히기'라고 생각해. 어느 해에 무슨 일이 일어났는지, 누가 무엇을 했는지 외우는 과목이라고 말이야. 하지만 역사는 정답을 찾는 공부가 아니라 나답게 살아갈 힘을 키우는 공부야.

진로를 고민할 때도 똑같아. "내가 정말 좋아하는 게 뭘까?" "이 길이 맞는 걸까?" 역사는 그 질문에 정답을 주지는 않아. 하지만 수많은 선택의 순간 앞에 섰던 사람들의 이야기를 보여주지. 이순신은 어떻게 절망 속에서 희망을 찾았을까? 전봉준는 어떻게 새로운 길을 열었을까? 전태일은 왜 자신의 목숨을 던졌을까? 이런 이야기를 보며 우리는 내가 어떻게 살고 싶은지, 무엇을 소중히 여기는지 발견하게 될 거고 그것이 바로 진로의 시작이야.

의사가 되고 싶다면 옛 의료인들이 어떻게 사람을 살렸는지를 보며 어떤 의사가 되고 싶은지를 생각해 볼 수 있어. 선생님이 되고 싶다면 역사 속 스승들이 어떻게 제자를 길러냈는지를 보며 '나는 어떤 교육을 하고 싶은가' 떠올려 볼 수 있지.

그리고 더 중요한 사실이 있어. 역사는 과거에 머물러 있지 않다는 거야. 지금 우리가 사는 이 순간도 역사야. 여러분이 친구와 나눈 대화, 학교에서 고민한 진로, SNS에 올린 생각까지 모두 역사가 되어가고 있어. 여러분의 삶도 그렇게 하나의 역사로 이어지게 될 거야.

지금 과학자를 꿈꾸는 여러분은 미래의 과학 역사를 쓰게 될 거야. 요리사를 꿈꾸는 여러분은 음식 문화의 역사에 새로운 장을 더하게 되겠지. 여러분의 진로는 단순히 '직업'이 아니라 여러분이 역사에 남길 '이야기'야. 그 길의 끝에는 언제나 '나'라는 역사의 주인공이 있어. 다른 사람의 기준이 아닌 내가 선택한 나만의 길. 그것이 바로 역사가 우리에게 알려 주는 가장 큰 교훈이야.

이 책을 읽는 지금, 여러분은 이미 역사의 한 장면에 서 있어. 과거를 잇고 미래를 여는 새로운 주인공으로서 여러분의 119번째 이야기를 시작해 보길 바란다.

차 례

2부. 통일 신라에서 고려까지, 왕조의 빛과 그림자

3부. 조선 500년, 권력과 일상의 풍경들

4부. 일제강점기, 나라를 지키려는 몸부림

5부. 대한민국의 굴곡진 길, 전쟁, 민주화 그리고 오늘

1부

돌멩이에서 삼국까지, 우리 역사 첫 걸음

돌멩이 하나가 인류의 역사를 바꿀 수 있을까?

구석기 역사를 바꾼 연천 전곡리 주먹도끼

스마트폰 없이 하루를 보낼 수 있어? 상상만 해도 답답하지?
그런데 놀랍게도 약 27만 년 전, 우리 조상들에게도 이런 '만능 도구'가 있었어. 바로 주먹도끼
야! 물방울 모양의 작은 돌이 어떻게 세계 고고학자들을 깜짝 놀라게 했는지 같이 살펴보자.

학습 키워드 #구석기 #뗀석기 #주먹도끼 #모비우스학설
교과 연계 중2 1학기 > 역사(세계사) > Ⅰ. 문명의 발생과 고대 세계의 형성

구석기 시대, 우리 조상들의 혁신적인 생존 전략

최초 인류인 오스트랄로피테쿠스 아파렌시스가 약 390만 년 전에 아프리카에서 출현했어. 그리고 한반도 지역에서는 약 70만 년 전부터 구석기 시대가 시작되었어. 그런데 말이야. 구석기 시대 사람들이 정말 원시적이었을까? 구석기 시대 사람들은 우리가 생각하는 것보다 훨씬 똑똑했어. 현대의 공학자처럼 돌을 정교하게 깨뜨려 뗀석기를 만들기도 하고 짐승뼈로 만든 골각기도 활용했지. 이런 도구들은 사냥, 채집, 음식 가공과 같이 생존에 필요한 모든 활동에 사용됐어.

더욱 재미있는 건 시간이 흐르면서 석기 제작 기술이 점점 발전했다는 거야. 처음에는 찍개나 주먹도끼처럼 하나로 여러 용도를 쓸 수 있는 '멀티툴'을 만들었지만 나중에는 긁개, 밀개 같이 특정 기능에 특화

된 '전문가용 도구'들도 생겨났어. 구석기 시대 후기에는 슴베찌르개처럼 정교한 석기까지 만들었어. 그중에서 주먹도끼는 단연 돋보였어. 끝은 뾰족하고 날카롭게 다듬어 손에 쥐고 사용할 수 있게 만들어서 자르기, 찢기, 파기, 캐기 등 뭐든 할 수 있었지. 사냥감을 해체하거나 나무를 다듬을 때, 식물의 뿌리를 캘 때 주먹도끼 하나면 충분했어. 구석기 시대의 '스위스 아미 나이프'였던 셈이야.

역사적 발견의 순간

그런데 이 주먹도끼가 한반도에서도 발견됐다는 사실, 알고 있니?

1978년 봄, 동두천 미군부대에서 근무하던 그렉 보웬이라는 병사는 한국인 여자 친구와 연천 전곡리 한탄강변 유원지로 나들이를 갔다가 발끝에 차인 돌멩이를 발견했어. 다른 사람 눈에는 그냥 돌멩이였지만, 보웬은 달랐어. 미국 대학에서 고고학을 전공한 보웬은 그 돌이 단순한 자연석이 아니라 가공된 석기라는 걸 직감적으로 알아차렸지. 보웬은 한탄강변을 탐정처럼 꼼꼼하게 조사하기 시작했어. 그 결과 아슐리안형 석기 여러 점을 추가로 찾아내고 발견 지점을 정확히 지도에 표시해 두었어.

부대로 돌아간 보웬은 밤을 새워 유물들에 대한 상세한 보고서를 작성했어. 이 보고서는 당시 세계적인 구석기 전문가로 명성이 높았던 프랑스의 프랑소와 보르도 교수에게 전달됐어. 보르도 교수는 이

↑ 경기도 연천 전곡리에서 주먹도끼를 발견한 보웬 병사

유물이 매우 중요한 의미를 갖는다는 것을 즉시 알아보았어. 그리고 우리나라 고고학의 대가였던 서울대 김원룡 교수에게 주먹도끼의 발견을 알렸어. 김원룡 교수는 곧바로 전곡리 일대에 대한 본격적인 발굴 조사에 착수했어. 그리고 드디어! 경기도 연천 전곡리에서 동아시아 최초로 아슐리안형 주먹도끼가 발견되었다는 사실이 세상에 알려졌어.

작은 돌멩이가 뒤바꾼 세계사

이 발견이 왜 그렇게 중요할까? 1970년대까지 세계 고고학계는 '정교한 주먹도끼는 유럽과 아프리카에만 있고 아시아에는 단순한 찍개만 있다'는 미국 하버드대 교수인 모비우스의 학설을 믿고 있었어. 그래서 동양의 구석기 문화는 서양보다 뒤떨어졌다고 여겼지. 하지만 1978년 전곡리에서 완벽한 대칭 모양의 주먹도끼가 나오면서 이 학설은 산산조각 났어. 아시아에도 고도의 기술이 있었다는 게 증명된 거니까.

주먹도끼를 제작할 때는 3차원적 사고가 필요해. 돌의 전체적인 형태를 머릿속에 정확히 그려야 완벽한 물방울 모양을 만들 수 있어. 이건 그냥 돌을 깨뜨리는 것과는 차원이 다른 고도의 인지 능력이야. 그러니까 30만 년 전 한반도에 살았던 우리 조상들은 이미 뛰어난 지적 능력을 가지고 있었다는 거지.

아프리카에서 시작해 유럽과 아시아로 퍼진 주먹도끼가 한반도에서 발견됐다는 건 우리나라가 문명의 변방이 아니라 세계 구석기 문화의 중요한 중심지 중 하나였다는 걸 보여 준 거야. 결국 보웬 병사가 우연히 한탄강에서 주운 작은 돌멩이 하나가 세계 고고학계의 시각을 바꾸고, 우리나라 역사의 큰 흐름까지 다시 쓰게 만든 거지.

1. 다음 중 구석기 시대 사람들의 생활 모습과 맞지 않는 것은?

　① 구석기인들은 고인돌을 만들었다.
　② 주먹도끼는 대표적인 뗀석기이다.
　③ 사냥과 채집 활동으로 식량을 구했다.
　④ 돌을 깨뜨려 만든 뗀석기를 사용하였다.
　⑤ 연천 전곡리에서 아시아 최초로 주먹도끼가 발견되었다.

　힌트 고인돌은 구석기 시대가 아니라 청동기 시대에 만들어진 무덤이야. 큰 돌을 세워서 만든 무덤이야.

2. 구석기 시대 사람들이 만든 도구 중, 양쪽을 정교하게 다듬어 물방울 모양으로 만든 만능 도구는 무엇일까?

----

3. 연천 전곡리에서 발견된 주먹도끼가 세계 고고학자들의 생각을 어떻게 바꾸었는지, 그 역사적 의미를 정리해 보자.

더 알고 싶어 119

📖📖 도서　▷ 영상　🔍 사이트

📖📖 **『돌멩이랑 주먹도끼랑 어떻게 다를까?』** (김경선, 시공주니어, 2011)
　우리나라 최고의 박물관인 국립중앙박물관을 상설 전시관별로 나누어서 구석기 시대부터 조선 시대까지 시대별·주제별로 대표적 유물에 대한 알찬 지식을 재미있게 풀어놓은 책이야.

▷ **똑똑 문화재 박사 - 주먹도끼** (EB S키즈)
　구석기 시대의 주먹도끼에 대해 알아보고 주먹도끼의 용도와 가치를 배울 수 있는 영상이야.

🔍 **전곡선사박물관** 주먹도끼가 발견된 연천 전곡리에 있는 박물관으로 주먹도끼를 실제로 볼 수 있고 온라인 전시관에서 우리나라 구석기 시대 역사를 한눈에 볼 수 있는 다양한 유물이 전시되어 있어..

우리나라 동해에 고래가 살았다고?

울주 반구대 바위그림으로 보는 선사 시대

"자~ 떠나자! 동해 바다로~ 신화처럼 숨을 쉬는 고래 잡으러~!"
〈고래사냥〉 가요의 가사야. 그런데 이게 단순한 노래가 아니라 아주 오래전에 있었던
진짜 이야기야 무려 약 7,000년 전 우리 조상들이 동해에서 고래를 사냥했거든.
그 놀라운 사실을 알려주는 게 바로 울주 반구대 바위그림이야.

학습 키워드 #선사 시대 #청동기 시대 #바위그림 #울주반구대암각화
교과 연계 중3 1학기 〉 역사(한국사) 〉 Ⅰ. 국가의 형성과 발전

문자 없는 시대, 그림으로 말하다

문자도 없고 휴대폰도 없던 시절에 사람들은 어떻게 자기 생각을 남겼을까? 바로 그림이야! 문자가 없던 선사 시대 사람들은 생활과 바람을 바위에 새겨 넣었어. 그래서 역사학자들은 인류의 역사를 문자가 생기기 전과 후로 나눠서 '선사 시대'와 '역사 시대'라고 부르지.

문자가 없던 선사 시대를 이해하려면 유물과 유적에 의존할 수밖에 없어. 신석기 시대의 대표 유물인 빗살무늬토기를 보면 "아, 당시 사람들은 음식을 저장하거나 끓여 먹었구나!"를 알 수 있어. 가락바퀴나 뼈바늘 같은 유물을 보면 "옷을 만들어 입고 그물을 사용했구나!" 하고 짐작할 수 있지. 청동기 시대의 거대한 고인돌을 보면 "와, 이 때는 벌써 부자와 가난한 사람이 구분되었구나!" 하는 것도 알 수 있고.

그런데 이 중에서 가장 재미있고 생생한 자료는 바로 바위그림이야. 우리나라에도 유명한 바위그림이 여러 개 있는데, 그중에서도 울산 울주 반구대 바위그림이 제일 유명해.

약 7,000년 전 고래사냥의 생생한 기록

울주 반구대 바위그림은 1971년에 발견되었고 지금은 국보로 지정돼 있어. 우리나라 선사 시대 암각화 유적 중에 가장 오래된 거야. 너비 8m, 높이 4.5m의 바위에 그림은 300개가 넘게 새겨져 있는데 고래, 물개, 거북 같은 바다 동물과 사슴, 호랑이, 멧돼지 같은 육지 동물까지 아주 다양해. 그리고 사람, 배, 작살, 그물 같은 것도 함께 그려져 있지.

그림 속 고래들은 정말 사실적으로 표현됐어. 물을 뿜으며 헤엄치는 고래, 등에 작살이 꽂힌 고래, 그물에 걸린 동물들…. 짐승을 사냥하는 사냥꾼, 배를 타고 고래를 잡는 어부 등의 모습은 마치 만화책 장면처

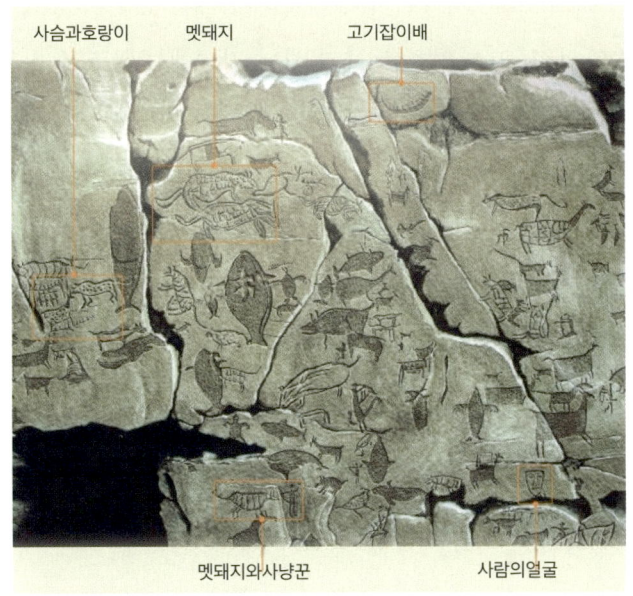

사슴과호랑이 멧돼지 고기잡이배

멧돼지와사냥꾼 사람의얼굴

↑ 울주 반구대 바위그림에 새겨진 다양한 동물과 사람

럼 생생하지. 그래서 학자들은 이 그림이 약 7,000년 전 신석기 시대 사람들이 실제로 고래를 사냥한 모습을 기록한 것이라고 생각해. 놀랍게도 이건 세계에서 가장 오래된 고래사냥 그림이야.

반구대 바위그림에는 고래와 더불어 여러 사람을 실은 배, 죽은 고래가 가라앉지 않게 하는 부구(뜰채), 그물 같은 것을 이용한 포경 장면이 다큐멘터리처럼 사실적으로 표현되어 있어. 정말 놀라운 관찰력과 예술적 재능이야. 또 바위그림에 새겨진 샤먼(제사장)으로 보이는 인물이 그려져 있는데, 이는 고래잡이가 잘 되길 바라는 의식도 했다는 걸 알려 주지.

인류 공동의 보물 바위그림

울주 반구대 바위그림은 단순한 과거의 흔적이 아니라 선사 시대 사람들의 삶과 생각을 알려주는 귀중한 역사 자료야. 특히 고래잡이 장면은 세계적으로도 드문 기록이라 우리나라가 해양 문화의 중요한 지역이었다는 걸 알려줘. 또 다양한 동물과 사냥 장면에는 풍요를 바라고 자연을 존중하는 종교적 의미도 담겨 있어. 요즘처럼 환경 문제가 심각한 시대에 반구대 바위그림은 우리에게 자연과 더불어 살아가라는 지혜를 전해 주고 있어.

하지만 지금 바위그림은 댐 물에 잠기고 바람과 비에 깎여서 점점 사라질 위기에 있어. 그래서 많은 사람들이 이 소중한 바위 그림을 지키고, 보존하려고 애쓰고 있지. 2025년 7월에는 천전리 바위그림과 함께 유네스코 세계유산에 등재됐어. 반구대 바위그림은 단순한 옛날 그림이 아니라 과거와 현재, 그리고 미래를 이어주는 인류 공동의 문화유산이야.

1. 선사 시대 유물과 시대를 바르게 연결해 보자.

① ·

· ㉠ 구석기 시대

② ·

· ㉡ 청동기 시대

③ ·

· ㉢ 신석기 시대

힌트 주먹도끼-구석기 시대, 빗살무늬토기-신석기 시대, 고인돌-청동기 시대로 연결돼. 각 시대를 대표하는 유물들로 당시 사람들의 생활 모습과 기술 발달 수준을 알 수 있어.

2. 당시 사람들이 바위에 그림을 새긴 이유는 무엇이었을까?

----

3. 울주 반구대 바위그림을 통해 알 수 있는 당시 사람들의 생활 모습은 어떠했을까?

 더 알고 싶어 119

📖 도서 ▶ 영상 🔍 사이트

📖 『고래 233마리』 (곽재식, 주니어김영사, 2022)
청동기 시대가 생생하게 살아나는 마법 같은 역사 동화로 반구대 암각화에 새겨진 고래 장군 이야기를 만날 수 있어.

▶ 반구대 암각화 (EBS 컬처)
반구대 암각화 발견부터 탐사 그리고 보존까지 세련된 영상으로 확인할 수 있고 특히 바위그림의 다양한 동물과 사람들을 만날 수 있어.

🔍 울산암각화박물관 울산 반구대 암각화뿐만 아니라 선사 시대 바위그림 전반을 공부할 수 있는 박물관이야. 기회가 되면 꼭 방문해 보길 바라.

고인돌은
어떤 비밀을 품고 있을까?

청동기 시대의 거대한 돌무덤, 고인돌

핑매바위를 맨손으로 옮기려면 몇 명이 필요할까? 무려 2,200명이야!
크레인도 없던 청동기 시대에 우리 조상들은 어떻게 이런 엄청난 바위를 옮겨서 무덤을 만들었
을까? 전남 화순의 핑매바위가 들려주는 청동기 시대의 비밀을 알아보자.

학습 키워드   #청동기시대 #고인돌 #군장 #핑매바위
교과 연계   중3 1학기 > 역사(한국사) > Ⅰ. 국가의 형성과 발전

거대한 돌무덤의 비밀

피라미드처럼 신비로운 건축물이 우리나라에도 있다는 거 알아? 바
로 고인돌이야! 고인돌은 커다란 돌을 올려 만든 무덤인데, 기원전 2,500
년경부터 기원전 수백 년 전후로 많이 만들어졌어. 우리나라 전역에서
무려 2만 기 이상 발견됐어. 전 세계 고인돌의 절반 이상이 우리나라에
있을 정도야.

고인돌은 청동기 시대 사람들이 만든 무덤이야. 커다란 돌을 올려서
만든 독특한 구조를 가지고 있어. 고인돌은 크게 탁자식, 바둑판식, 개석
식 등 여러 가지 모양이 있고 보통 청동기 시대의 지배자 무덤이라고 추
측하고 있어. 실제로 고인돌 안에서 돌검이나 청동검 같은 권력자의 물
건이 발견되기도 했거든. 하지만 모든 고인돌이 꼭 지배자의 무덤은 아

니야. 고인돌에서 어린이나 여성, 노인의 유골도 나왔어. 또 생활 도구도 함께 발견된 걸 보면 크기가 작은 고인돌은 평범한 사람들의 무덤일 수도 있어. 그러니까 고인돌은 지배자만을 위한 게 아니라 청동기 시대의 무덤 양식 중 하나였던 거지.

고인돌은 주로 해안이나 강이 흐르는 절벽 근처에서 발견돼. 자세히 보면 이곳들은 모두 커다란 바위를 구하기 쉬운 장소라는 공통점이 있지. 청동기 시대 사람들은 물이 가까운 평지에 마을을 이루고 살면서 필요한 돌을 근처 산이나 절벽에서 직접 옮겨와 고인돌을 만들었어. 강을 따라 이동하거나 통나무로 굴려 옮겼을 수도 있지. 지금처럼 트럭도, 택배도 없던 시대였지만 사람들은 지형을 꼼꼼히 살펴 가장 효율적인 장소를 골랐어. 자연의 조건을 잘 활용한 거야. 이렇게 보면 청동기 시대 사람들은 단순히 무덤을 만든 것이 아니라, 살기 좋은 곳과 돌을 옮기기 쉬운 환경을 함께 고려한 지혜로운 건축가였던 거지.

핑매바위와 협동의 힘

자, 이제 정말 놀라운 이야기를 해줄게! 전남 화순의 핑매바위는 길이 7m, 높이 4m, 무게 220톤이 넘는 초대형 덮개돌로 만든 세계 최대 크기의 고인돌이야. 약 220톤이 얼마나 무거운지 감이 와? 이 정도면 대형버스 15대를 쌓은 무게야! 당시 방식으로는 1톤 바위를 옮기려면 성인 남성 10명이 필요했어. 그러면 핑매바위를 옮기려면 약 2,200명이나 사람이 필요하다는 계산이 나와. 어마어마하지?

그렇다면 마을에는 몇 명이 살았을까? 한 사람당 가족이 3~5명이라고 보면 약 1만 명 정도가 모여 살았을 거야. 작은 마을이 아니라 지금으로 치면 중소도시 규모야.

이 많은 사람들이 펑매바위를 중심으로 산 아래쪽에 모여 살았을 거야. 펑매바위 근처에는 작은 고인돌들도 많아. 펑매바위처럼 크기가 크고 잘 다듬어진 고인돌은 무덤이라기보다는 하늘에 제사를 지내던 제단으로 쓰였을 가능성이 커. 마을 사람들은 무거운 돌을 함께 옮기고 제사를 지내며 단결했을 거야.

살아있는 역사교과서 고인돌

청동기 시대 사람들은 자연의 모든 것이 살아 있다고 믿었어. 그중에서도 바위를 단순한 돌이 아니라 신성한 존재로 여겼어. 변하지 않는 큰 바위에 영원한 힘이 있다고 믿었던 거야. 그래서 커다란 바위를 이용해 무덤을 만들고, 그 바위처럼 죽은 사람도 영원하길 바랐어. 오랜 세월이 흘러 많은 역사의 흔적은 사라졌지만 고인돌은 그 자리에 남아서 우리 선조들이 어떤 모습으로 살았는지 보여주고 있어.

이렇게 고인돌은 단순한 돌무덤이 아니야. 청동기 시대의 정치, 경제, 종교, 문화를 모두 담고 있는 살아 있는 역사 교과서지. 그래서 우리나라의 고창 · 화순 · 강화 고인돌 유적은 유네스코 세계문화유산으로 지정되었어. 고인돌은 우리나라 선사 시대 조상들의 협동심과 신앙, 그리고 사회 발전 단계를 보여주는 소중한 문화유산이야.

1. 고인돌에 대한 설명으로 옳지 않은 것은?

① 고인돌은 주로 지배자의 무덤이었다.
② 고인돌은 주로 신석기 시대에 제작되었다.
③ 고인돌에서 돌검이나 청동검 등이 발견되기도 한다.
④ 고인돌이 세워진 지역은 큰 집단이 형성되었음을 알 수 있다.
⑤ 고인돌은 유럽, 인도, 동남아시아 등 유라시아 대륙에서도 발견되었다.

힌트 고인돌은 신석기 시대가 아니라 주로 청동기 시대에 만들어진 거대한 돌무덤이야.

2. 우리나라에서 고인돌이 발견된 대표적인 지역을 세 곳 이상 적어 보자.

---

3. 고인돌을 통해 알 수 있는 청동기 시대의 특징을 정치·경제·종교 측면에서 정리해 보자.

더 알고 싶어 119

📖 도서   ▷ 영상   🔍 사이트

📖 『**핑매바위 고인돌**』 (박윤규, 키큰도토리, 2024)
세계에서 가장 큰 고인돌로 불리는 핑매바위가 세워진 이야기를 동화 형식으로 재미있게 구성한 책이야.

▷ **한국의 세계유산 시리즈 - 고인돌 (국가유산청)**
국가유산청에서 청동기 시대 대표적인 무덤 형식인 고인돌을 재미있는 애니메이션으로 제작한 영상이야. 당시 사람들이 고인돌을 어떻게 만들었는지 영상으로 확인할 수 있어.

🔍 **고창 세계유산 고인돌 박물관** 고창 고인돌 유적지에는 약 450기의 고인돌이 있고 단일 구역으로는 우리나라에서 가장 큰 군집을 이루고 있어. 다양한 체험 활동을 통해 청동기 시대를 체험할 수 있는 박물관이야.

환웅은 정말 하늘에서 내려왔을까?

우리나라 최초의 국가 고조선

"아름다운 이 땅에 금수강산에~ 단군 할아버지가 터 잡으시고~"라는 노래, 들어본 적 있지? 노래 속 단군 할아버지는 바로 단군왕검이야. 단군이 세웠다는 우리 민족 최초의 국가, 고조선은 어떤 나라였을까? 환웅, 웅녀, 단군이 들려주는 이야기 속으로 같이 들어가 보자.

학습 키워드 #단군왕검 #고조선 #삼국유사 #최초의국가
교과 연계 중3 1학기 > 역사(한국사) > Ⅰ. 국가의 형성과 발전

　　10월 3일이 무슨 날인지 알지? 바로 개천절이야. 우리나라 최초의 국가, 고조선의 건국을 기념하는 날이야. 개천절의 사전적 의미는 開(열 개), 天(하늘 천), 節(마디 절) 즉 '하늘이 열린 날'이라는 뜻이야. 삼일절, 제헌절, 광복절, 한글날과 함께 중요한 국경일 중 하나로 일제강점기 때 대한민국 임시정부도 기념식을 했을 만큼 의미가 커.

　　단군 이야기는 고려 시대 일연 스님의 『삼국유사』, 조선 시대 이승휴의 『제왕운기』, 그리고 『세종실록지리지』, 『동국여지승람』 같은 책들에 실려 있어. 이 가운데 『삼국유사』에는 단군신화가 자세히 전해져 있지. '하늘을 다스리는 환인의 아들 환웅이 인간 세상을 이롭게 하려고 내려오고, 쑥과 마늘을 먹은 곰이 여자가 되어 환웅과 혼인해 단군을 낳고, 단군왕검이 아사달에 도읍해 고조선을 세웠다'는 내용이야.

『삼국유사』의 기록을 보면 단군은 농경문화를 바탕으로 기원전 2333년에 고조선을 세웠어. 또 단군은 1500여 년 동안 나라를 다스리고 1908살까지 살았다고 기록되어 있어. 그런데 잠깐! 1,908살이라니! 짐작하겠지만 단군왕검은 어느 한 사람의 이름이 아니야. 단군은 제사장, 왕검은 지배자를 뜻하거든. 단군왕검은 고조선에서 대대로 나라를 다스리며 제사도 지냈던 지배자들을 통틀어 부르는 이름이야. 1,500여 년 동안 40여 명의 단군왕검이 고조선을 다스렸대. 이제 이해가 되지?

단군신화 속에 담긴 고조선 건국의 역사적 의미

『삼국유사』에 기록된 단군신화는 약 4,300년 전 고조선 건국의 실제 모습이 숨어 있어.

> 환인의 아들 환웅이 널리 인간을 이롭게 하고자 태백산 신단수 아래로 내려왔다. 그는 풍백(바람을 다스리는 신), 우사(비를 다스리는 신), 운사(구름을 다스리는 신)를 거느리고, 곡식, 생명, 질병, 형벌, 선악 등과 인간의 360여 가지 일을 주관하여 인간 세상을 다스리고 교화하였다. 이때 곰과 호랑이가 사람이 되길 원하므로, 환웅은 쑥, 마늘을 주어 100일간 굴에서 견디게 하였다. 이를 지킨 곰은 여자로 변하여 환웅과 혼인해 아들을 낳았으니 그가 단군왕검이다. 단군왕검은 아사달에 수도를 정하고 조선이라는 나라를 세웠다.

이 신화를 역사적으로 해석해 보면 놀라운 진실이 드러나. 청동기가 보급된 이후 부족 간의 전쟁이 자주 발생해서 강한 세력들은 자기들을 중심으로 연맹을 만들거나 주변 집단을 정복하며 세력을 확장했는데, 이 과정에서 우리나라 최초의 국가인 고조선이 등장한 거야. 단군신화에 등장하는 환웅은 부족을 이끄는 군장으로 '국민을 위해 일하겠다'고 공약하는 듯 '홍익인간'이라는 멋진 슬로건을 내걸었어. 또 환웅과 웅녀의 혼인은 부족 간의 연합으로 해석할 수 있어. 환웅 부족은 웅녀로 대표되는 곰을 숭배하는 부족으로 똑똑하게 연합해 고조선을 세웠음을 알 수 있어. 단군신화에서 환웅이 곡식을 주관한다고 한 건 고조선이 농경사회를 기반으로 했다는 중요한 단서야.

고조선의 8조법으로 보는 당시 사회 모습

약 4,300년 전 고조선에는 지금처럼 사회 질서를 유지하기 위한 8조법이 있었는데, 이 중 세 가지 조항이 기록으로 전해지고 있어. 첫 번째 조항은 생명에 관한 것, 두 번째 조항은 신체에 관한 것, 세 번째 조항은 재산에 관한 거야. 『한서』에 기록된 8조법의 내용을 살펴보면,

대개 사람을 죽인 자는 즉시 죽이고, 남에게 상처를 입힌 자는 곡식으로 갚는다. 도둑질을 한 자는 노비로 삼는다. 용서를 받고자 하는 자는 한 사람마다 50만 전을 내게 한다. 비록 용서를 받아 보통 백성이 되어도 풍속에 역시 이를 부끄럽게 여겨 혼인을 하고자 해도 짝을 구할 수 없다. 이리하여 백성은 도둑질을 하지 않아 대문을 닫고 사는 일이 없었다. 여자는 모두 정숙하여 음란하고 편벽된 짓을 하지 않았다.

이 내용을 보면 당시 고조선은 농경사회이고 개인의 생명과 노동력을 중요하게 생각했다는 걸 알 수 있어. 권력과 경제력의 차이가 생기면서 개인 재산이 있었고 생명과 재산을 보호하기 위한 형벌이 있었지. 노비로 삼았다는 걸 보니 계급 사회였을 거고 돈을 사용했을 가능성도 보여. 여성의 정숙함을 강조하는 가부장적인 가족 제도이기도 했네. 고조선은 단순한 부족국가가 아닌 법 체계가 운영되었던 발달된 국가였던 거야.

1. 고조선에 대한 설명으로 옳지 않은 것은?

　① 고조선은 신석기 문화를 기반으로 건국되었다.

　② 고조선 단군신화는 『삼국유사』에 기록되어 있다.

　③ 고조선은 사회의 질서를 유지하기 위해 법을 만들었다.

　④ 단군왕검은 부족을 통합하는 과정에서 고조선을 건국하였다.

　⑤ 개천절은 최초의 국가 고조선 건국을 축하하기 위한 기념일이다.

힌트 고조선은 신석기가 아니라 청동기 문화를 바탕으로 세워졌어. 청동기 제작 기술과 농업 발달을 바탕으로 계급사회가 형성되면서 우리 역사상 최초의 국가가 탄생했어.

2. 단군신화에서 고조선이 농경 사회였다는 걸 보여 주는 단서를 두 가지 적어 보자.

힌트 환웅이 곡식을 주관했다는 내용, 그리고 쑥과 마늘 같은 농작물이 등장하는 내용이야. 농사를 짓고 정착해 살았다는 힌트지.

　---

3. 고조선의 8조법을 통해 본 당시 사회의 모습을 정리해 보자.

더 알고 싶어 119

📖 도서　▶ 영상　🔍 사이트

📖 **『고조선, 우리 역사의 시작』 (김일옥, 개암나무, 2024년)**
우리나라 최초의 국가 고조선과 단군왕검 이야기를 그림책으로 만날 수 있고 청동기 시대와 철기시대의 특징을 공부할 수 있어.

▶ **한반도 최초의 나라 '고조선'을 세운 왕 (KBS Kids)**
역사를 공부하고 싶은 어린이들이 고조선을 세운 왕 단군왕검을 만나러 시간 여행을 떠나는 영상이야. 단군 신화 이야기부터 강화도 첨성단까지 고조선과 단군왕검을 공부할 수 있는 영상이야.

🔍 **국립중앙박물관** 선사·고대관에서 구석기부터 고조선까지의 역사를 공부할 수 있어.

강력한 왕권은 어떻게 생겨났을까?

삼국의 중앙 집권 체제 정비

드라마 속 왕들은 처음부터 모든 걸 마음대로 했을까? 사실 처음엔 그렇지 않았어.
고구려·백제·신라의 왕도 처음엔 여러 부족 우두머리와 함께 나라 일을 의논했지.
그런데 시간이 지나면서 왕의 힘이 점점 커졌어. 어떻게 그렇게 바뀌었을까?
삼국이 진짜 '왕다운 왕'을 만들기까지 과정을 차근차근 살펴보자.

학습 키워드 #연맹왕국 #고대국가 #중앙집권체제 # 율령 #불교
교과 연계 중3 1학기 〉 역사(한국사) 〉 Ⅰ. 국가의 형성과 발전

연맹왕국에서 고대국가로의 변화 과정

대한민국 대통령은 모든 권력을 혼자 갖고 있을까? 물론 아니지! 국회와 법원, 각 부처가 나누어 권력을 행사하고 있어. 약 1,500년 전 삼국 시대에도 비슷한 상황이었어.

처음 고구려, 백제, 신라 삼국은 여러 부 또는 소국이 모인 연맹왕국 이었어. 삼국의 왕은 초기에 부 또는 소국의 우두머리들과 공동으로 국가를 이끌어 갔어. 마치 현대의 연합정부처럼 말이야.

각 부의 우두머리는 자기 영역과 백성을 거느리고 자체적으로 관리를 임명해서 부족을 통치했어. 이 시기에는 가장 세력이 강한 부의 우두머리가 왕이 되었지만 왕이 모든 걸 혼자 결정하지는 못했어. 전쟁이나 중대한 범죄자의 처벌 같은 국가의 중요한 일은 왕과 각 부의 우두머리

가 회의를 열어 결정했지.

　그런데 전쟁과 정복이 이어지면서 상황이 바뀌었어. 싸움을 이끈 왕이 영토와 군사를 쥐게 되자, 왕의 힘이 점점 커졌지. 마치 성공한 장수가 점점 더 큰 권력을 갖게 되는 것처럼 말이야.

　왕을 중심으로 중앙 집권적 지배 체제를 갖춰 나가면서 각 부의 세력은 점차 약화되어가. 그 결과 고구려에서는 2세기 태조왕 이후, 백제에서는 3세기 고이왕 이후 왕위가 세습되기 시작했어. 신라에서는 4세기 내물왕부터 김씨 집안에서만 왕을 배출했지. 드디어 '왕조'가 시작된 셈이야. 지방 우두머리들은 점차 중앙 귀족으로 흡수되었고 연맹의 색깔은 옅어졌어.

율령 제정을 통한 체계적인 국가 운영

　국가를 운영하려면 무엇이 가장 필요할까? 바로 법이야. 삼국도 마찬가지로 영토가 커지고 인구가 늘어나면서 국가를 효율적으로 다스릴 수 있는 규칙이 필요했어. 사회 질서를 어지럽히는 행동에 대한 처벌, 관등의 체계, 중앙과 지방의 행정 조직, 신분 및 조세 제도 등에 관한 규정을 마련했는데, 이걸 '율령'이라고 해.

　고구려는 4세기 소수림왕, 백제는 3세기 고이왕, 신라는 6세기 법흥왕이 율령을 마련해서 통치 기반을 다지고 왕권을 강화했어. 정말 똑똑한 왕들이었지.

　삼국의 왕은 신분 제도도 정비했어. 중앙 귀족으로 흡수된 지배층이 다스렸던 영역의 크기나 군사력에 따라 서열을 만들었지. 신라는 이 과정에서 골품제라는 독특한 신분 제도를 만들었어. 또 왕은 새로 편입된 영역과 백성을 효율적으로 다스리기 위해 행정 구역을 나누고, 지방에 관리를 보내서 다스렸어.

불교 수용과 사상 통합

자, 이제 정말 흥미진진한 이야기를 해줄게. 삼국은 중앙 집권 체제를 갖추면서 백성을 정신적으로 통합하고 효율적으로 복종시키며 국왕의 권위를 뒷받침할 수 있는 체계적인 사상이 필요했어. 그런데 마침 이 무렵 중국에서 불교가 전파되었지. 왕권 중심의 강력한 국가를 지향하던 삼국은 당시 높은 사상 체계를 갖추고 있던 불교를 왕실 중심으로 적극적으로 받아들였어. 고구려는 372년 소수림왕 때 중국 전진으로부터 불교를 받아들였고, 백제는 384년 침류왕 때 중국 동진으로부터 불교를 수용했어. 신라에서는 고구려를 통해 불교가 전래된 지 약 100년만인 527년 법흥왕이 귀족들의 반대를 극복하고 불교를 공인했어.

그런데 왜 삼국의 왕들이 불교에 그렇게 열광했을까? 불교는 삼국의 왕권 강화에 무척 유용한 사상이었거든. 부처를 왕에 비유하여 국왕의 정당성을 높이고, 윤회 사상으로 귀족으로 태어난 것에 대한 정당성을 설명했어. '왕은 전생에 많은 공덕을 쌓아서 왕으로 태어났다'는 식으로 말이야. 백성들 역시 '부처를 잘 믿으면 다시 태어날 때 더 좋은 환경에서 태어날 것'이라고 믿었지.

정말 절묘한 윈-윈 전략이었어. 불교는 왕과 귀족, 백성들을 모두 만족시키며 크게 전파되었어. 성공한 마케팅 전략처럼 모든 계층의 니즈를 충족시킨 거야. 이렇게 해서 삼국은 연맹왕국에서 중앙 집권적 고대국가로 완전히 탈바꿈했어. 왕들은 드디어 진짜 '왕다운 왕'이 된 거야.

1. 삼국의 중앙 집권 체제 정비 과정으로 옳지 않은 것은?

① 신라는 내물왕부터 김씨 집안에서 왕을 배출하였다.
② 고구려는 법흥왕 때 중국으로부터 불교를 받아들였다.
③ 삼국은 관등제를 정비하여 관리의 등급과 서열을 나누었다.
④ 삼국은 국가를 효율적으로 다스리기 위해 율령을 제정하였다.
⑤ 삼국의 중앙 귀족들은 귀족 회의를 통해 국정에 참여했다.

힌트 고구려는 소수림왕 때 불교를 받아들였고, 법흥왕은 신라의 왕이야. 삼국의 중앙 귀족들은 제가 회의, 정사
암 회의, 화백 회의로 국정에 참여했어.

2. 삼국이 국가를 체계적으로 운영하기 위해 만든 법령 체계의 이름은 무엇일까?

힌트 처벌 규정, 관등 체계, 행정 조직, 신분·조세 제도 같은 나라 운영 원칙을 정해 둔 규칙을 생각해봐.

----

3. 삼국이 연맹왕국에서 중앙 집권 국가로 발전하면서 나타난 변화를 세 가지 이상 적
어 보자.

 더 알고 싶어 119 📖도서 ▶영상 🔍사이트

📖 『**삼국 시대 사람들은 어떻게 살았을까?**』 (한국역사연구회, 휴먼북스, 2022)
삼국 시대 사람들의 생활, 풍속, 경제, 대외관계, 사회 등 일상적인 삶의 모습을 확인할 수
있는 책이야.

▶ **삼국 시대의 불교** (국가유산채널)
삼국 시대의 불교를 <쇼미더머니> 형식의 힙합과 랩으로 노래하며 배울 수 있는 영상이야. 즐
겁게 따라 부르면서 공부해 봐.

삼국은 왜 한강 유역을 차지하려고 했을까?

삼국 시대 한강 쟁탈전

여러분, 오늘 날의 '핫플'이 과거에도 핫플이었을까? 놀랍지만 맞아.
약 1,500년 전에도 한강은 교통·무역·농업의 중심지였어.
이곳을 가진 나라가 삼국의 주인공이 됐지.
고구려·백제·신라가 왜 한강을 두고 목숨 걸고 싸웠는지, 차근차근 파헤쳐 보자.

학습 키워드 #풍납토성 #충주고구려비 #진흥왕 #한강유역
교과 연계 중3 1학기 > 역사(한국사) > Ⅰ. 국가의 형성과 발전

한강, 고대의 황금 땅

약 1,500년 전 한강은 '삼국통일의 열쇠'였어. 한강은 우리말 '한가람'에서 유래했는데 '한'은 '크다'라는 뜻이고 '가람'은 '강'의 옛말이야. '큰 강'이라는 뜻이지. 그런데 한강이 왜 그렇게 중요했을까?

첫 번째 이유는 지리적 위치 때문이야. 한강은 한반도의 가운데 위치하고 서해로 나갈 수 있어서 교통에 유리했어. 또 서해안을 통해 중국과 직접 무역할 수 있는 국제 관문 역할을 해서 그 중요성이 컸어. 한강 주변은 평야 지대로 농사를 짓기 유리하고 물자도 풍부해서 한강을 따라 사람들이 많이 살았어. 이렇게 지리적, 경제적 중심지였던 한강을 삼국 시대에는 어느 나라가 차지하느냐에 따라 삼국의 주도권을 가질 수 있었지. 마치 현대의 '게임체인저' 같은 존재였던 거야.

백제, 한강 유역을 먼저 차지하다

가장 먼저 한강의 가치를 알아본 나라는 백제야. 사실 백제는 고구려의 유민들이 한반도 남쪽으로 내려와서 세운 나라야. 고구려 동명성왕의 아들인 온조가 한강 유역 근처인 위례성에 터를 잡고 백제를 세웠어. 그 이후 한강 유역은 오랫동안 백제의 땅이었어. 비옥한 한강 유역에 자리를 잡은 백제는 빠르게 발전해서 삼국 중 가장 먼저 전성기를 맞이했어.

4세기 근초고왕 때는 정말 대단했지. 한강 남쪽의 충청도와 전라도 대부분의 지역을 차지하고 중국과 일본으로 진출해서 세력을 넓혔어. 그리고 고구려의 평양성을 공격해서 고국원왕을 전사시키기까지 했어. 당시 '삼국 시대 최강자' 다운 면모였지.

현재 서울에는 백제 유적이 곳곳에 남아 있어. 백제의 약 660년 역사 중 약 475년 동안 한강이 있는 서울을 수도로 삼았기 때문이야. 서울 송파구에 위치한 풍납토성이 백제의 첫 도읍지인 하남 위례성이라는 주장이 있어. 그리고 서울시 광진구 아차산에는 백제 시대에 고구려의 침입을 물리치기 위해 만든 산성이 남아 있어. 지금 우리나라의 수도 서울이 바로 백제의 심장부였던 거야.

고구려, 남진으로 한강을 빼앗다

백제의 압박으로 위기를 겪은 고구려는 광개토대왕의 대규모 정복 사업으로 국력을 회복하고 전성기를 맞이해. 광개토대왕은 백제의 북쪽 요충지인 관미성을 빼앗고 한강 위쪽의 여러 성을 차례로 함락시켰어. 광개토대왕의 뒤를 이은 장수왕은 더욱 대담하게 수도를 평양으로 옮기고 과감히 남진했어. 결국 백제를 공격해 475년에 수도 한성을 함락시키고 한반도 중부 지역까지 영토를 확장했어. 충북 충주에 남아 있는 충주

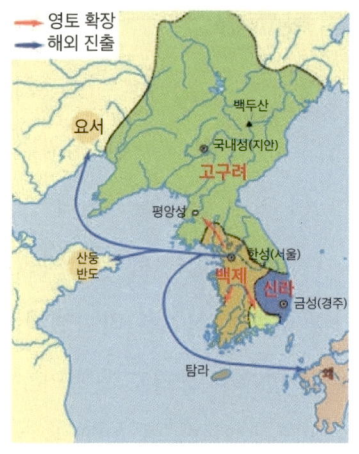

↑ 한강 유역을 차지한 순서에 따른
삼국의 전성기

고구려비는 장수왕의 남한강 일대 정복을 기념하는 '승리의 표식'이야.

신라의 기습과 한강 유역의 최종 주인

고구려에게 한강을 빼앗긴 백제는 신라와 손을 잡고 고구려를 압박했어. 사실 한반도 동남쪽에 위치한 신라는 중국과 교류가 적어 삼국 중 가장 발전이 늦었어. 그래서 백제와 동맹을 맺고 고구려를 견제하려고 했지. 백제와 신라 동맹은 함께 고구려를 공격해서 한강 유역을 되찾는 데 성공했어. 신라의 진흥왕 때 일이야. 그런데 여기서 반전이 일어나.

진흥왕이 한강 유역을 독차지하기 위해 갑자기 군사를 돌려 백제를 공격해 버린 거야. 그 결과 신라는 백제를 물리치고 한강 유역을 완전히 장악해서 삼국 항쟁의 주도권을 잡았지.

1. 삼국이 한강 유역을 차지한 순서를 써 보자.

   힌트 백제가 건국 초기부터 한강 유역을 차지했고 5세기 고구려 장수왕이 남진 정책으로 빼앗았으며, 6세기 신라 진흥왕이 최종적으로 차지했어.

   ----

2. 한강 유역의 중요성을 알려 주는 고구려의 기념비 이름은 무엇일까?

   힌트 남한에 남아 있는 유일한 고구려의 비석으로 장수왕의 한강 유역 정복을 기념한 승리 기념비야.

   ----

3. 삼국이 한강 유역을 두고 치열하게 싸운 이유를 지리·경제 관점으로 종합해 정리해 보자.

 더 알고 싶어 119   📖도서 ▷영상 🔍사이트

📖 『**역사가 흐르는 강, 한강**』 (송언, 우리교육, 2015)
서울을 가로지르는 한강 물길을 따라 선사 시대부터 근대까지 재미있는 역사 이야기를 만날 수 있는 책이야.

▷ **한강의 과거와 현재 (한강공원)**
한강을 지리, 역사, 예술 3개의 테마로 구분하여 각 분야 전문가들이 설명하는 영상이야. 옛 사진과 그림, 지도 등 한강 관련 주요 기록물을 통해 시대별 한강의 모습을 만날 수 있어.

🔍 **한강공원 미래한강본부** 한강의 역사, 주요 시설, 축제, 생태 등 한강의 모든 것을 확인할 수 있는 곳이야. 한강이 궁금하면 이곳을 꼭 방문해 봐.

고구려는 수·당의 침략을 어떻게 막았을까?

113만 대군이 쳐들어온다고 상상해 봐. 숨이 턱 막히지?
그런데 고구려는 그 거대한 군대를 무너뜨렸어. 을지문덕, 연개소문, 안시성 사람들까지.
어떻게 불가능을 가능으로 바꿨을까? 전쟁의 흐름과 비밀 전략을 한 장면씩 따라가 보자.

학습 키워드 #수당전쟁 #살수대첩 #을지문덕 #한반도의방파제
교과 연계 중3 1학기 〉 역사(한국사) 〉 Ⅰ. 국가의 형성과 발전

동북아시아 세력 균형과 고구려의 선택

신라가 한강 유역을 차지한 6세기 중엽 이후 삼국의 경쟁은 더욱 치열해졌어. 이 무렵 중국은 수나라가 남북조의 분열을 끝내고 중국을 통일하면서 주변 세력을 확장해 '신흥 강대국'이 된 거야.

위기를 느낀 고구려는 정말 똑똑한 외교 전략을 세웠어. 북쪽의 돌궐과 손잡고 수나라에 맞섰고, 남쪽으로는 백제·왜와의 교류를 늘려 신라가 커지는 걸 막은 거야. 한편 고구려와 백제의 공격으로 위험해진 신라는 수나라·당나라와 손을 잡고 세력을 키웠지. 이로써 동북아시아에는 '신라+수·당' 대 '고구려+백제·왜'의 대립 구도가 만들어졌어.

수나라 황제인 문제는 고구려에 복종을 강요했지만 고구려 영양왕은 거절하고 말갈족과 함께 요서지방을 공격했어. 이에 분노한 수나라는

598년에 대군을 동원해 고구려를 침략했지만 장마와 전염병 때문에 스스로 무너졌어. 첫 번째 전쟁은 고구려의 승리야!

수나라 대군을 무찌른 을지문덕의 살수대첩

이제부터 정말 흥미진진한 이야기야. 수나라가 자꾸 고구려에게 복종을 요구해 사이가 나빠졌어. 급기야 수 양제는 612년에 113만 대군을 이끌고 고구려를 침략했지. 고구려는 요동에서 강력히 저항했어. 113만은 지금 울산 광역시 인구와 비슷한 어마어마한 숫자야.

↑ 고구려와 수나라의 전쟁

수 양제는 요동에서 막히자 따로 30만 별동대를 보내 평양성을 공격했어. 이때 고구려의 슈퍼히어로인 을지문덕이 수나라 군대가 오랜 이동과 굶주림으로 지친 것을 알고는 도망치는 척하면서 평양성 쪽으로 유인했어. 고구려군은 싸우다 물러나기를 반복해 수 군대의 체력을 바닥나게 만들었어.

그러다 고구려군은 후퇴하는 수의 군대가 살수(청천강)를 반쯤 건넜을 때 총공격하여 수군을 거의 전멸시켰어. 30만 대군 중 약 2,700명 정도만 살아서 돌아갔대. 생존율이 1%도 안 되는 대승이었어. 이후 수나라는 고구려를 여러 차례 공격했지만 실패했고 무리한 원정 끝에 국력이 약해지고 반란이 일어나 618년에 멸망해. 결국 '고구려 때문에 망한 나라'가 된 거야!

당나라의 재침과 고구려의 철벽 방어

수나라 멸망 후 들어선 당나라는 초기에 고구려와 친하게 지냈어. 그러나 당 태종이 왕이 된 뒤에는 돌궐 같은 주변 국가를 정복하며 고구려까지 압박했어. 고구려는 군사력을 기르고 631년부터 16년 동안 '천리장성'을 쌓아 당의 침략에 대비했어. 북쪽 끝은 부여성, 서남쪽 끝은 비사성으로 약 400km에 이르는 거대한 성이었어.

이 무렵 고구려의 연개소문은 정변을 일으켜 보장왕을 세우고 정권을 잡았어. 권력을 잡은 연개소문은 신라를 공격하고 당을 견제하는 등 신라와 당에 강경한 태도를 취했어. 당 태종은 연개소문의 정변을 구실로 645년에 고구려를 침략해 요동성, 백암성을 뚫고 평양성으로 가는 길목에 있는 안시성을 포위했지. 그러나 몇 달 동안의 공격에도 안시성의 성주와 백성은 결사적으로 저항하여 당나라의 공격을 물리쳤어. 이게 바로 그 유명한 안시성 전투야.

고구려는 어떻게 중국의 대군을 막아낼 수 있었을까? 첫째, 지형을 활용한 최첨단 성곽 기술이야. 산을 따라 성벽을 쌓고, 문 앞에는 돌출된 치(雉)와 옹성(작은 성)을 만들어 적이 접근하기 어렵게 했지. 둘째, 청야 전술이야. 적이 쳐들어오면 농작물을 불태우고 식량을 성 안으로 옮겨 보급로를 끊었어. 적군이 지치면 산성에서 나와 후방을 기습했지. 셋째, 강철 무장과 개마무사야. 기병과 보병이 각각 활을 사용하고, 말에도 철갑을 씌웠어. 고구려는 요동의 철광 지대를 이용해 철제 무기와 갑옷을 만들어 '철의 왕국'이라 불렸을 정도로 강력했지.

이렇게 고구려는 수·당의 대군을 막아내며 '동아시아 최강의 방어 국가'로 자리 잡았어.

1. 다음 인물과 업적을 바르게 연결해 보자.

① 을지문덕 •   • ㉠ 당 태종의 공격을 막음

② 연개소문 •   • ㉡ 살수대첩 승리

③ 안시성주 •   • ㉢ 정변으로 권력 장악

2. 을지문덕이 수나라 30만 대군을 물리친 전투가 벌어진 강의 이름은?

힌트 후퇴하는 수나라 군이 살수를 반쯤 건넜을 때 을지문덕이 총공격을 가해 거의 전멸시킨 전투를 생각해 봐.

4. 고구려가 수·당의 침략을 막을 수 있었던 이유를 세 가지 정리해 보자.

👍 **더 알고 싶어 119**   📖 도서 ▶ 영상 🔍 사이트

📖 『**살수대첩의 명장 을지문덕**』 (김장성, 여원미디어, 2025)
　　살수대첩을 승리로 이끌고 고구려를 지킨 을지문덕의 리더십을 배울 수 있는 책이야.

▶ **고구려를 구한 영웅 을지문덕** (KBS Kids)
　　큰별쌤 최태성 선생님이 사진, 애니메이션, 드라마 영상을 활용하여 을지문덕을 친절하게
　　설명하는 영상이야.

백제, 어디까지 가봤니?

유네스코 세계유산, 백제 역사 유적 지구

물 위를 달리는 버스를 타 본 적 있어? 충남 부여엔 백마강을 달리는
'수륙양용 시티버스'가 있어. 백제의 마지막 수도를 물길 따라 둘러보는 특별한 여행이지.
약 1,500년 전 동아시아 문화 교류의 중심이었던 백제,
그 찬란한 이야기 속으로 같이 들어가 보자.

학습 키워드 #백제 #백제역사유적지구 #공주 #부여 #익산
교과 연계 중3 1학기 > 역사(한국사) > Ⅰ. 국가의 형성과 발전

백제는 마한의 작은 나라로 출발했어. 부여와 고구려에서 내려온 세력과 한강 유역의 토착 세력이 힘을 모아 나라의 뼈대를 세웠지. 『삼국사기』에는 고구려 동명성왕의 아들인 온조가 기원전 18년에 위례성에서 백제를 세웠다고 해. 백제는 한강의 넓은 평야와 바닷길 덕분에 주변 작은 나라를 통합하며 빠르게 성장했어.

4세기 중반 근초고왕 때 백제는 남쪽으로 남해안까지 뻗고 북쪽으로는 고구려를 압박했어. 바다 건너 왜(일본)와 교류하고 중국 동진과도 외교를 맺었지. 철기 문화와 불교를 전하며 '고대의 문화 한류'를 이끌었어.

위기와 극복, 두 번의 천도를 통한 백제의 재건

하지만 백제에도 위기가 찾아왔어. 5세기에 고구려 광개토대왕의 공

격으로 한강 이북 지역을 잃고 장수왕의 남진으로 475년에는 수도 한성(위례성)까지 함락되었어. 이때 개로왕이 전사하면서 백제는 한강 유역을 완전히 상실하고 수도를 웅진(공주)으로 옮겨야 했어.

웅진 시대의 백제는 생존을 위해 신라와 동맹을 맺었어. 문

↑ 백제의 수도 변천 과정

주왕은 신라에 도움을 요청했고, 동성왕은 신라 왕실과 혼인 동맹을 맺어 고구려에 대항하려고 했어. 6세기 초 무령왕은 고구려와 신라 사이의 갈등을 이용해 고구려를 공격하고 영토 일부를 회복해서 재기의 발판을 만들었어. 무령왕의 뒤를 이은 성왕은 538년에 사비(부여)로 수도를 옮겨 새 시대를 열었어. 사비는 넓은 평야가 있고 백마강을 끼고 있어 교통이 편리했거든. 성왕은 행정 조직을 정비하고 중국·왜와 교류하며 왕권을 강화했어. 또 불교를 적극적으로 받아들여 왕권의 정당성을 확보하고 백성들을 정신적으로 하나로 묶었어. '재기의 명수' 같은 모습이었지.

세계가 인정한 유산, 백제 역사 유적 지구

한강 유역에서 시작된 백제는 수도를 두 번이나 옮겨 고유한 문화, 종교, 예술을 발전시켰어. 그 결과 백제의 수도였던 충남의 공주, 부여 그리고 전북 익산 지역의 백제 역사 유적 지구는 2015년에 유네스코 세계 유산으로 지정됐어! 이 유적들은 당시 여러 나라 간의 교류와 백제의 고유한 문화와 예술미를 보여주어서 높게 평가되었어.

충남 공주의 보물들 충남 공주 공산성은 백제가 웅진 시대에 수도를 방어하기 위해 만든 산성이야. 백제가 멸망한 후에는 백제 부흥 운동의 중심지가 되었어. 공주 송산리 고분군에는 무령왕릉을 비롯한 왕과 왕족들의 무덤이 있어서 백제 왕실 문화를 생생하게 보여줘. 무령왕릉에서는 놀라운 유물들이 쏟아져 나왔어. 금관, 금목걸이, 은팔찌 같은 화려한 장신구들과 중국에서 수입한 도자기까지! 마치 '고대의 명품 컬렉션' 같아.

충남 부여, 사비의 마지막 영광 충남 부여 능산리 고분군에는 지배층의 것으로 보이는 무덤 7기가 있어. 그 옆 절터에서는 백제 금동대향로가 출토되서 백제의 뛰어난 공예 기술을 보여주었지. 부소산성은 성왕이 사비로 천도한 후 만든 산성이야. 백제가 멸망할 때까지 백제의 도읍을 지키는 역할을 했어. 당시에는 사비성이라고 불렀고 그 유명한 '의자왕과 삼천궁녀 이야기'도 이곳에서 나온 거야.

전북 익산, 새로운 수도의 꿈 전북 익산 왕궁리 유적에는 약 8.5m에 이르는 5층 석탑과 건물터가 남아 있어. 익산은 백제의 무왕이 또 다른 수도로 건설을 계획했던 곳이거든. 정말 '미래 도시 프로젝트' 같은 야심 찬 계획이었어. 익산 미륵사지 석탑은 우리나라에서 가장 오래되고 큰 석탑이야. 원래 9층이었지만 무너져 지금은 6층까지만 남았어.

일제강점기에는 석탑이 붕괴될까 봐 일제가 탑에 콘크리트를 덧발라 심하게 훼손되었어. 2001년부터 미륵사지 석탑을 해체해서 보수 공사를 진행했고 2019년에 복원을 완료했어. 복원 과정에서 발견된 사리 장엄구는 수준 높은 백제의 불교 문화 보여줬어. 이 석탑을 보면 백제의 뛰어난 건축 기술과 예술 감각을 느낄 수 있어.

1. 백제의 수도 변천을 순서대로 써 보자.

① 한성(위례성) → ② _____ → ③ _____

힌트 각각 백제 초기, 웅진 시대, 사비 시대를 대표하는 수도였어.

2. 백제의 석탑으로 전북 익산에 위치한 우리나라에서 가장 오래되고 큰 석탑은?

----

3. 백제가 수도를 두 번 옮긴 이유를 역사적 근거로 설명해 보자.

더 알고 싶어 119　　　📖도서　▷영상　🔍사이트

📖 『**백제 역사 유적 지구**』 **(정재윤, 열린어린이, 2019)**
　백제의 뛰어난 역사를 보여 주는 문화유산 백제 역사 유적 지구를 소개하는 그림책으로 우리 문화유산에 대한 자부심을 느낄 수 있는 책이야.

▷ **세계의 유산이 된 백제 역사 유적 지구 (국가유산청)**
　국가유산청에서 세계의 유산이 된 백제 역사 유적 지구를 알리기 위해 만든 영상이야. 아름다운 자연 속에 있는 백제의 다양한 문화유산을 즐겁게 공부할 수 있어.

🔍 **백제 역사 유적 지구 디지털 아카이브**
　백제 역사 유적 지구에 대한 모든 것을 담아 놓은 사이트야. 사진, 영상, 논문 등 다양한 자료로 백제의 역사와 문화를 공부할 수 있어.

태어나자마자 신분이 결정됐다고?

신라의 신분제도 골품제

태어날 때 받은 '등급' 때문에 집 크기, 옷 색, 심지어 밥그릇 재질까지 정해진다면 어떤 기분일까? 신라에선 정말 그랬어. 골품제라는 독특한 제도가 사람들의 삶을 처음부터 끝까지 정했지. 그런데 이 제도 덕분에 우리나라 최초의 여왕도 나왔다는 사실! 신라만의 골품제, 하나씩 풀어 보자.

학습 키워드 #골품제 #신분제도 #성골 #진골 #6두품
교과 연계 중3 1학기 〉 역사(한국사) 〉 Ⅰ. 국가의 형성과 발전

혈통으로 정해지는 신분, 골품제의 구조

우리나라는 누구나 노력하면 대통령도 될 수 있지? 하지만 약 1,500년 전 신라에서는 혈통이 모든 것을 결정했어. 신라의 독특한 신분제도인 '골품제'는 태어날 때부터 신분이 혈통에 따라 정해졌고 한번 정해진 신분은 거의 변할 수 없었어. 마치 '운명의 DNA' 같은 거였어.

골품제는 신라가 큰 나라로 발전하는 과정에서 정복한 지역의 지배층을 흡수하면서 만들어진 신분 제도야. 골품제에서는 왕족인 성골과 진골, 그 아래에 6두품에서 1두품까지 총 8등급으로 나뉘어 있었어. 성골은 유일하게 왕이 될 수 있는 최고 신분이었지. 성골은 골품제의 최고 정점이자 왕위를 계승할 수 있는 유일한 신분이야. 진골은 왕족이지만 왕은 될 수 없고, 최고 관직인 이벌찬까지 오를 수 있었어. 신라에서 여왕이 나

올 수 있었던 것도 성골인 남자가 없어서 성골인 여자가 왕위에 오른 거야. 선덕여왕, 진덕여왕, 진성여왕이 모두 이런 경우였어. 그러나 무열왕 때부터는 성골이 단절되어 진골 출신도 왕이 될 수 있었지.

두품은 6두품부터 1두품까지 있었는데 숫자가 높을수록 높은 신분이야. 6두품은 아찬까지 관리가 될 수는 있었지만 최고 관직에는 오를 수 없었어. 아무리 똑똑하고 능력이 뛰어나도 예외는 없었지. 특히 실력 있는 6두품 신분의 사람들은 골품제에 불만이 많을 수밖에 없었어.

골품제의 차별과 6두품의 한계

신라의 6두품은 골품제 제약 속에서도 뛰어난 학문 실력을 바탕으로 국왕에게 정치적 조언을 하고 실무를 담당했어. 통일 신라 초기에 활약했던 강수는 외교 문서 작성을 잘했고, 원효의 아들인 설총은 이두를 체계적으로 정리했어. 12살 어린 나이에 당나라에 유학을 가서 '토황소격문'이라는 글을 써 문장가로 이름을 떨친 최치원은 당에서 귀국해 시무 10조라는 개혁안을 건의했지만 받아들여지지 않았지.

이후 6두품들은 자신들의 의견이 신라 사회에 받아들여지지 않자 신라에 적대적인 태도를 보이기도 했어. 이 가운데 신라 말기 후백제와 후고구려, 고려의 건국에 적극적으로 참여한 6두품도 많았지. 결국 골품제는 신라 멸망의 한 원인으로 작용했어. '내부의 적'이 된 거야.

일상생활까지 지배한 골품제의 영향

골품제가 얼마나 세세한 부분까지 제약했는지 알면 깜짝 놀랄 거야. 골품제는 신라 사람들의 일상생활에까지 큰 영향을 미쳤어. 집과 마차의 크기, 장식품의 종류도 골품에 따라 모두 정해져 있었거든.

골품제에 따른 일상 생활의 차별

올라갈 수 있는 관직의 등급이
정해져 있었어.

입을 수 있는 옷이 달랐어.

같은 신분끼리만 결혼할 수 있었어.

진골만 금은 그릇을 사용하고
그 아래 계층은 사용하지 못했어.

집이 크기도 정해져 있었어.

수레의 크기도 달랐어.

진골도 방의 길이와 너비가 24척(약 7미터 20센티미터)을 넘지 못하게 했고, 6두품은 21척, 5두품은 18척, 4두품과 평민은 15척을 각각 넘지 못하게 정해져 있었어. '아파트 평수 제한' 같지? 마찬가지로 마차의 경우도 골품에 따라 탈 수 있는 크기와 장식이 정해져 있었어. 또 골품과 관직에 따라 입을 수 있는 관복의 색도 정해져 있었지. 진골은 자주색, 6두품은 빨간색, 5두품은 청색, 4두품은 황색의 관복을 입었어. 당시 신라 사람들은 집과 마차의 크기와 관복의 색깔만 보더라도 누가 어떤 신분인지 금방 알 수 있었겠지?

그리고 심지어 집안에서 쓰는 그릇의 재질도 골품에 따라 정해져 있었다고 해. 성골과 진골은 금과 은그릇을 쓸 수 있었지만, 5·6두품은 놋그릇을 사용해야 했어. 또 골품제에 따라 겉치마, 속치마, 비녀, 빗의 색깔과 재료까지 정해져 있었는데, 신분이 높으면 높을수록 더 화려하고 질 좋은 물건을 쓸 수 있었어. '고대판 명품 등급제'였던 셈이야.

1. 골품제에 대한 설명으로 옳지 않은 것은?

　① 6두품은 골품제로 인해 신분상의 차별을 받지 않았다.

　② 신라에서는 한번 정해진 신분은 거의 이동이 불가능했다.

　③ 골품제는 신라 사람들의 일상생활에까지 큰 영향을 주었다.

　④ 신라의 골품제는 성골과 진골, 그 아래에 두품으로 구성되었다.

　⑤ 6두품은 뛰어난 학문 실력을 바탕으로 국왕에게 정치적 조언을 하고 실무를 담당했다.

　힌트 6두품은 아찬까지만 오를 수 있었고, 최고 요직에는 갈 수 없었지.

2. 신라 골품제에서 왕이 될 수 있는 유일한 신분의 이름은?

　힌트 왕족 중에서도 왕이 될 수 있는 최고 신분으로 선덕여왕과 진덕여왕이 모두 이 출신이었어.

　--

3. 골품제가 신라 사회에 끼친 영향을 두 가지 정리해 보자.

　--
　--
　--
　--
　--
　--

 더 알고 싶어 119　　　　　　　　　　📑 도서　▶ 영상　🔍 사이트

　📑 『**육두품 아이 성무의 꿈**』 **(김영주, 푸른숲주니어 2022)**
　　엄격한 신분제 사회의 벽을 넘기 위한 소년의 이야기를 역사 동화로 엮은 책으로 신라의 골품제를 재미있게 공부할 수 있는 책이야.

　▶ **신라 멸망의 원인, 골품제 (KBS 역사저널)**
　　신라의 골품제의 역사와 골품제가 신라 사회에 끼친 영향을 알 수 있는 영상이야.

　🔍 **국립경주박물관** 국립경주박물관에서 신라와 통일신라의 역사·문화를 눈으로 보고 공부할 수 있어.

지붕 없는 박물관 도시가 있다고?

유네스코 세계유산, 경주 역사 유적 지구

도시 전체가 거대한 박물관이라면 어떨까? 경주는 진짜 그래.
골목을 걷다 약 1,500년 된 석불을 만나고, 카페 옆에서 신라 왕의 무덤을 마주칠 수 있어.
신라 천 년의 시간이 그대로 살아 있는 곳, 경주로 시간 여행을 떠나보자.

학습 키워드 #신라 #통일신라 #경주역사유적지구 #천마총
교과 연계 중3 1학기 > 역사(한국사) > I. 국가의 형성과 발전

고구려, 백제, 신라 중에 수도를 한 번도 옮기지 않은 나라가 있을까? 바로 신라야. 도읍 이름은 서라벌, 한자로 금성(金城). 지금의 경주지. 신라는 거의 천 년 동안 같은 자리를 지켰고, 그 덕분에 도시 전체를 하나의 박물관으로 볼 수 있을 만큼 도시 곳곳에 문화유산이 가득 남아 있어. 경주의 다양한 문화유산을 한꺼번에 담아 '경주 역사 유적 지구'라는 이름으로 유네스코 세계유산에 올렸지.

유적 성격에 따라 5개 지구로 묶어 살펴보면 더 잘 보여. 불교 문화의 보고인 남산 지구, 천년 왕조의 궁궐터인 월성 지구, 신라의 왕을 비롯한 고분군 분포 지역인 대릉원 지구, 신라 불교의 정수인 황룡사 지구, 왕경 방어 시설의 핵심인 산성 지구로 구분해 놓았어. 그중 월성지구, 대릉원지구, 황룡사 지구를 소개할게.

월성 지구, 천 년 왕조의 정치 중심지

'달의 성'이라는 뜻의 월성 지구는 천년 고도의 정치 중심지로, 초기 유적지부터 화려한 유적지까지 신라의 발전 과정을 살펴볼 수 있는 곳이야. 월성 지구에는 신라 김씨 왕조의 시조 김알지가 태어났다는 숲인 계림, 계림의 서쪽에는 내물왕릉을 중심으로 3기의 왕릉이 보존되어 있어. 계림 남쪽에는 신라 최고의 문화 공간이었던 궁궐 유적지 월성이 있어. 또 옛 신라의 궁궐을 느낄 수 있는 삼국 통일 시기에 만들어진 별궁 터인 임해전지, 동양에서 가장 오래된 천문 관측 시설인 첨성대가 있어.

임해전지 발굴조사에서는 다양한 유물이 확인되었는데, 14면체 주사위인 '주령구'에는 '술 석 잔 한 번에 마시기', '마음대로 노래 청하기', '노래 없이 춤추기' 같은 벌칙들이 적혀 있어서 신라 귀족들의 놀이문화를 보여줘.

대릉원 지구, 왕과 귀족들의 영원한 집

첨성대를 지나면 대릉원 지구가 나와. 대릉원은 신라 왕과 왕비, 귀족들의 무덤이 모여 있는 곳이야. 구획에 따라 황남리 고분군, 노동리 고분군, 노서리 고분군, 오릉으로 부르고 있고, 천마총과 황남대총이 유명해.

천마총은 유일하게 신라 고분의 내부를 볼 수 있는 무덤이야. 천마총에서는 금관과 천마도 말다래를 비롯해 장신구와 무기, 유리병, 그릇 등 총 1만 1,500여 점 정도 되는 유물이 발굴되었어. 천마총 옆에는 부부가 함께 묻혀 있는 황남대총이 있는데, 황금으로 만든 장신구과 다양한 유물이 발견됐어. 괘릉은 원성왕의 무덤인데 십이지신상과 서양인 같은 얼굴을 하고 있는 무인석을 볼 수 있어. 신라가 국제 교류에 활짝 열려있다는 걸 보여주지. 신라는 글로벌한 나라였어.

황룡사 지구, 신라 불교의 절정

황룡사 지구는 경주의 대표적인 불교 유적지야. 황룡사는 신라 최대의 절인데, 아쉽게도 고려 시대 몽골 침입으로 불탔어. 황룡사 9층 목탑은 높이가 80미터로 당시 동아시아에서 가장 높은 목탑이었어. 황룡사에 붙어 있는 분황사탑은 벽돌 모양을 낸 돌탑(모전석탑)으로, 현존하는 신라 석탑 중 가장 오래된 문화유산이야.

1. 경주 역사 유적 지구에 대한 설명으로 옳지 않은 것은?

① 경주는 신라 천 년 동안 단 한 번도 도읍지를 옮기지 않았다.

② 경주 역사 유적 지구는 5개 지구로 나누어져 있다.

③ 천마총은 신라 고분의 내부를 볼 수 있는 유일한 고분이다.

④ 분황사 모전석탑은 현존하는 신라 석탑 가운데 가장 오래되었다.

⑤ 황룡사 9층 목탑은 현재까지 완전한 모습으로 보존되어 있다.

힌트 ㅎㄹㅅ ○ㅊ ㅁㅌ은 고려 때 몽골 침입으로 불타서 터만 남아 있어.

2. 동양에서 가장 오래된 천문 관측 시설로 월성 지구에 있는 유적 이름은?

힌트 선덕여왕 때 만든 원통형 석조 건물로 높이는 약 9.17m 정도로 알려져 있어.

----

3. 경주 역사 유적 지구가 유네스코 세계유산으로 등재된 이유를 정리해 보자.

 더 알고 싶어 119　　　　　　　📖 도서　▷ 영상　🔍 사이트

📖 『**경주역사 유적 지구**』 (이은석, 주니어 김영사, 2019)
　교과서에 나오는 경주의 다양한 유물과 유적을 책으로 체험할 수 있고 경주 여행을 갈 때 꼭
　챙겨가야 할 책이야.

▷ **1,500년 전 로마의 유리잔이 신라에, 경주역사유적지구 (EBS 컬처)**
　경주역사유적지구부터 경주에서 발견된 1,500년 전 로마의 유리잔까지 신라와 통일 신라
　의 문화유산을 영상으로 만날 수 있어.

🔍 **경주 문화관광** 경주를 방문하기 전에 이곳 사이트에서 경주 여행과 관련한 다양한 정보를
　얻을 수 있어.

역사에 숨을 불어넣는 이야기꾼, 문화유산 해설사

문화유산 해설사는 역사 유적지와 박물관에서 관람객에게 문화유산의 의미와 이야기를 들려주는 직업이야.

역사와 어떻게 연결되나요?

문화유산은 단순히 오래된 건물이 아니라 사람들의 삶과 생각이 남은 역사 그 자체야. 하지만 설명 없이 보면 '그냥 돌덩이'처럼 느껴질 수도 있지. 문화유산 해설사는 역사 속 인물, 사건, 시대 분위기를 스토리로 풀어내서 문화유산에 숨을 불어넣는 사람이야. 경복궁의 기둥 하나에도, 석굴암의 돌 하나에도 역사가 숨 쉬고 있다는 걸 보여주는 역사 스토리텔러인 거지.

문화유산 해설사의 하루

Q. 해설사님의 하루는 어떻게 시작되나요?

A. 아침에는 오늘 안내할 유적지의 전시 일정과 날씨를 확인해. 비가 오면 실내로 동선을 바꿔야 하고, 더운 날엔 그늘진 곳에서 쉬어가며 설명해야 하거든. 관람 환경이 정말 중요해.

Q. 해설을 준비할 때 무엇을 하나요?

A. 최근 나온 역사 연구 자료나 뉴스를 읽어서 이야깃거리를 업데이트해. "작년에 이 건물 지하에서 조선 시대 우물이 발견됐어요."처럼 새로운 소식을 전하면 사람들이 훨씬 더 재미있어하거든. 해설은 계속 '진화'해야 하니까.

Q. 실제 해설할 때 가장 신경 쓰는 건?

A. 듣는 사람의 눈높이를 맞추는 거야. 초등학생에게는 "이 기둥이 몇 살일까?"라고 질문하며 시작하고, 어른들에게는 건축 양식이나 역사적 배경을 깊이 있게 설명하지. 같은

장소라도 누가 듣느냐에 따라 해설이 완전히 달라져.

Q. 해설 중에 가장 기쁠 때는 언제예요?

A. "와! 이 이야기는 처음 알았어요!" 하고 사람들 눈이 반짝일 때야. 특히 어린 친구가 "다음에 또 올게요!"라고 말할 때는 정말 뿌듯해. 그 순간이 역사와 사람이 연결되는 마법 같은 시간이거든.

Q. 하루가 끝나면 뭘 하나요?

A. 피드백 노트를 정리해서 '어디에서 웃었는지, 어디에서 집중이 떨어졌는지'를 꼼꼼히 기록해. "오늘 세종대왕 이야기할 때 한글로 이름 써주기 체험을 했더니 반응이 좋았다" 이런 식으로. 다음 해설을 더 좋게 만들기 위한 소중한 시간이지.

문화유산 해설사가 되려면?

역사 교과 내용을 바탕으로 시대별 특징과 사건의 흐름을 깊이 이해하는 공부가 필요해. 단순히 연도와 사건을 외우는 게 아니라, "왜 그 시대 사람들은 그렇게 생각했을까?"를 고민하는 습관이 중요하지. 사람 앞에서 이야기하는 직업이기 때문에 말하기, 표현력, 공감능력을 키우는 것도 필수야. 여기에 직접 궁궐이나 박물관을 찾아가는 현장 답사 경험이 쌓이면 '책에서 배운 역사'가 '내가 직접 경험한 역사'로 바뀌어.

앞으로 이 직업은?

국내뿐 아니라 해외에서도 K-문화유산에 대한 관심이 커지면서 해설사의 역할은 더욱 중요해지고 있어. 외국어로 해설하는 국제 해설사, 메타버스 속에서 가상 해설을 하는 디지털 해설사, VR로 복원된 문화재를 설명하는 미래형 해설사까지 활동 범위가 넓어지고 있지. 전문성과 스토리텔링 능력을 갖춘 해설사는 앞으로 더욱 주목받을 직업이야.

선생님의 한마디

문화유산 해설사는 '과거'를 '현재'로 살아 숨 쉬게 만드는 사람이야. 너희가 수업 시간에 배운 역사 지식이 누군가에게는 감동이 되고, 깨달음이 되고, 여행의 추억이 되는 거야. 역사를 사랑하고, 사람과 소통하는 걸 즐긴다면 도전해 볼 만한 멋진 직업이야.

2부

통일 신라에서 고려까지, 왕조의 빛과 그림자

신라는 어떻게
삼국을 통일했을까?

삼국을 통일한 신라

처남과 매부가 힘을 합쳐 역사를 바꾸는 이야기, 영화 같지? 그런데 신라에선 실제였어.
가야 왕족 출신 김유신과 신라 왕족 김춘추가 한 팀이 돼 불가능해 보이던 삼국 통일을 이뤘지.
이 두 사람의 만남, 전쟁의 흐름, 마지막 한 수까지 쫙 따라가 보자.

학습 키워드 #김유신 #김춘추 #황산벌전투 #화랑도 #의자왕
교과 연계 중3 1학기 > 역사(한국사) > Ⅱ. 통일신라와 발해

김유신과 김춘추, 운명적 동맹

'근육'과 '브레인'이 만나면 어떤 일이 일어날까? 신라의 삼국 통일
을 이야기할 때 빼놓을 수 없는 인물이 바로 김유신과 김춘추야.

김유신은 가야 왕족 출신으로 신라에 투항해 진골이 되어 여러 전투
에서 군사 재능을 인정받아 정치적으로 성장했어. 김춘추는 진지왕의 손
자이자 용춘의 아들로 진골 출신이야.

패망한 가야 왕족 출신인 김유신은 당시 신라의 골품제에서는 왕이
될 수 없었어. 하지만 똑똑한 김유신은 김춘추가 왕이 될 자질이 있다는
걸 알아차리고는 신라에서 정치력을 갖기 위해 김춘추와 자기 여동생을
결혼시켜 사돈 관계를 맺었어. 그 결과 김유신의 도움으로 김춘추는 신
라 최초의 진골 출신 무열왕이 되었고 뒤를 이어 김유신의 동생 문희가

낳은 아들도 왕위에 올라 문무왕이 되었어. 전장에서 유신의 힘, 조정에서 춘추의 머리. 둘이 딱 맞물리면서 삼국 통일의 톱니가 돌기 시작했어.

나당 동맹의 성립, 불가피한 선택

삼국 통일 과정에서 신라가 당나라와 동맹을 맺은 것에 대해 비판적인 시각이 많아. "왜 외국과 손을 잡았을까?" 하고 말이야. 하지만 당시 상황을 보면 나름대로 배경이 있어.

642년 백제 의자왕이 신라의 대야성을 공격했을 때 성주 김품석과 그 아내가 죽었는데, 이들은 김춘추의 사위와 딸이야. 김춘추는 '가족의 원수'를 갚아야 했던 거야. 김춘추는 개인적인 원한과 국가 위기를 해결하려고 먼저 고구려를 찾아갔지. 그런데 고구려 연개소문은 협상 조건으로 옛 고구려 영토인 한강 유역을 돌려 달랬고 김춘추는 거부해 협상은 깨지고 억류되었어. 간신히 풀려난 김춘추는 당나라로 가서 동맹을 제안했어. 김춘추는 당 태종에게 당과 신라가 연합해 백제와 고구려를 멸망시키고 백제 땅은 신라가, 고구려 땅은 당이 나눠 갖기로 약속했어. 마침 고구려 원정에 실패한 당 태종은 고구려 영토를 차지하려고 신라의 제안을 받아들였고 이렇게 나당 동맹이 성립되었어.

황산벌 전투, 운명을 건 마지막 결전

자, 이제 정말 숨 막히는 전투 이야기야. 660년 나당 동맹을 맺은 당나라의 소정방은 약 13만 대군을 이끌고 금강 하구로 들어왔고 김유신이 이끄는 약 5만 신라군은 탄현을 넘어 황산벌로 진군했어. 황산벌 전투에서 백제군은 약 5천 명뿐이었지만 신라의 5만 군대보다 사기가 하늘을 찌를 듯했어. 왜냐하면 이 전투에서 지면 백제의 운명이 끝난다는 것을 백제

↑ 기벌포, 탄현, 황산벌의 위치

군이 알고 있었기 때문이지. 정말 '최후의 일전'이었어.

백제의 충신 계백 장군은 국가의 운명이 걸린 황산벌 전투를 떠나기 전 온 가족을 자기 손으로 죽이고 전장에 나섰어. 그만큼 비장한 각오로 전쟁에 나섰던 거야.

백제군은 죽음을 각오한 전쟁이었지만 신라 병사들은 사기가 백제군보다 못했어. 김유신은 병사들의 사기를 올리려고 신라 지도층이 앞장서서 심리전을 펼쳤지.

화랑도의 희생과 신라군의 승리

당시 진골 김품일 장군의 아들이자 대표 화랑인 관창이 황산벌 전투에서 자신을 희생해 신라군의 사기를 높였어. 신라의 화랑도는 귀족 중에서 뽑힌 화랑이 수백 명의 낭도를 이끄는 신라의 청소년 단체야.

화랑도는 진흥왕 때 국가조직으로 개편되어 교육기관의 역할을 했어. 화랑도는 원광이 제시한 세속오계世俗五戒를 바탕으로 충과 효를 배우고, 일상생활의 규범과 전통, 각종 의식 교육은 물론 군사 훈련까지 받았어. 화랑들은 강한 무사도 정신으로 전쟁에서 큰 공을 세워 삼국 통일에 결정적인 역할을 했지. 김유신의 심리전은 성공했고, 신라군은 백제군을 이겨 백제는 멸망했어. 이후 신라는 고구려도 멸망시키고 당나라 세력을 축출해 676년 한반도를 최초로 통일했어.

1. 신라의 삼국 통일 과정에 대한 설명으로 옳지 않은 것은?

① 화랑도는 신라의 청소년 단체이다.
② 계백은 황산벌 전투에서 승리하였다.
③ 백제 의자왕이 신라의 대야성을 빼앗았다.
④ 관창은 자신을 희생하여 신라군의 사기를 높였다.
⑤ 김유신과 김춘추는 신하와 왕의 관계이자 처남과 매부 사이였다.

힌트 계백은 황산벌 전투에서 패배했어. 백제군 5천 명은 신라군 5만 명과 맞서 싸웠지만 결국 패배해 백제 멸망의 결정적 계기가 되었어.

2. 황산벌 전투에 참여한 계백 장군과 관창의 마음을 짧은 일기로 써 보자.

----

3. 신라의 삼국 통일에 관한 긍정적 평가와 부정적 평가를 정리해 보자.

더 알고 싶어 119

📖 도서   ▶ 영상   🔍 사이트

📖 **『신라 삼국을 통일하다』** (박영규, 한국헤르만헤세, 2016)
신라의 삼국 통일 과정을 그림책 형식으로 엮은 책으로 신라의 역사, 문화 그리고 통일 과정을 공부할 수 있어.

▶ **어제의 동료는 오늘의 적, 신라의 삼국 통일 (EBSi)**
신라의 나·당 동맹부터 삼국 통일까지 백제, 고구려와의 전투 그리고 당나라를 몰아내며 통일을 완성한 과정을 확인할 수 있는 영상이야.

바다 동쪽의 융성한 나라가 있었다고?

고구려를 계승한 해동성국, 발해

〈발해를 꿈꾸며〉라는 노래를 들어본 적 있니? 이 노래에는 통일과 평화를 바라는 마음을 담았대. 노래 제목에 있는 발해는 고구려가 쓰러진 뒤 새로 일어나 동아시아를 놀라게 한 나라지. 발해가 왜 '해동성국'이라 불렸는지 하나씩 따라가 보자.

학습 키워드 #대조영 #해동성국 #남북국시대 #고구려계승
교과 연계 중3 1학기 〉 역사(한국사) 〉 Ⅱ. 통일신라와 발해

고구려 유민의 새 출발, 발해 건국

↑ 발해의 영토

고구려가 668년에 멸망한 후 역사를 살펴볼까? 당나라는 고구려 사람을 당의 여러 지역으로 강제 이주시켰어. 하지만 고구려 사람들은 끈질기게 저항했지. 요서 지방에는 고구려 유민 말고도 말갈인, 거란인 등 여러 민족이 강제로 끌려와 당의 지배를 받고 있었어. 696년 당나라에 불만을 품은 거란족 이진충이 큰

반란을 일으켜 당이 주춤하는 사이 옛 고구려 장수 대조영은 이 틈을 타 고구려 사람들과 말갈인 일부를 이끌고 요서 지역 영주에서 동쪽으로 이동했어. 추격해 온 당군을 천문령에서 격파하고 동북쪽으로 계속 이동해 마침내 698년에 지린성 동모산 근처에서 나라를 세웠어. 처음에는 '진국', 뒤에 '발해'로 나라 이름을 바꿨지.

발해의 건국으로 우리 역사는 남쪽의 신라와 북쪽의 발해가 함께 존재하는 남북국의 형세가 되었어. 남북국 시대라는 명칭은 발해를 우리 민족의 역사로 보고 통일 신라와 발해의 역사를 대등한 위치에서 이해하겠다는 의미야.

무왕의 적극적 대외 정책과 영토 확장

대조영에 이은 무왕(719~737)은 영토 확장에 힘써서 만주 북부 지역까지 영토를 확장했어. 발해의 세력이 커지면서 당나라가 흑수 말갈과 신라를 이용하여 발해를 누르자 무왕은 정말 대담한 외교를 펼쳤어! 돌궐, 일본과 손잡아서 당과 신라를 동시에 견제한 거야. 732년에는 장문휴가 바다를 건너 당의 산둥 지방을 기습해 당나라를 놀라게 했어. 이건 발해가 당나라와 대등한 국력을 가졌다는 걸 보여주는 사건이야. 당나라를 한 방 먹인 통쾌한 승부였지.

문왕의 제도 정비와 외교 관계 개선

무왕의 뒤를 이은 문왕(737~793)은 수도를 중경 현덕부에서 상경 용천부로 옮기고, 중앙과 지방의 통치 제도를 체계적으로 정비했어. 또 문왕은 당과의 긴장 관계를 완화하고 친선 관계를 맺어 발달한 문물과 제도를 적극적으로 받아들였어. 문왕은 일본에도 자주 사신을 보내 교류하고, 신라와는 길을 터 교역도 활발했어.

선왕 시대의 전성기, 해동성국의 위용

9세기 초 선왕(818~830) 때 발해는 연해주에서 요동까지 영토를 넓혀 옛 고구려 땅을 대부분을 차지했어. 중국은 발해를 '해동성국'이라 불렀고, 발해는 전성기를 누렸어. 해동성국은 '바다 동쪽의 성대한 나라'라는 뜻인데, 당시 중국이 발해를 동아시아의 강국으로 인정한 걸 의미해. 하지만 발해는 9세기 말에 자연재해와 지배층의 권력 다툼이 겹치며 힘이 약해졌고, 결국 926년에 거란(요나라)의 공격을 받아 멸망했어.

고구려 계승 의식과 독자적 문화 발전

발해는 시작부터 고구려 계승을 분명히 했어. 발해 왕은 일본에 보낸 외교 문서에 스스로 '고려(고구려)' 또는 '고려국왕'이라고 표현했고 일본 역시 발해왕을 '고려왕(고구려왕)'이라고 기록했어. 무왕이 일본에 보낸 외교 문서에서 발해는 고구려의 옛 땅을 회복한 나라라고 당당히 소개했을 정도야. 즉 발해는 고구려의 뿌리 위에 당의 제도와 말갈 문화를 더해 자신만의 발해 스타일을 만든 나라였어. 그래서 우리는 발해를 남북국 시대의 한 축으로 한국사에서 아주 중요하게 생각해. 발해의 고구려 계승은 우리 민족이 한반도에만 머문 게 아니라 만주와 동북아 전체로 퍼져 나간 중요한 증거야.

1. 발해에 대한 설명으로 옳지 않은 것은?

① 무왕은 독자적인 연호를 사용하였다.

② 문왕은 수도를 중경에서 상경으로 옮겼다.

③ 발해는 건국 초부터 신라 계승 의식을 내세웠다.

④ 선왕 시기 발해는 중국으로부터 해동성국이라고 불렸다.

⑤ 발해의 수도 상경성은 당의 수도 장안을 본떠 건설하였다.

힌트 발해는 건국 초부터 고구려 계승 의식을 내세웠지, 신라 계승 의식을 내세우지 않았어. 발해는 고구려 유민이 세운 나라로 고구려의 옛 땅을 회복했다고 자부했어.

2. 발해의 영역 확장 과정을 시대순으로 적어 보자.

----

3. 역사 기록과 유물·유적을 통해 발해와 고구려의 관계를 적어 보자.

 더 알고 싶어 119

📖 도서 ▶ 영상 🔍 사이트

📖 『해동성국 발해』 (이현, 휴먼어린이, 2023)
　　'나의 첫 역사책' 시리즈로 발해의 건국과 발전 과정을 그림책 형식으로 엮은 책이야.

▶ 해동성국, 발해를 세운 왕 대조영 (KBS Kids)
　　발해를 세운 왕 대조영을 통해 해동성국으로 발전하는 발해의 역사를 공부할 수 있어.

결혼을 29번 한 왕이
정말 있었을까?

고려를 세운 태조 왕건

결혼을 스물아홉 번이나 한 왕이 있었다면 믿겠어? 여자를 엄청 좋아한 걸까?
아니야, 태조 왕건의 결혼은 나라를 통일하고 안정시키려는 치밀한 정치 전략이었어.
혼란의 끝자락이던 신라 말, 왕건이 어떻게 세력을 모으고 고려를 세웠는지 하나씩 풀어 보자.

학습 키워드 #고려 #왕건 #훈요십조 #결혼정책
교과 연계 중3 1학기 〉 역사(한국사) 〉 Ⅲ. 고려의 성립과 변천

신라 말기, 새 힘을 키운 호족의 등장

신라 말기는 정말 혼란스러운 시대였어. 왕권이 약해지면서 진골 중심의 중앙 정치에 도전하는 새로운 지방 세력이 생기고 있었지. 호족은 중앙 귀족과 대비되는 지방의 토착 세력을 말해. 그 호족들은 산과 바다를 끼고 성을 쌓아 스스로 '성주'나 '장군'이라고 부르며 백성을 다스렸어. 무역으로 부자가 된 집안, 군대를 쥔 지휘관, 중앙에서 밀려나 내려온 귀족까지 출신은 다양했지.

송악(개성)의 왕건 집안도 해상 무역으로 힘을 키운 호족이었어. 왕건은 918년에 고려를 세우고, 936년에 후삼국을 통일했어. 왕건은 통일 과정에서 많은 지방 호족들의 도움을 받았고, 공을 세운 호족들에게 관직과 토지를 주며 새 나라의 뼈대를 만들었어. 신라와 후백제 사람들 그

리고 나라를 잃은 발해 사람들도 적극적으로 받아들여 함께 살게 하는 등 정말 포용력이 큰 리더였지.

고구려 계승과 북진의 꿈

태조 왕건은 고려를 건국하면서 '고려가 고구려를 잇는 나라'라고 분명히 했어. 그래서 나라 이름도 고구려와 비슷하게 '고려'라고 지은 거야. 태조 왕건은 고구려의 옛 땅을 되찾으려고 북진 정책을 추진했어. 고구려의 수도였던 평양(서경)을 북진 정책의 전진 기지로 삼아 국경을 북쪽으로 밀어 올려 태조 말에는 청천강에서 영흥 지방까지 영토가 늘어났어. 정말 고구려의 꿈을 되살린 거야.

▲ 왕건의 고려 건국

결혼 정치, 호족과의 연대 강화

이제 모두가 궁금해하는 '29번 결혼'의 진짜 이유! 왕건은 전국 호족 집안과 혼인해 사돈 동맹을 맺었어. 호족들의 딸과 결혼해 사위와 장인으로 인척 관계를 맺은 거야. 제1왕비 신혜왕후는 경기도 황해도 지역, 제2왕후 장화왕후는 전라도 나주, 제3왕비 신명순성왕후는 충청도 충주, 전국 주요 호족 가문과의 혼인 관계를 통해 세력을 단단히 한 거야.

왕건의 결혼은 정치적 목적이 컸어. 거기다 어머니가 다른 자녀들을 서로 결혼시켜서 이중 삼중으로 친척이 되게 만들었지. 또 믿을만한 호족에게 '왕씨' 성을 내리며 '한 가족'이라는 상징을 만든 거야. 당시에 태조랑 같은 왕씨 성을 갖게 된다는 것은 무척 명예로운 일이었거든. 덕분에 통일이 빨라지고 통치가 쉬워졌지만, 부작용도 있었어. 혼인으로 힘을 얻은 일부 호족이 정치적 영향력을 키워 왕권을 흔들 위험이 생겼거든. 달콤하지만 조심해야 하는 양날의 칼이었지.

훈요십조, 후손에게 남긴 10가지 가르침

고려를 세운 태조 왕건은 어떻게 하면 고려가 대대손손 번영할 수 있을지 고민하다가 죽기 직전인 943년, 나라를 다스리는 데 꼭 지켜야 할 10가지 중요한 가르침을 남겼어. 그게 바로 '훈요십조'야. 훈요십조에는 백성들을 안정시키고 화합을 이루라는 내용이 담겨 있어. 태조는 자신이 나라를 세울 수 있었던 것은 불교의 덕이라고 생각해서 항상 불교를 받들며 나라를 다스리라고 당부했지. 또 북진 정책을 강력히 추진하라고 당부했어. 훈요십조의 다섯 번째 항목에는 '서경(평양)에 백일 이상 머물라'고 말하는데, 이건 북진을 잊지 말고 항상 실행하라는 뜻이야.

하지만 그보다 더 강조한 건 백성들을 잘 보살피라는 당부야. 왕건은 오랜 싸움으로 지친 백성들에게 3년 동안 세금을 줄여주었어. 백성을 먼저 생각하는 통치 철학이 담겨 있었던 거야.

태조 왕건은 지혜와 포용력으로 분열된 나라를 하나로 통합한 백성 중심의 리더였어.

1. 태조 왕건에 대한 설명으로 옳지 않은 것은?

　① 왕건은 918년에 고려를 건국했다.
　② 왕건은 호족들과의 결혼 정치를 통해 세력을 확대했다.
　③ 왕건은 고구려 계승 의식을 바탕으로 북진 정책을 추진했다.
　④ 왕건은 후손들에게 훈요십조라는 10가지 가르침을 남겼다.
　⑤ 왕건은 신라 출신으로 골품제의 혜택을 받아 왕이 되었다.

　힌트 왕건은 신라 출신이 아니라 송악(개성) 지역의 호족 출신으로, 해상 무역으로 성장한 가문에서 태어났어.

2. 태조가 훈요십조를 작성한 이유를 적어 보자.

- -

- -

- -

3. 왕건의 결혼 정치가 고려 건국과 통치에 미친 영향을 적어 보자.

- -

- -

- -

- -

- -

- -

 더 알고 싶어 119　　　📖도서　▷영상　🔍사이트

📖 『**사람을 품어 나라를 세우다**』 (이규희, 스푼북, 2021)
　　왕건의 출생부터 성장 과정 그리고 후삼국을 통일하여 고려를 운영하는 과정까지 교과서에
　　나오지 않는 뒷이야기를 공부할 수 있는 책이야.

▷ **혼란한 시대를 기회로! 왕건 (EBS 키즈)**
　　왕건이 후고구려에서 권력을 잡고 고려를 건국하여 나라를 운영하는 과정까지를 애니메이
　　션과 드라마 영상으로 생생하게 확인할 수 있어.

🔍 **국사편찬위원회 한국총설사 데이터베이스** 왕건에 관한 도서, 연구 논문 등 다양한 자료를
　　통해 깊이 있는 학습을 하는 데 도움이 되는 사이트야.

수도를 옮기려고 했던 스님이 있었다고?

묘청의 서경천도 운동

세종시처럼 수도를 옮기자는 얘기, 요즘도 나오지? 900년 전 고려에도 비슷한 제안이 있었어.
승려 묘청이 "수도를 서경(평양)으로 옮기자!"고 주장했지. 왜 이런 생각이 나왔을까?
그때 나라 사정부터, 운동이 어떻게 시작되고 끝났는지 차근차근 살펴보자.

학습 키워드 #묘청 #서경천도운동 #문벌 #이자겸
교과 연계 중3 1학기 〉 역사(한국사) 〉 Ⅲ. 고려의 성립과 변천

문벌의 성장과 보수화

고려 전기, 지방 호족 출신의 관료와 신라 6두품 계통의 유학자들이 새로운 지배 세력으로 성장했어. 이들 중 몇 대에 걸쳐 높은 벼슬을 하던 집안을 '문벌'이라 불렀어. 문벌들은 개경을 중심으로 거주하며 정치·경제·사회 전반을 주도했어. 과거제와 함께 음서제를 활용해 관직을 독점하고, 자손에게도 세습이 허용된 공음전을 받으며 부와 권력을 쌓았어. 또한 이들은 왕실이나 다른 문벌 집안과 혼인하였고, 특히 왕실과의 혼인을 통해 권력을 유지했어. 그 결과 문벌 사회는 점차 폐쇄적이고 보수적인 성격을 띠게 되었으며, 외부 세력의 진입은 점점 어려워졌지. 이렇게 소수 문벌이 권력과 경제력을 독점하자, 정치적 균형이 무너지고 사회 내부의 불만이 커졌어. 신진 관료 세력은 부패한 문벌 정치에 반발하여 개혁

을 시도하게 된 거지.

이자겸의 난과 왕권의 실추

여진이 국경을 침입했을 때 대부분의 문벌은 현상 유지를 주장했어. 윤관이 국경에 9성을 쌓았지만 그 후 여진의 압력으로 9성을 돌려주면서 여진 정벌이 실패하자 문벌들은 윤관을 물러나게 하고 자신들의 정치 권력을 더욱 강화했지. 예종 때는 이자겸의 세력이 강했어. 경원 이씨는 유력한 외척 가문이었고 인종의 외조부였던 이자겸은 두 딸을 인종의 비로 들이면서 권력을 독점했어. 이자겸의 권력 독점을 반대하는 국왕 측근들이 공격하자 1126년 이자겸은 척준경과 난을 일으켰어. 그러나 척준경이 이자겸을 몰아내고 척준경도 탄핵되어 축출되면서 이자겸 세력은 몰락했지. 이자겸의 난으로 국왕의 권위는 크게 약해지고 문벌 사회는 더 갈라졌어.

묘청의 서경천도 운동

이자겸의 난 이후 국내외 정세는 너무 불안했어. 안에서는 왕실의 권위가 떨어지고 문벌 사회가 흔들렸으며 밖에서는 금나라가 외교적 압력을 주고 있었어. 인종은 윤언이, 정지상 같은 개혁 인물들을 불러들여 약해진 왕권을 회복하려고 했어. 이 과정에서 서경 출신 승려 묘청과 문신 정지상이 풍수지리설을 내세워 서경(평양)으로 수도를 옮기자고 건의했어. 또 "왕을 황제라 부르고, 독자 연호를 쓰자. 금나라를 정벌하자."고 주장했어. 인종은 묘청의 주장에 호응하며 서경을 자주 찾고 대화궁을 짓게 했지. 하지만 이자겸 이후 개경 문벌을 대표하는 김부식 세력이 강하게 반대했고 묘청 일파를 배척하는 소리가 높아지자 정치적 부담을 느

↑ 묘청의 서경천도 운동

긴 인종은 결국 서경 천도 계획을 포기했어.

서경 천도 운동이 실패하자 묘청과 서경의 지지 세력은 1135년 서경에 나라를 새로 세웠어. 나라 이름은 '대위大爲', 연호는 '천개天開'라고 했지.

정부는 김부식을 반란 진압 책임자로 임명하고 진압군을 보냈어. 하지만 서경 반란군은 식량이 떨어질 때까지 항복하지 않고 1년 넘게 버티다 1136년 정부군의 총공격으로 마침내 함락되고 말았어.

실패로 끝난 개혁

묘청의 난은 당시 권력을 다 차지하고 있던 문벌들에게 맞선 사건이었어. 그리고 이 사건으로 문벌 사회의 문제점이 한꺼번에 드러났지. 묘청 세력은 고구려의 전통과 자주적인 성향을 따랐고 개경의 문벌 세력은 신라 전통과 중국을 숭상하는 성향을 가졌어. 그래서 두 세력의 대립은 단순한 권력 싸움이 아니라 나라를 독립적으로 이끌어 가려는 세력과 외세에 기대려는 세력의 대결이기도 했던 거야.

독립운동가 신채호 선생님은 이 사건을 '정의롭고 진취적인 세력 대 보수적이고 사대적인 세력의 싸움'이라고 평가했어. 하지만 묘청의 서경 천도 운동이 실패하면서 고려는 자주적인 기상을 잃고 점점 중국에 기대려는 사대 사상이 더 강해졌다고 봤어. 비록 실패했지만 묘청의 서경 천도 운동은 고려의 자주 의식과 북진 정신을 다시 세우려 한 개혁 운동이었어. 그래서 우리는 묘청과 그 세력을 시대를 앞서간 개혁가로 인정해.

1. 고려 시대 문벌에 대한 설명으로 옳지 않은 것은?

① 문벌은 과거제와 음서제 등 정치적 특권을 지녔다.

② 외척 가문으로 대표되는 이자겸은 1126년에 난을 일으켰다.

③ 문벌은 넓은 농장과 노비를 소유하는 등 경제적 특권을 누렸다.

④ 문벌은 고구려를 계승하고 자주성을 강조하는 계열이 대부분이었다.

⑤ 지방 호족 출신의 관료와 신라 6두품 계통의 유학자들이 문벌을 형성하였다.

힌트 문벌 귀족은 고구려 계승 의식을 바탕으로 자주성을 강조하는 계열과 신라 계승 의식을 바탕으로 사대주의를 지향하는 계열로 나뉘어 있었어.

2. 고려 문벌이 누린 특권을 세 가지 이상 써 보자.

_____

_____

_____

_____

_____

_____

3. 묘청의 서경천도 운동을 나만의 한 줄 평가로 써 보자.

_____

_____

👍 **더 알고 싶어 119**　　　📖 도서　▶ 영상　🔍 사이트

📖 『**서경의 아침 묘청**』 (**역사인물편찬위원회, 역사디딤돌, 2010**)
　묘청이 풍수지리설을 근거로 추진한 서경천도 운동이 명분을 잃게 되는 과정을 살펴볼 수 있는 책이야.

▶ [**벌거벗은 한국사**] **묘청의 난 최후** (**사피엔스 스튜디오**)
　묘청이 백성들의 마음을 얻어 서경천도 운동을 벌이며 성공한듯 보였으나 개경파의 반발과 백성들의 이탈로 실패한 과정을 확인할 수 있는 영상이야.

🔍 **국립중앙박물관** 국립중앙박물관 중·근세관 고려 1관에서 고려의 건국과 발전 과정을 확인할 수 있어.

고려는 어떻게
세계 최강 몽골을 막아냈을까?

몽골의 침략과 저항

몽골이 무려 6번이나 쳐들어왔는데 고려가 40년을 버텼대. 어떻게 가능했을까?
바다와 섬을 활용한 강화도 천도, 산성과 민중의 끈질긴 저항, 그리고 똑똑한 전술이
합쳐졌거든. 이제 고려가 몽골과 맞서 만든 생존의 비밀을 하나씩 풀어 보자.

학습 키워드 #몽골 #처인성전투 #삼별초 #대몽항쟁
교과 연계 중3 1학기 > 역사(한국사) > Ⅲ. 고려의 성립과 변천

몽골 제국의 등장과 강력한 군사력

13세기, 세계를 정복한 '역사상 최강의 군대'가 있었어. 몽골의 여러
부족을 통일한 테무친은 1206년 칭기즈 칸이 되었고 하루에 수십 킬로
미터를 이동할 수 있는 기마병을 앞세워 유럽과 아시아를 정복했어. 몽
골군은 가볍고 튼튼한 갑옷을 입어 움직임이 편했고 기동력도 뛰어났어.
여기에 특수 제작한 수레와 투석기로 성벽도 허물면서 영토를 확장했어.

또 초원의 유목민을 통합하여 천호 단위로 편성한 천호제, 엄격한
군율과 공동 분배, 이슬람 상인의 군사·지리 정보력도 전투력과 기동력
이 좋아지는데 도움이 되었어. 이를 바탕으로 칭기즈 칸은 유럽과 아시
아에 걸쳐 대제국을 건설할 수 있었지.

몽골의 고려 침입과 강화도 천도

고려는 거대한 제국을 형성한 몽골과 평화적으로 국교를 맺고 지냈어. 그러나 몽골은 고려를 복속국으로 취급하며 많은 공물을 요구했지. 1231년 몽골 사신이 귀국하는 길에 살해된 사건을 빌미로 몽골은 국교를 끊고 고려를 침략했어.

고려는 몽골과 전쟁을 결심하고 1232년에 강화도로 수도를 옮겼어. 많은 신하가 강화도 천도와 몽골과의 전면 대결을 반대했지만 무신정권 최

▲ 몽골의 침략과 저항

고 권력자인 최우는 천도에 반대한 사람을 처형하고 과감하게 단행했지. 몽골군은 해전에 약하고 강화도는 육지에 가까우면서도 조석 간만의 차가 커서 방어하기도 좋았기 때문이야. 또 개경과 가깝고 물자 수송도 편했지. 그런데 강화도 천도에는 복합적인 의미가 있어. 겉으로는 몽골 항전이 목적이지만, 실제로는 무신정권이 권력을 지키려는 현실적 계산도 컸어. 어쨌든 강화도는 세금을 걷고 물자를 충당하기에 유리한 위치였고, 결과적으로 몽골의 약점을 찌르는 현명한 거점이 됐어.

민중의 저항, 대몽 항쟁의 진짜 주역

그럼 몽골군과 가장 치열하게 싸운 진짜 주인공은 누구였을까? 바

로 백성들이야. 전쟁 초기에는 초적이 크게 활약했어. 초적은 최씨 정권의 학정에 반대해 일어난 반란군인데 몽골이 침략하자 자발적으로 고려 정부군과 함께 몽골에 맞서 싸웠어. 또 부곡민과 노비 같은 하층민들도 끝까지 싸웠어. 특히 삼별초의 저항은 몽골에 대항하는 고려인의 의지를 보여줘. 1270년 고려가 몽골과 강화를 맺자 삼별초는 여기에 반대해 강화도에서 진도, 제주도로 옮겨가며 3년이나 항전했어.

문화 교류, 갈등 속에서도 이어진 만남

긴 전쟁 중에도 문화는 오갔어. 고려에는 몽골식 변발과 옷차림이 들어왔지. '장사치', '벼슬아치' 같이 사람을 가리키는 '치'라는 말, 임금의 음식상을 가리키는 '수라'도 몽골어에서 온 거야. 만두(상화), 소주와 같은 음식 문화도 들어왔지. 반대로 몽골에는 고려의 의복과 음식이 유행하며 '고려양'이라 불렸어. 고려 여성들이 황실과 귀족사회에 진출하며 더 크게 유행했어.

1. 몽골의 침략과 저항 과정에 대한 설명으로 옳지 않은 것은?

① 몽골과의 전쟁 초기에는 초적이 크게 활약하였다.

② 몽골의 살리타는 처인성 전투에서 화살에 맞아 전사하였다.

③ 여러 몽골 부족을 통일한 테무친은 1206년 칭기즈 칸이 되었다.

④ 고려 정부는 몽골과의 항전을 결심하고 1232년에 강화도로 천도하였다.

⑤ 고려의 무신들은 몽골과의 전쟁에서 강화도에서 결사 항전을 주장하였다.

힌트 고려의 무신들은 강화도에서 결사 항전보다는 현실적인 권력 유지에 더 관심이 많았고, 실제 항전의 주역은 민중들이었어.

2. 몽골풍과 고려양의 다른 예시를 각각 두 가지씩 찾아 보자.

- -

- -

- -

- -

3. 고려가 몽골 침략을 버텨 낸 이유를 세 가지로 정리하자.

- -

- -

- -

- -

- -

 더 알고 싶어 119　　　　　　　　　　　📖 도서　▶ 영상　🔍 사이트

📖 『**몽골의 침입과 고려의 항쟁**』 **(신형식, 삼성비엔씨, 2019)**
무신정권 시기에 몽골의 침입을 막아낸 백성들의 저항과 투쟁을 공부할 수 있는 책이야.

▶ **[벌거벗은 한국사] 한반도 역사상 가장 길었던 전쟁 (디글)**
세계 최강 몽골군의 침략에 맞서 싸운 승려들의 이야기와 팔만대장경의 탄생을 공부할 수 있는 영상이야.

🔍 **용인 처인성 역사교육관** 1232년 12월에 처인성으로 쳐들어온 몽골군을 막아낸 처인전 전투의 배경과 전투과정을 3면 투사 와이드 영상으로 실감나게 체험할 수 있는 곳이야.

팔만대장경, 위기 속에서 새겨 넣은 기도

합천 해인사 팔만대장경

전쟁이 나면 꼭 칼과 창으로만 싸워야 할까? 고려 사람들은 달랐어.
나무판 위에 부처님 말씀을 한 자 한 자 새기며 나라의 평안을 빌었지.
그 정성과 기술이 모여 세계가 놀란 거대한 지식의 성벽, 팔만대장경이 탄생했어.
어떻게 가능했는지, 지금부터 천천히 살펴보자.

학습 키워드 #초조대장경 #팔만대장경 #합천해인사
교과 연계 중3 1학기 > 역사(한국사) > Ⅲ. 고려의 성립과 변천

불교 국가 고려, 신앙으로 위기를 극복하다

고려는 왕부터 백성까지 부처님을 믿는 불교 국가였어. 나라에 큰 어려움이 닥치면 부처님의 힘을 빌려 이겨내려 했지. 993년 거란군이 쳐들어왔을 때 고려 사람들은 부처님의 말씀인 대장경을 나무판에 새기기로 결심했어. 대장경을 만들면 부처님께서 우리나라를 지켜주실 거라고 믿고 전쟁 중에도 정성스럽게 글자를 새겨 나갔어. 1011년부터 1087년까지 무려 76년 동안 이어졌지. 이때 만든 '초조대장경'은 세계 최초의 완전한 대장경이었어.

초조대장경의 소실과 새로운 결심

하지만 안타까운 일이 생겼어. 1232년 몽골이 2차 침입을 하면서 대

구 부인사에 보관되던 소중한 초조대장경이 모두 불타버린 거야. 고려 사람들은 엄청난 충격을 받았지만 포기하지 않았지.

무신 정권의 최우는 백성들에게 "예전에 대장경을 만들어 거란을 물리쳤듯 이번에도 대장경을 만들어 몽골을 물리치자!"고 말했어. 이때 왕족, 평민 가리지 않고 여자들까지 모두가 대장경을 만들었지. 어떤 사람은 돈을 기부하고 어떤 사람은 직접 글자를 새기며 온 나라가 나라를 구하자는 한 마음이었어.

팔만대장경, 완벽함의 극치

이렇게 시작된 새 대장경 제작은 1237년에 시작해 1251년에 완성됐어. 그게 바로 '팔만대장경'이야! 정식 이름은 '합천 해인사 대장경판'. 그런데 왜 '팔만'대장경이라고 부를까? 불교에서 '8만'은 '헤아릴 수 없이 많다'는 뜻이라서 그래. (참고로 실제 판수는 81,258매의 나무판이야.)

팔만대장경 한 매에는 평균 644자가 새겨져 있고, 모두 합하면 5,233만 152자라고 해. 이 글자 수는 한자를 잘 아는 사람이 하루 8시간을 읽어도 30년이 걸린다고 할 정도야. 더 놀라운 건 글자가 이렇게 많은데도 한 사람이 쓴 것처럼 모양이 고르고 오탈자도 거의 없다는 거야. 약 770년 전에 손으로 글자를 파던 시대에 이런 정밀함이라니, 진짜 놀랍지?

과학적 제작 과정과 놀라운 완성도

팔만대장경이 이렇게 완벽한 데는 이유가 있어. 먼저 나무 준비부터 과학적이었거든. 나무를 잘라 바닷물에 3년 동안 담가 놓았다가 다시 소금물에 쪄서 벌레와 썩는 걸 막았어.

글자를 새기는 일은 더 조심스러웠어. 한 글자만 잘못 새겨도 판 전

↑ 고려의 팔만대장경판

체를 다시 만들어야 했거든. 그래서 대장경을 새기는 사람들은 목욕을 하고 깨끗한 옷을 입은 다음 마음을 가다듬고 정성스럽게 한 글자 한 글자 새겼어. 완성된 경판은 옻칠을 해서 벌레가 먹지 않도록 했고 네 모서리는 구리판을 대서 휘지 않도록 보강했어. 정성과 기술, 신앙이 합쳐진 예술이었어.

과학적 보관, 770년을 버텨낸 비결

팔만대장경이 약 770년 동안 썩지 않고 보존된 이유는 바로 해인사 장경판전이라는 특별한 창고 덕분이야. 해인사의 장경판전은 자연 에어컨과 같은 건물이야. 앞뒤 벽의 창문 크기를 다르게 만들어서 바람이 자연스럽게 통하고, 바닥에는 숯, 소금, 석회를 깔아서 자동으로 습도가 조절되게 했어. 계절이 바뀌어도 안은 늘 비슷한 환경이 유지되지. 관리하는 스님들의 꼼꼼한 보살핌도 큰 힘이 되었고, 지금도 팔만대장경은 도서관의 책처럼 판가에 빽빽이 꽂혀 있어. 760년 전에 만든 나무판이 지금도 글자 하나하나 선명하게 완벽하게 보존되어 있어.

1. 고려에서 제작된 대장경에 대한 설명으로 옳지 않은 것은?

　① 초조대장경은 거란 침입 때 제작되었다.

　② 팔만대장경은 몽골 침입 때 제작되었다.

　③ 초조대장경은 몽골 침입으로 소실되었다.

　④ 팔만대장경은 현재 해인사에 보관되어 있다.

　⑤ 초조대장경이 팔만대장경보다 늦게 만들어졌다.

　힌트 초조대장경(1011~1087)이 팔만대장경(1237~1251)보다 먼저 만들어졌어.

2. 팔만대장경의 우수한 점을 세 가지 이상 써 보자.

----

3. 팔만대장경이 약 770년 동안 온전히 보존될 수 있었던 이유를 써 보자.

더 알고 싶어 119

📖 도서　▶ 영상　🔍 사이트

📖 **『어린이 팔만대장경』** (신현득, 현암사, 2020)
　팔만대장경에 담긴 재미있는 이야기를 골라 어린이들이 이해하기 쉽게 고쳐쓴 책으로 이야기를 읽다보면 저절로 부처님의 가르침을 깨닫게 될 거야.

▶ **썩지 않는 팔만대장경의 비밀」** (국가유산채널)
　우리나라 3대 사찰 중 하나이며, 팔만대장경을 보관하고 있기 때문에 '법보사찰'이라고 불리는 해인사에서 팔만대장경을 보관할 수 있었던 노하우를 확인할 수 있어.

🔍 **해인사** 경상남도 합천군에 있는 해인사에서 직접 팔만대장경을 볼 수 있어. 꼭 방문해 봐.

공민왕의 개혁정치는
왜 실패했을까?

원 간섭을 끊고 나라를 다시 세우려 한 도전

제주도에 말이 많은 이유를 아니? 놀랍게도 700년 전 몽골(원나라) 때문이야. 원나라는 제주도를 거대한 국영 목장으로 만들어 세계 정복에 쓸 말을 길렀어. 원나라는 말뿐만 아니라 금, 은, 인삼, 심지어 고려의 여성들까지 빼앗아 갔어. 이런 굴욕적인 상황을 바꾸려 한 용감한 왕이 공민왕이야. 분명 시작은 화끈했는데, 왜 결말은 쓰라렸을까?

학습 키워드 #원간섭기 #공민왕 #권문세족 #반원개혁정치
교과 연계 중3 1학기 > 역사(한국사) > Ⅲ. 고려의 성립과 변천

원 간섭기의 고려, 새로운 지배세력의 등장

고려는 몽골(원)과 40년 동안 전쟁을 치른 끝에 나라를 지켰지만 결국 원나라의 '정치적 식민지'가 되었어. 원나라는 고려를 속국으로 만들기 위해 여러 가지 치밀한 계획을 세웠어. 먼저 정동행성이라는 기구를 두고 고려의 내정에 간섭했지. 고려 땅 일부도 빼앗았어. 철

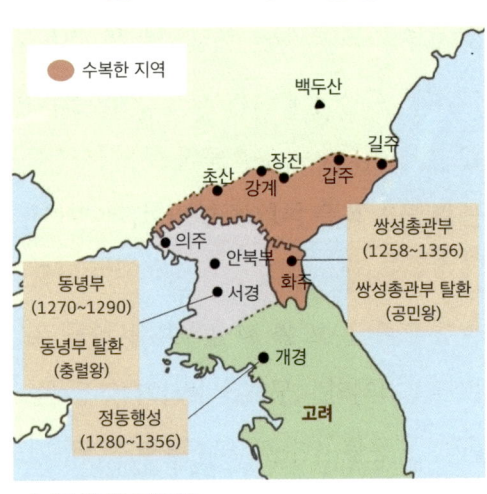

↑ 원나라의 간섭 기구

령 이북 근처에 쌍성총관부를, 평양에는 동녕부를, 제주도에는 탐라총관부를 두고 직접 다스린 거지. 왕실 모욕도 컸어. 고려 왕자는 어릴 때부터 원나라에서 몽골식 교육을 받아야 했고 원나라 공주와 강제로 결혼해야 했어. 왕을 '폐하' 대신 '전하', '태자'를 '세자'라 불렀는데, 이건 원나라 황제보다 한 단계 낮다는 뜻이야. 가장 가슴 아픈 건 2,000명이 넘는 고려의 부녀자들이 공녀로 끌려가서 원나라 궁궐에서 궁녀나 노예로 힘든 삶을 살아야 했어.

권문세족의 성장과 사회 모순의 심화

이 와중에 득을 본 사람들이 있었어. 바로 원나라와 친한 권문세족이야. 이들은 몽골어 통역관, 원나라 황제의 측근, 응방(매사냥) 관리 등으로 활동하며 힘을 키웠어. 이들은 불법으로 대규모 농장을 만들고 가난한 백성들을 노비로 삼았어. 나라 살림은 점점 기울었지. 세금 낼 땅과 백성이 줄어들어 국가 재정이 바닥이 나자 충선왕과 충목왕은 개혁을 시도했지만 권문세족과 원나라의 압력 때문에 실패했어.

14세기 국제 정세의 변화

그런데 14세기에 놀라운 변화가 일어났어. 그토록 강력했던 원나라가 황위 다툼과 재정난으로 흔들린 거야. 거기에 한족 농민들이 대규모 봉기를 일으키자 결국 주원장이 명나라를 세워 원나라를 북쪽으로 몰아냈지. 공민왕은 이 변화를 날카롭게 읽었어. "이제 원나라는 끝났어. 우리도 변해야 해!" 공민왕은 겉으로는 원나라를 따르는 척하면서도 뒤로는 명나라와 교류하며 개혁을 준비했어. 원나라는 공민왕의 개혁에 화가 났지만 명나라와의 전쟁으로 바빠 고려까지 신경 쓸 여력이 없었어.

공민왕의 반원 개혁정치

드디어 공민왕이 본격적인 개혁에 나섰어. 제일 먼저 기철 같은 친원 세력을 제거하고 정동행성을 축소시켜 원나라의 간섭을 끊었어. 또 군사를 일으켜서 쌍성총관부를 직접 공격해 철령 이북의 땅을 되찾았지. 공민왕은 원나라의 간섭으로 바뀌었던 모든 것들을 원래대로 되돌렸어. 몽골식 풍습을 금지하고 원나라 연호 사용도 중단했어. 왕실 호칭도 복구하고 드디어 고려가 당당한 독립국으로 일어선 순간이었어.

신돈의 등용과 전민변정도감

공민왕은 파격적으로 신돈이라는 승려를 등용했어. 당시로서는 상상도 할 수 없는 일이야. 신돈의 건의로 전민변정도감이라는 특별기구를 다시 설치했어. '전민'은 토지와 백성(노비), '변정'은 분별해서 정리한다는 뜻이야. 쉽게 말해 권문세족에게 불법으로 빼앗긴 땅과 노비를 원래 주인에게 돌려준 거야. 『고려사』에 보면 신돈은 "스스로 반환하면 과거는 묻지 않겠다!"고 했어. 요즘의 '자진신고 기간'이랑 비슷하지? 결과는 대성공! 온 나라 백성들이 환영했어.

공민왕 개혁의 한계

하지만 개혁은 오래가지 못했어. 우선 개혁 세력이 너무 약했어. 신진사대부들이 아직 성장하고 있었지만 권문세족들의 힘은 너무 강했지. 또 홍건적과 왜구가 계속 침입해서 개혁에 집중할 수 없었어. 무엇보다 신돈 개인에게 너무 의존한 게 문제야. 신돈이 제거되고 공민왕마저 시해당하자 개혁은 완전히 멈추고 말았어. 하지만 공민왕의 개혁은 조선 건국으로 이어지는 중요한 발판이 되었어.

1. 다음 초성 'ㅈㄷㅎㅅ'에 해당하는 원 간섭기의 기구는?

힌트 원나라가 고려에 설치한 내정 간섭 기구를 생각해 봐.

----

2. 권문세족의 특징을 세 가지 이상 써 보자.

----

3. 공민왕의 개혁 정치 내용을 정리해 보자.

더 알고 싶어 119

📖 도서　▶ 영상　🔍 사이트

📖 『**공민왕의 개혁 정치는 왜 실패했을까?**』 (함규진, 자음과 모음, 2011)
공민왕이 추진한 개혁 정치와 그 정책이 어떤 결과를 가져왔는지 재판 과정을 통해 자연스럽게 확인할 수 있는 책으로 논리적 사고력을 키우는 데 도움이 될거야.

▶ [**벌거벗은 한국사**] 공민왕의 개혁 정치 (사피엔스 스튜디오)
공민왕의 결혼과 즉위 과정 그리고 원의 영향력에서 벗어나 고려를 다시 세우려고 했던 과정을 확인할 수 있는 영상이야.

여성이 제사를 지냈다고?

고려 시대 가족제도와 여성의 지위

'유리 천장'이라는 말 들어본 적 있어? 보이지 않는 장벽 때문에 능력 있는 여성도 높은
자리에 오르기 어렵다는 뜻이야. 그런데 고려 시대에는 여성이 집안 제사를
지내고 남편이 아내 집에서 살고, 딸도 아들과 똑같이 재산을 물려받았어! 믿기 힘들겠지만
고려 여성들의 삶은 지금보다 더 당당했어.

학습 키워드   #여성의지위 #처가살이 #고려여성
교과 연계   중3 1학기 〉 역사(한국사) 〉 Ⅲ. 고려의 성립과 변천

고려의 신분제도

고려는 신라의 엄격한 골품제와 달리 훨씬 개방적이었어. 신분은 크게 양인과 천인으로 나뉘었는데, 양인층 안에서는 이동이 가능했어.

최고 지배층인 양반은 문반과 무반으로 나뉘어. 문반은 과거 시험과 음서로, 무반은 대대로 이어진 가문에서 배출되었어. 하지만 지방의 향리도 과거에 합격하면 고위 관료가 될 수 있었어. 군인이 전쟁에서 공을 세워 벼슬길에 오르는

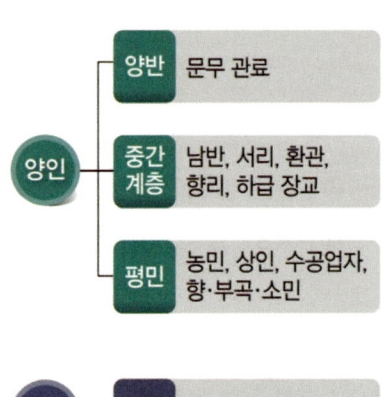

양인	양반	문무 관료
	중간 계층	남반, 서리, 환관, 향리, 하급 장교
	평민	농민, 상인, 수공업자, 향·부곡·소민
천인	천민	공노비, 사노비

↑ 고려의 신분 구조

일도 있었고 부곡이나 소 같은 특수 지역 주민이 노력하면 일반 군현으로 승격될 수 있었어. 이건 신라의 골품제와 비교하면 훨씬 열려 있는 제도야. 천민의 대부분은 노비였고 공노비와 사노비로 나뉘었어. 특히 따로 나와서 사는 외거 노비는 따로 살면서 일정한 신공만 바치면 농민과 비슷한 생활을 할 수 있었지.

고려 시대 가족제도, 양성평등

고려 시대 가족제도는 지금 봐도 놀라울 정도로 평등했어. 일부일처제가 원칙이었고, 보통 여자는 18세, 남자는 20세 정도에 결혼했어. 결혼 후에는 남편이 아내 집에서 사는 '처가살이'가 일반적이었어. 조선 시대 '출가외인'과는 정반대였던 거지. 출가외인은 '딸은 시집가면 남의 식구'라는 뜻인데, 조선 후기에 나온 말이야. 고려 시대는 정반대로 남편이 아내 집으로 들어와서 아내 가족들과 함께 살다가 자식을 낳고 키운 뒤에야 남편 집으로 가는 경우가 많았거든. 고구려의 서옥제와 비슷한 풍습으로, 여성의 사회적 지위가 얼마나 높았는지를 보여주는 대표적인 사례야.

재산 상속과 제사, 남녀가 평등하게

고려에서는 아들과 딸이 똑같이 부모의 재산을 물려받았어. 조선 시대의 '아들이 대부분을 상속받고 딸은 조금 받는 것'과는 완전히 달랐지. 고려에서는 부모의 사랑이 공평하게 나누어진 셈이야.

제사도 달랐어. 자녀들이 돌아가면서 제사를 맡았고, 아들과 딸의 구분이 없었어. 아들이 없어도 굳이 양자를 들이지 않고 딸이 제사를 지낼 수 있었지. 여성이 제사를 지낼 수 있었다는 건 당시 여성의 지위가 높았다는 확실한 증거야. 또 고려에서는 부계와 모계를 똑같이 중요하게 여겼어. 그래서 외할아버지나 외할머니에게도 재산을 물려받을 수 있었고, 사위와 외손자도 음서의 혜택을 받을 수 있었어.

여성의 재혼도 자유로웠고, 재혼한 여성의 자녀도 차별받지 않았지. 심지어 왕실 여성도 외가 성씨를 쓰는 경우가 있었으니, 모계 친족이 얼마나 존중받았는지 알 수 있지.

열린 사회의 가능성

통일신라는 골품제로 계층 이동이 막혀 있었지만, 고려는 과거 시험과 군공, 행정 구역 승격 등을 통해 열린 사회였어. 여성도 재산 상속과 제사, 혼인에서 평등한 권리를 누렸지. 그래서 고려는 통일신라보다 훨씬 열린 사회야. 하지만 조선으로 가면서 성리학이 강화되었고, 여성의 권리는 점점 줄어들었어. 재혼은 금지되고, 상속은 아들이 우선, 제사는 장남이 전담하게 되었지. 고려의 열린 사회가 닫히는 순간이었어.

오늘날 우리는 법으로 남녀평등과 신분 차별 금지를 보장받고 있어. 시대를 비교해 보면 고려는 신라보다 훨씬 개방적이고, 조선보다 훨씬 평등한 사회였다는 걸 알 수 있지.

1. 다음 문장의 빈칸에 알맞은 답을 써 보자.

> 고려 시대 남편이 아내 집에서 사는 제도를 _____(이)라고 한다. (4글자)

----

2. 고려 시대 신분의 구성을 계층순으로 써 보자.

----

3. 고려 시대 처가살이 제도의 특징과 의미를 설명해 보자.

👍 **더 알고 싶어 119**　　　　　📖 도서　▷ 영상　🔍 사이트

📖 『**참 쉬운 뚝딱 한국사2, 고려 시대**』 (이기범, 비룡소, 2022)
어린이의 눈높이에 맞춘 재미있는 그림과 사진으로 고려 시대 역사 흐름을 알 수 있고 역사적 사고를 북돋는 시각 자료와 해설 그리고 퀴즈까지 있어서 자기주도 학습에 도움이 되는 책이야.

▷ [**어쩌다 어른**] **고려 시대 여성의 지위** (tvN STORY)
통일 신라, 조선 시대와 다른 고려 시대만의 독특한 가족 제도와 가정 문화를 통해 그 시대의 사회적 특징을 이해할 수 있는 영상이야.

🔍 **국립여성사전시관** 고려 시대뿐만 아니라 우리나라 역사 속 여성의 역사를 한눈에 살펴볼 수 있는 전시관이야.

고려청자와 금속활자가
세계에서 유명한 이유는 무엇일까?

고려청자와 금속활자, 두 가지 혁신

최근 K-팝이 전 세계를 휩쓸고 있지. 그런데 1,000년 전에도 사람들을 놀라게 한
K-문화가 있었어. 바로 고려청자와 금속활자야.
어떻게 그 시대에 이런 최고 기술이 가능했을까? 함께 비밀을 풀어 보자.

학습 키워드   #고려청자 #금속활자 #직지 #상정고금예문 #직지심체요절
교과 연계   중3 1학기 〉 역사(한국사) 〉 Ⅲ. 고려의 성립과 변천

최고의 도자기, 고려청자

고려청자를 처음 본 사람들은 모두 "정말 흙으로 만든 거야?"하며
깜짝 놀라. 중국 사람들도 '고려청자의 색깔이 천하제일'이라며 극찬했
지. 사실 청자 기술은 중국에서 배워온 거야. 하지만 고려 사람들은 여기
서 만족하지 않고 11세기에 맑고 투명한 순청자를 만들더니, 12세기에
는 세계에서 유일한 '상감청자'라는 완전히 새로운 기법을 탄생시켰어.

상감청자는 상감기법으로 화려한 무늬를 넣은 도자기야. 상감기법
은 기존에 도자기와는 다르게 나전 칠기와 은입사 기법을 자기에 적용
한 기법이야. 그릇 표면에 홈을 파서 문양이나 그림을 새기고 백토, 흑토,
적토 등을 정교하게 메워 초벌구이를 한 뒤에 청자유를 입혀서 재벌구이
를 하는 방법이야. 고려청자는 중국의 청자와 다른 고려만의 독특한 청

록색을 띠는데 이 오묘하고 신비로운 색을 비색이라고 불러. 연꽃, 구름, 학, 물고기 같은 무늬가 비색 바탕 위에서 또렷하게 떠오르지. 실용적인 그릇에 예술적 아름다움을 더한 거야. 신비한 푸른 빛을 내는 상감기법은 고려에서만 볼 수 있는 독창적인 기술로 세계에서도 인정 받고 있어.

세계를 뒤흔든 혁신, 금속활자

고려청자도 대단하지만 고려의 진짜 대박 기술은 '금속활자'야. 이건 당시 세계를 뒤흔든 혁신 기술이었거든. 독일의 구텐베르크가 금속활자를 발명했다고 알려져 있지만 사실 고려가 200년이나 더 빨랐어. 1234년에 『상정고금예문』이라는 책을 세계 최초로 금속활자로 인쇄했거든.

금속활자가 얼마나 혁신적이었느냐 하면, 그 전까지는 책을 만들려면 나무판에 글자를 하나하나 새겨야 해서 책 한 권을 만들려면 나무판도 많이 필요하고 시간도 오래 걸렸지만 금속활자는 글자 하나하나를 금속으로 따로 만들어서 필요할 때마다 조합해서 인쇄해. 키보드처럼 글자만 새로 배열하면 책이 뚝딱 나와. 게다가 한번 만든 활자는 계속 재사용할 수 있었어. 속도, 다양성, 효율이 정말 혁명적이었지.

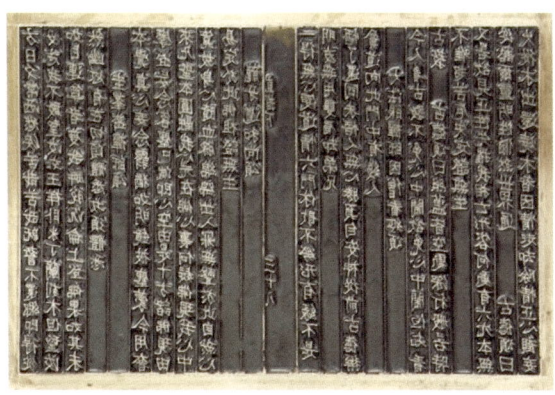

↑ 복원된 세계 최초의 금속활자 인쇄본

세계에서 가장 오래된 금속활자 인쇄본은 1377년 청주 흥덕사에서 만든 『직지심체요절』이야. 이 책은 정말 파란만장한 여행을 했어. 100여 년 전에 주한 프랑스 대사가 프랑스로 가져갔거든. 그 후 프랑스 국립도서관에 보관되어 있었는데 아무도 그 존재를 몰랐어. 그런데 1972년 박병선이라는 한국인 박사가 프랑스 국립도서관에서 근무하다가 이 책을 찾아낸 거야. 그 후 유네스코 전시회에 출품되면서 전 세계가 깜짝 놀랐지. 2001년에는 유네스코 세계기록유산에도 등재되어 인류가 함께 지켜보는 보물이 됐어.

천년 전 조상들이 남긴 교훈

고려청자와 금속활자를 보면 정말 신기해. 천년 전 우리 조상은 이미 '창의적 혁신'의 달인이었던 거야. 특히 놀라운 건 그들의 도전 정신이야. 11세기 순청자도 충분히 아름다웠는데 12세기에 상감청자라는 완전히 새로운 기법을 개발했잖아. 목판 인쇄도 괜찮았는데 혁신적인 금속활자 기술을 만들어 냈고. 현재에 만족하지 않고 계속 더 나은 걸 추구했던 거야. 그리고 기술과 예술을 완벽하게 조화시킨 것도 대단해. 고려청자는 그릇이면서 예술 작품이었고, 금속활자는 기술이면서 지식을 확산시키는 도구였어. 실용성과 아름다움을 동시에 추구했던 거지. 두 기술 모두 배우고(수용) → 개선하고(발전) → 새롭게 만들기(혁신) 라는 흐름을 완성했지. 오늘의 K팝·반도체·IT가 세계를 놀라게 하는 이유도 여기에 맞닿아 있어. 천년 전 고려 시대부터 이어져 온 창의성과 혁신 정신은 고려가 남긴 진짜 유산이야. 우리 조상들의 DNA에 이미 '세계 최고'를 만드는 능력이 들어 있었던 거야.

1. 다음 초성 퀴즈에 해당하는 답을 작성해 보자.

> 고려 시대 11세기까지는 맑고 투명한 _____(을)를 만들다가 12세기 이후에
> 는 화려한 무늬를 넣은 _____(을)를 만들었다.

2. 상감기법의 특징과 의미를 적어 보자.

3. 고려의 금속활자가 세계사에서 갖는 의미를 정리해 보자.

👍 **더 알고 싶어 119**

📖 도서 ▷ 영상 🔍 사이트

📖 『천년의 학을 품은 고려청자』(김해등, 개암나무, 2022)
고려청자의 탄생과 발전 과정을 통해 고려의 역사와 문화를 자연스럽게 배울 수 있는 그림
책이야.

▷ 천하 제일의 비색 고려청자 (국가유산채널)
고려청자의 특징과 우수성을 퀴즈로 풀면서 공부할 수 있어. 고려청자가 조선백자 발전의
토대가 되었다는 사실을 알 수 있는 영상이야.

🔍 청주고인쇄박물관 세계 인쇄 역사를 통해 '직지'의 훌륭함을 배우고 활자 인쇄를 체험할 수
있는 박물관이야. 금속활자의 우수성을 알 수 있는 청주고인쇄박물관에 꼭 방문해 봐.

Week4 • 20일차

☐년 ☐월 ☐일

이성계가 조선을 세울 수 있었던 계기는 무엇일까?

위화도 회군과 조선의 건국

고려 말 가장 뛰어난 장군 이성계가 나라의 운명을 바꾸는 선택을 했어.
그의 결단은 단순한 권력 다툼이 아니라 시대가 요구한 변화였지.
변방의 무장이 어떻게 500년 왕조를 세운 창업 군주가 되었을까?

학습 키워드   #이성계 #위화도_회군 #신진_사대부 #과전법
교과 연계   중3 1학기 > 역사(한국사) > IV. 조선의 성립과 발전

고려 말 혼란기의 영웅

고려 말 장군 이성계는 나라가 어려울 때마다 나아가 나라를 구했어. 1361년 홍건적이 개경을 점령했을 때도, 왜구가 연안을 침입했을 때도 이성계가 나타나 적을 물리쳤지. 특히 1380년 황산대첩에서는 최무선의 화약 무기로 왜구를 크게 무찔렀고, 1383년 진포대첩에서는 왜구 함선 500여 척을 불태우는 큰 승리를 거두었어.

이 시기 고려 정계에는 새로운 세력이 등장했어. 바로 성리학을 공부한 신진사대부야. 이들은 권문세족의 부패와 토지 독점을 비판하며 정치 개혁을 주장했지. 이성계는 이들과 손을 잡고 새로운 길을 모색했어.

4불가론과 위화도 회군

1380년대 새로 들어선 명나라는 고려에 공민왕 때 쌍성총관부를 공격하며 우리 영토로 회복된 철령 이북 땅을 내놓으라고 요구했어. 우왕과 최영은 이를 거절하고 요동 지방을 공격하기로 결정했지만 이성계는 반대했어. 과학적이고 전략적이었던 이성계의 유명한 '4불가론'을 살펴보자.

1. 작은 나라가 큰 나라를 공격하면 불리하다.
2. 농사철에 군사를 빼면 민생이 무너진다.
3. 군대가 비면 왜구가 침입한다.
4. 장마철 원정은 무기가 망가지고 전염병 위험이 크다.

그러나 이성계의 말은 무시되었고 요동 정벌을 위해 1388년 고려군은 압록강의 위화도까지 나아갔어. 이성계의 예상대로 장마가 시작돼 강을 건널 수 없게 되자 이성계는 고민 끝에 역사적인 결정을 내려 군을 돌려 개경으로 향했어. 이것이 바로 그 유명한 '위화도 회군'이야. 이건 그냥 군사 행동이 아니라 고려의 잘못된 정치를 바꾸려는 정치 혁명이었어.

과전법과 사회 개혁

개경에 도착한 이성계는 최영을 제거하고 우왕을 폐위했어. 그리고 신진사대부와 함께 가장 큰 문제인 토지 개혁을 단행했지. 모든 토지 문서를 태워버리고 새로운 '과전법'을 만들었어. 과전법은 권문세족이 불법으로 차지한 토지를 몰수하고 경기 지역 토지의 수조권(토지에서 세금을 거둘 수 있는 권리)을 관료들에게 등급에 따라 나눠주는 제도야. 이를 통해 권문세족의 토지 독점을 막고 국가 재정을 안정시키려고 했어.

조선 건국과 새로운 시대

1392년, 드디어 이성계는 급진파 신진사대부들의 지지를 받으며 왕위에 올라 새 나라 조선을 세웠어. 그 과정에서 고려 충신 정몽주를 선죽교에서 죽이는 비극도 있었지. 이성계는 나라 이름을 '조선'으로 바꾸고 수도를 한양으로 옮겼어. 조선이라는 이름은 고조선에서 따온 거야. 민족의 정통성을 계승한다는 의미지.

이성계와 신진사대부들은 성리학을 기초로 백성을 근본으로 여기는 민본주의 정책을 추진하고, 가문의 힘보다는 개인의 능력을 중요시하는 실력주의 사회를 만들려고 했어.

왕자의 난과 이성계의 말년

하지만 새 나라의 출발은 순탄하지 않았어. 1398년 아들들 사이의 왕위 다툼, 즉 왕자의 난이 일어나 이성계에게 큰 상처를 주었지. 결국 왕위를 둘째 아들 이방과에게 넘겼고, 그 후 셋째 아들 이방원이 태종으로 즉위했어. 이성계는 74세의 나이로 세상을 떠나며 "내 무덤을 고향 함경도의 억새풀로 덮어 달라"는 유언을 남기고 세상을 떠났어.

새로운 시대를 개척한 이성계

이성계의 조선 건국은 500년간 이어진 고려를 마무리하고 새로운 500년 왕조를 여는 전환점이었어. 과전법은 사회 모순을 해결하는 토대가 되었고, 성리학 사회로의 변화는 조선 문화의 기틀이 되었지. 4대 세종 때 한글이 창제되고 과학기술이 발전하는 찬란한 역사의 시작이 바로 이성계의 결단이었어. 그의 현실적 판단력과 과감한 결단력, 그리고 새로운 시대를 향한 비전이 한국사의 흐름을 완전히 바꾼 거야.

1. 다음 문제에 맞는 답을 써 보자.

① 이성계가 요동 정벌에 반대하며 제시한 네 가지 이유 (4글자) ＿＿＿＿＿＿

② 이성계가 군대를 돌린 압록강의 섬 (3글자) ＿＿＿＿＿＿

③ 이성계가 실시한 새로운 토지 제도 (3글자) ＿＿＿＿＿＿

④ 이성계가 세운 나라 이름 (2글자) ＿＿＿＿＿＿

⑤ 고려를 끝까지 지키려다 죽은 충신 (3글자) ＿＿＿＿＿＿

2. 위화도 회군 당시 이성계가 주장한 4불가론을 적어 보자.

＿＿＿＿＿＿＿＿＿＿＿＿＿＿＿＿＿＿＿＿＿＿＿＿＿＿

＿＿＿＿＿＿＿＿＿＿＿＿＿＿＿＿＿＿＿＿＿＿＿＿＿＿

＿＿＿＿＿＿＿＿＿＿＿＿＿＿＿＿＿＿＿＿＿＿＿＿＿＿

3. 이성계의 조선 건국의 정치, 경제, 문화적인 의미를 정리해 보자.

＿＿＿＿＿＿＿＿＿＿＿＿＿＿＿＿＿＿＿＿＿＿＿＿＿＿

＿＿＿＿＿＿＿＿＿＿＿＿＿＿＿＿＿＿＿＿＿＿＿＿＿＿

＿＿＿＿＿＿＿＿＿＿＿＿＿＿＿＿＿＿＿＿＿＿＿＿＿＿

＿＿＿＿＿＿＿＿＿＿＿＿＿＿＿＿＿＿＿＿＿＿＿＿＿＿

 더 알고 싶어 119

📖 도서 ▷ 영상 🔍 사이트

📖 『조선 건국, 나라의 운명을 바꾼 리더들』 (고수산나, 휴먼어린이, 2023)
나라를 지키는 충신으로 남을 것인가 새 나라를 세울 영웅이 될 것인가 고민하며 고려와 조선의 운명을 걸고 싸운 다섯 명 리더의 이야기를 담은 책이야.

▷ [벌거벗은 한국사] 태조 이성계와 정도전의 조선 건국기 (tvN D ENT)
혼란 그 자체였던 고려 말에 이성계와 정도전이 조선을 건국하기 위해 뜻을 모아 과감하게 개혁과 건국을 추진한 과정을 알 수 있는 영상이야.

🔍 전주 어진박물관 조선 왕조를 건국한 태조 이성계의 초상화가 살아 숨 쉬는 곳으로 실제 이성계의 초상화를 볼 수 있는 곳이야. 전주에 방문하면 꼭 들러보길 바라.

역사의 이야기를 들려주는 사람, 박물관·미술관 학예사

박물관·미술관 학예사는 유물이나 작품을 연구하고, 보존하고, 전시를 기획하여 사람들에게 문화와 역사를 전달하는 전문가야.

역사와 어떻게 연결되나요?

역사는 기록만으로 완성되지 않아. 유물과 작품은 그 시대 사람들의 생각과 삶을 보여주는 또 하나의 언어야. 가령 조선 시대 백자에서는 당시 사람들의 미적 감각과 생활 방식을 읽어낼 수 있지. 박물관·미술관 학예사는 이러한 유물과 작품 속에 숨은 역사적 의미와 맥락을 해석하는 사람이야. 과거의 흔적을 오늘날과 연결하는 다리 역할을 하는 거지.

학예사의 하루

Q. 오늘의 첫 업무는 무엇인가요?

A. 아침에는 유물 보관실의 온도와 습도를 먼저 확인해. 유물은 환경에 아주 민감해서 온도가 조금만 높아지거나 습도가 올라가도 손상될 수 있거든. 특히 종이나 직물로 만든 유물은 더욱 세심하게 관리해야 해.

Q. 전시 기획은 어떻게 시작되나요?

A. 하나의 전시를 위해 수개월 동안 유물 조사, 주제 설정, 관련 자료 분석을 해. 예를 들어 '조선의 의복' 전시를 한다면, 어떤 옷을 전시할지, 그 옷에 담긴 신분과 문화는 무엇인지, 어떤 순서로 보여줄지 세밀하게 계획하는 거야.

Q. 가장 중요한 능력은 무엇인가요?

A. 관람객의 눈높이를 생각해서 '어떤 이야기를 어떻게 전달할지' 구성하는 스토리텔링 능력이야. 같은 유물이라도 "이건 500년 된 도자기입니다"라고만 하는 것과, "이 도자기에는 왕실의 비밀 편지가 숨겨져 있었어요"라고 이야기하는 건 완전히 다르잖아.

Q. 유물 조사 과정은 어떤가요?

A. 유물의 제작 시기, 쓰임새, 발견 장소를 기록과 비교하며 퍼즐을 맞추듯 분석해. 때로는 X선 촬영이나 성분 분석 같은 과학적 방법도 사용하지. 탐정처럼 작은 단서 하나하나를 모아서 유물의 진짜 이야기를 찾아내는 거야.

Q. 관람객과 만나는 시간도 있나요?

A. 그럼! 전시 해설이나 교육 프로그램을 진행하면서 직접 관람객과 소통하기도 해. 특히 어린이 박물관 교실에서 아이들 눈높이에 맞춰 체험 활동을 할 때가 정말 보람차.

Q. 일이 끝난 후에는 무엇을 하나요?

A. 전시 기록을 정리하고 다음 전시나 연구 과제의 자료를 정리해. 관람객 설문조사를 읽으면서 '어떤 부분이 좋았는지, 무엇을 개선할지' 고민하는 시간도 중요하지.

학예사가 되려면?

역사, 미술, 문화 관련 지식의 기초를 탄탄하게 쌓는 공부가 필요해. 특히 대학에서 고고학, 미술사학, 문화재학, 박물관학 등을 전공하면 도움이 돼. 유물과 작품을 직접 보는 답사 경험이 많을수록 시야가 넓어지니까 박물관과 미술관을 자주 방문해 보는 게 좋아. 또한 발표력과 프로그램 기획력도 중요하니 학교에서 토론과 발표 활동, 동아리 기획 같은 경험에 적극적으로 참여해 봐. 학예사 자격증을 준비하는 것도 하나의 방법이야.

앞으로 이 직업은?

국내외 문화유산과 예술에 대한 관심이 높아지면서 학예사는 더욱 주목받는 직업이 되고 있어. 특히 VR 전시, 온라인 박물관, 메타버스 체험 등 새로운 전시 방식이 확장되면서 학예사의 활동 영역도 계속 넓어지고 있지. 디지털 아카이빙, AI를 활용한 유물 복원, 글로벌 문화 교류 프로젝트까지 학예사가 할 수 있는 일이 정말 다양해지고 있어.

선생님의 한마디

학예사는 유물 안에 담긴 이야기를 발견하고, 사람들에게 의미 있게 전달하는 '역사의 번역가'야. 역사를 사랑하고, 그 이야기를 세상과 나누고 싶다면 도전해 볼 만한 멋진 직업이야.

3부

조선 500년, 권력과 일상의 풍경들

조선에도 출산 휴가가 있었다고?

세종대왕의 복지 정책

600년 전 조선 시대에 출산한 여성이 130일 동안 휴가를 받았다는 사실, 믿기니?
아빠도 30일의 휴가를 받았어. 오늘날보다 더 앞선 제도가
세종대왕 시대에 있었다는 건 정말 놀라운 일이야.
한글만 만든 게 아니라 복지에서도 세계 최고였던 세종의 이야기를 들어볼까?

학습 키워드　#세종대왕 #복지정책 #출산휴가 #애민사상
교과 연계　중3 1학기 〉 역사(한국사) 〉 Ⅳ. 조선의 성립과 발전

　세종대왕은 22세의 나이에 왕위에 올라 32년간 조선을 다스리며 '백성이 곧 나라의 근본'이라는 민본주의 정신을 실천한 왕이야. 당시는 조선이 막 건국된 때라 새로운 제도를 세워야 하는 시기였는데, 세종은 성리학을 바탕으로 정치·경제뿐만 아니라 백성들의 삶까지 세심하게 챙겼어.

세종대왕의 다양한 업적들

　세종대왕의 업적은 무척 많아. 한글 창제는 빙산의 일각에 불과하지. 과학기술 분야에서 장영실과 함께 혁신적인 발명품들을 만들어 냈어. 혼천의로 별자리를 관측하고, 앙부일구로 시간을 재고, 자격루로 물시계를 만들었어. 특히 측우기는 세계 최초의 표준 강우량 측정기로 전국 각지에 설치해서 농업을 과학적으로 관리했어.

농업과 의학 분야에서도 대단한 성과를 냈어. 『농사직설』을 펴내 우리나라 실정에 맞는 농사법을 정리했고 『향약집성방』으로 우리나라 약재로 질병을 치료하는 방법을 체계적으로 정리했어. 이건 지금의 농업기술센터와 질병관리청을 약 600년 전에 만든 것과 같아.

세종대왕의 파격적인 복지 정책

세종대왕이 진짜 대단한 이유는 바로 복지 정책에 있어. 지금 우리나라 복지 제도의 뿌리가 세종 시대에 있다고 해도 과언이 아니야. 출산한 관노비 여성에게는 출산하는 달과 산후 100일을 포함해 총 130일의 휴가를 줬어. 더 놀라운 건 남편에게도 30일의 휴가를 준 거야. 세쌍둥이를 낳으면 쌀과 콩 7~10석을 지급하는 출산 수당까지 있었어.

부모를 잃거나 버려진 아이, 길 잃은 아이는 국가가 직접 보호했어. 10세 이하 아이가 있는 아버지는 부역을 면제해 주었고, 버려진 아이를 맡은 위탁가정에는 경제적 지원도 해줬어.

장애인 복지 정책으로 맹인 같은 장애인은 병역 의무와 세금, 부역을 모두 면제해 주었고, 일부 장애인에게는 관직을 주어 급여를 받게 했어. 지금의 장애인 의무고용제도보다 약 600년이나 앞선 제도인 거야.

세종은 "노인을 공경하는 정치는 제왕의 큰 규범"이라고 했어. 70세 이상이면 음식 지급과 부역 면제, 80세 이상이면 큰 잔치인 양로연을 제도화했고, 90세 이상이면 급여까지 지급했어. 요즘의 기초연금제도와 비슷하지. 귀화한 여진인과 왜인에게는 물품이나 벼슬을 내려서 생활의 안정을 도와주고 조선에 사는 여진인도 양로연에 참석하게 해주었지. 이건 지금의 다문화가족 지원 정책과 비슷해.

세종은 의료복지 시스템도 개선해 제생원, 혜민국, 활인원 같은 의료

기관에서 가난한 백성을 돌봤어. 나병 환자는 의료인에게 치료받게 했고 불치병 환자는 형벌을 줄여 주기도 했지. 감옥에 있는 죄수들에게도 최소한의 인권을 보장했어. "감옥은 죄를 다스리는 곳이지 목숨을 빼앗는 곳이 아니다"라는 세종의 말은 정말 앞선 생각이지. 신속한 재판으로 인권침해를 줄였고 병든 죄수는 먼저 치료하게 했어. 또 흉년이 들거나 자연재해가 발생하면 임시 식량 배급소인 진제소를 설치해 굶주린 백성들에게 곡식을 나눠 주었어. 지금의 긴급재난지원금과 같은 제도였던 거야.

복지왕 세종의 철학

세종의 복지 정책은 약 600년 전에 이미 현대적 사회보장제도를 갖추었다는 점에서 놀라워. 출산 휴가, 육아 지원, 장애인·노인 복지, 의료 보장 등의 정책들은 단순한 시혜가 아니라 법과 제도로 자리 잡은 국가 정책이야. 특히 여성, 아동, 장애인, 노인 등 사회적 약자를 폭넓게 보호하고 죄수의 인권까지 지켜준 건 지금 기준으로 봐도 앞선 생각이야.

"진정한 리더는 힘 있는 사람만 돌보는 게 아니라 가장 약한 사람까지 챙기는 사람이다"라는 세종의 철학은 오늘날 정치인들과 우리 모두가 본받아야 해. 또 세종 시대의 복지 정책은 단순히 퍼주기식이 아니라 국가를 계속 발전시키기 위한 투자였어. 백성들이 건강하고 행복해야 나라도 발전할 수 있으니까. 이건 요즘 우리가 추구해야 할 복지국가의 이상과도 정확히 맞아 떨어져.

1. 다음 암호를 풀어 세종이 편찬한 농업서와 의학서 이름을 적어 보자.

농업서: ㄴㅅㅈㅅ _____

의학서: ㅎㅇㅈㅅㅂ _____

2. 세종 시대 출산 휴가 제도의 내용을 구체적으로 써 보자.

----

3. 세종의 복지 정책이 현대적 의미를 갖는 이유를 적어 보자.

 더 알고 싶어 119　　　　📖 도서　▷ 영상　🔍 사이트

📖 『그림으로 보는 세종대왕』 (김미애, 계림북스, 2022)
　세종대왕의 생애와 훌륭한 업적들을 짧은 글과 재미있는 그림으로 만날 수 있고 교과서에
　나오지 않은 세종대왕의 다양하고 유용한 역사지식이 가득한 책이야.

▷ 백성의, 백성에의한, 백성을 위한 세종대왕 (중앙선거관리위원회)
　백성을 사랑하는 세종대왕의 애민정신과 민주주의 가치가 어떻게 연결되는지를 배울 수 있
　는 영상이야.

▷ 세종대왕기념사업회 세종대왕의 일대기실, 한글실, 과학실, 특별전시실로 구성되어 있고 세
　종대왕의 다양한 업적을 기리기 위한 실천 방안을 고민할 수 있는 곳이야.

조선은 일본의 침략을 어떻게 막았을까?

이순신과 임진왜란

우리나라 영화 역대 흥행 1위가 뭔지 알아? 바로 1,761만 명이 본 영화 〈명량〉이야.
이 영화는 단 13척의 배로 일본 함선 333척을 무찌른 이순신 장군의 실화를 다뤘어.
도대체 어떻게 이런 기적 같은 승리가 가능했을까?

학습 키워드 #임진왜란 #이순신 #수군 #의병
교과 연계 중3 1학기 〉 역사(한국사) 〉 Ⅳ. 조선의 성립과 발전

임진왜란의 시작

16세기 중반 이후, 동아시아의 질서가 흔들렸어. 중국의 명나라는 신하들이 싸우고 환관이 권력을 남용해 약해졌고, 몽골의 침입과 일본 해적(왜구) 때문에 더욱 혼란스러웠어.

한편 일본은 도요토미 히데요시가 전국 시대를 끝내고 일본 전체를 통일했어. 하지만 오랫동안 싸움만 하던 무사들은 할 일이 없어 불만이 쌓였어. 히데요시는 그들의 불만을 돌리기 위해 "명을 정복하겠다"며 전쟁을 준비하고, 조선에 "길을 빌려 달라"는 핑계로 침략했어.

이렇게 위험한 상황인데 조선은 전혀 준비가 되어 있지 않았어. 양반들은 나라를 지킬 생각보다 서로 "내 말이 맞다, 네 말이 틀렸다"며 싸우기 바빴어. 200년 가까이 평화롭게 지내며 국방력이 약해진 거야.

1592년 4월, 일본군은 조총으로 무장하고 부산진과 동래성을 하루 만에 무너뜨렸어. 조선군은 활과 칼로 싸웠지만 역부족이었어. 신립 장군의 충주 방어선도 무너졌고, 전쟁이 시작된 지 20일 만에 일본군은 한양(서울)을 점령했어. 선조 임금은 광해군을 세자로 세우고 의주로 피란하며 명나라에 도움을 요청했어. 일본군은 평양과 함경도까지 진격하며 조선 전역을 뒤흔들었어.

바다의 희망, 이순신

하지만 바다에는 희망이 있었어. 바로 이순신 장군이야. 이순신은 1545년 서울에서 태어나 32세에 무과에 급제한 늦깎이 무신이었어. 평소에도 '전쟁은 언젠가 일어날 것'거라고 생각해 철저히 준비했거든. 이순신은 1591년 전라좌수사로 부임하자마자 군사 훈련을 강화하고 무기를 점검하며 비밀 무기인 거북선을 완성했어. 거북선은 세계 최초의 철갑선이야. 배 위를 철판으로 덮고 그 위에 날카로운 송곳을 박아서 적이 올라타지 못하게 했어.

이순신의 놀랍게도 23번 싸워서 23번 모두 이겼어. 옥포해전에서 처음 이기고 한산도대첩에서는 학익진 전법으로 일본 수군을 궤멸시켰어. 학익진은 학이 날개를 펼친 모양으로 적을 포위하는 전술이야.

육지에서는 의병의 활약이 대단했어. 곽재우는 붉은 옷을 입고 나타나 일본군을 무찔러 '홍의장군'이라 불렸고 고경명은 담양에서 6천 명의 의병을 이끌었어. 휴정(서산 대사)과 유정(사명 대사) 같은 승려들도 승군을 조직해 '부처님도 나쁜 놈은 무찌르신다!'며 용맹하게 싸웠지. 신분이나 계층 상관없이 모든 백성이 '우리 땅은 우리가 지킨다!'는 굳은 마음으로 하나가 되었어.

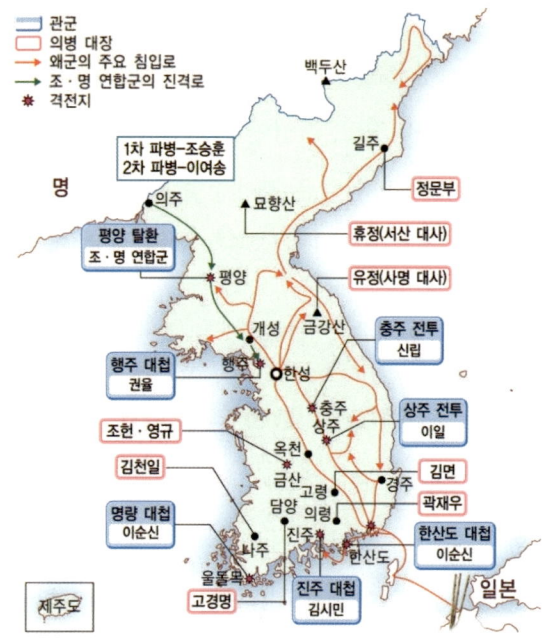

↑ 왜군의 침입과 관군・의병의 활동

명량의 기적: 13척 VS 333척

1593년부터 명군과 조선군은 힘을 합쳐 일본군을 남쪽으로 몰아냈고, 일본과 조선은 잠시 휴전하며 회담을 진행했어. 그러나 평양에서의 회담이 결렬되면서 1597년 정유재란이 시작되었어. 이순신 장군은 "신에게는 아직 12척의 배가 남아 있사옵니다."라고 말하며 절망 속에서도 희망을 버리지 않은 의지와 용기를 보여줬어. 그리고 흩어져 있던 배 한척을 더 모아 13척으로 일본의 333척과 싸운 전투가 바로 명량대첩이야.

1597년 9월 16일 새벽, 이순신 장군은 전라남도 진도 앞바다의 명량해협에서 결전을 준비했어. 명량은 조류가 아주 빠르고, 하루에 네 번이나 흐름이 바뀌는 험한 바다야. 이순신은 이 특성을 완벽히 알고 있었어. 그는 "이곳이라면 적의 큰 함대도 제대로 움직이지 못할 것이다." 라고 생각했어. 전투가 시작되자, 일본군 333척이 몰려왔어. 이순신은 조류가 바뀌는 때를 기다렸다가 외쳤어. "지금이다! 전 함대 돌격하라!"

그 순간 바다의 흐름이 반대로 바뀌면서 일본 배들이 서로 부딪히며 혼란에 빠졌지. 그 틈을 놓치지 않고 이순신은 적진 한가운데로 돌진하며 대포를 쏘았어. 결과는 놀라웠어. 이순신과 병사들이 일본 배 31척을 격파하자 일본 수군은 물러나 도주했거든. 이것이 바로 세계 해전사에서도 손꼽히는 '명량의 기적'이야.

임진왜란이 남긴 피해와 교훈

1998년 일본의 도요토미 히데요시가 죽자 일본군이 철수하기 시작했어. 그리고 이순신의 수군이 노량해전에서 일본군을 크게 물리치면서 7년간의 전쟁을 끝이 났어. 조선은 임진왜란으로 많은 사람이 죽거나 다쳤고 토지가 황폐해졌어. 수많은 문화유산을 빼앗기고 경복궁도 불에 타는 등 온 나라가 막대한 피해를 입었어. 일본에서는 도쿠가와 이에야스가 정권을 장악하고 에도 막부를 열었어. 한편 조선에 지원군을 보낸 명은 전쟁의 영향으로 국력이 약해졌고 이를 틈타 만주에서는 여진족이 후금을 건국했어.

임진왜란은 우리에게 중요한 교훈을 줬어. 평화로울 때도 국방을 소홀히 해서는 안 된다는 것! 위기 앞에서도 국민이 하나로 뭉치면 어떤 어려움도 극복할 수 있다는 것 말이야. 또 뛰어난 리더십과 전략, 과학기술과 혁신이 얼마나 중요한지 보여줬어. 무엇보다 이순신과 의병들이 보여준 '나라 사랑하는 마음'은 지금도 우리가 본받아야 할 소중한 정신이야.

1. 임진왜란을 대표하는 해전에 맞는 말을 연결해 보자.

① 옥포대첩 •　　　　　　　• ㉠ 학익진 전법 사용

② 한산도대첩 •　　　　　　• ㉡ 임진왜란 첫 승리

③ 명량대첩 •　　　　　　　• ㉢ 13척으로 333척 격파

2. 임진왜란 당시 육지에서 활약한 의병을 3명 작성해 보자.

----

3. 조선이 일본의 침략을 막을 수 있었던 요인을 종합적으로 분석해 적어 보자.

👍 더 알고 싶어 119

📖 도서　▷ 영상　🔍 사이트

📖 **『어린이를 위한 이순신의 바다』 (윤희진, 위즈덤하우스, 2023)**
이순신의 23전 23승의 생생한 전투 기록과 전투 장면이 한눈에 들어오는 생생한 그림 자료가 가득하고 깊이 있는 역사를 쉽게 전해주는 책이야.

▷ **일본이 두려워한 해전의 신 이순신 (티빙)**
이순신 장군의 생애와 한산도대첩, 명량대첩, 노량대첩 임진왜란 3대 대첩의 소름 돋는 전술을 생생하게 알 수 있는 영상이야.

🔍 **통영 한산대첩 광장과 이순신공원**　한산도대첩 승리를 기리기 위해 조성된 광장으로 당시 전투 장면을 판옥선 위에 재구성한 수군 조형물을 통해 나라를 지키려는 수군의 마음을 느낄 수 있어. 근처에서는 거북선을 직접 체험할 수도 있는 곳이야.

왕이 머리를 조아리며
충성을 맹세했다고?

조선의 왕이 적의 황제 앞에서 무릎을 꿇고 머리를 9번이나 땅바닥에 박았다는 사실을 믿을 수 있어? 조선 인조가 1637년 1월 30일 삼전도(지금의 송파구)에서 청나라 황제에게 '삼배구고두'의 예를 올린 날은 우리 역사상 가장 굴욕적인 순간이었어. 도대체 어떤 일이 있어서 조선의 왕이 이런 치욕을 당했을까?

학습 키워드 #정묘호란 #병자호란 #삼전도비 #삼배구고두례
교과 연계 중3 1학기 > 역사(한국사) > Ⅳ. 조선의 성립과 발전

17세기 혼들리는 동아시아 질서

17세기 동아시아는 마치 거대한 지진이 일어난 것 같았어! 중국의 명나라는 점점 약해지고 만주 지역의 여진족(만주족)이 세운 후금(훗날 청)은 빠르게 힘을 키우고 있었어. 1616년 누르하치는 후금을 세우고 명을 정복하려고 했어. 조선은 명을 가까이 하고 후금을 배척하는 정책을 펼쳤어. 당시 경제적 어려움을 겪고 있던 후금은 물자 부족을 해결하고 배후를 안정시키기 위해 조선을 침략하기로 결정했어.

정묘호란, 갑작스러운 침입

1627년(인조 5년), 후금의 군대 약 3만 명이 갑자기 조선을 공격했어! 번개처럼 빠르게 의주와 정주를 함락하고 평양까지 밀고 내려왔어. 조선

조정은 완전히 패닉에 빠져 인조는 급하게 강화도로 피신했어. 각지에서 관군과 의병이 강하게 저항하자 후금은 명과 전쟁을 앞두고 있었기 때문에 조선과 일단 형제 관계를 맺고 돌아갔어.

병자호란, 청나라 대군 침입

1636년, 후금은 국호를 '청'으로 바꾸고 황제국임을 선포했어. 이제 청나라는 조선에 형제 관계가 아니라 군신 관계를 요구했지. 청 태종 홍타이지는 조선에 사신을 보내 "이제 우리는 황제국이다. 조선은 우리에게 신하의 예를 갖춰라!" 하지만 조선은 이를 거부했어. "명나라에 대한 의리를 저버릴 수는 없다!" 조선 조정에서는 격렬한 논쟁이 벌어졌지. 주화론자인 최명길은 "현실을 인정하고 일단 나라를 보전하자"고 했고, 척화론자인 김상헌과 윤집은 "의리를 저버리느니 차라리 죽겠다"고 맞섰어.

1636년 12월, 청 태종은 직접 약 12만 대군을 이끌고 조선을 침략했어! 청군의 속도는 정말 무서웠어. 불과 보름 만에 한양을 포위했거든. 인조는 급하게 강화도로 피하려 했지만 이미 길이 막혀 있었어. 결국 인조와 신하들은 눈 내리는 산길을 헤치며 남한산성으로 급히 몸을 피하게 되었지.

얼마 지나지 않아 청나라 군대가 남한산성을 완전히 포위했어. 성 안에서는 "끝까지 싸우자!"는 척화파와 "이제는 화해해야 한다"는 주화파가 격렬하게 대립했어. 추위와 굶주림 속에서 하루하루가 고통스럽게 지나갔고, 설상가상으로 도와주러 오던 조선의 구원군이 패배했다는 소식이 전해졌어. 그리고 마침내 강화도마저 함락되었다는 비보가 들려왔지. 이제 사람들은 점점 '싸움보다 항복이 낫다'는 쪽으로 기울기 시작했어. 인조는 남한산성에 들어온지 47일 만에 항복을 선택했어.

삼전도의 치욕과 굴욕의 기념비

1637년 1월 30일은 조선 역사상 가장 굴욕적인 날이었어. 인조는 삼전도에서 청 태종에게 항복했어. 항복 의식은 정말 치욕적이었지. 인조는 왕의 곤룡포를 벗고 청나라 신하가 입는 푸른 옷으로 갈아입었어. 그리고 청 태종 앞에서 세 번 절하고 아홉 번 머리를 땅바닥에 박는 삼배구고두의 예를 올려야 했어. 이건 중국 황제에게만 올리는 최고의 예법이야. 조선의 왕이 이민족 왕에게 이런 절을 한 건 우리 역사상 처음이자, 가장 굴욕적인 사건이었지.

청 태종은 자신의 '위대한 승리'를 기념하기 위해 삼전도에 비석을 세우라고 했어. 이게 바로 삼전도비야. 현재는 서울시 송파구에 남아 있는데, 지나갈 때마다 우리 선조들의 아픔을 생각하게 하는 역사의 현장이야.

▲ 삼배구고두례 부조

병자호란 이후와 우리가 얻은 교훈

병자호란이 끝난 뒤, 조선은 큰 상처를 입었어. 전쟁에서 패하면서 청나라와 군신(임금과 신하) 관계를 맺게 되었고, 왕족인 소현세자와 봉림대군(훗날 효종) 등이 청나라에 인질로 끌려갔어. 수많은 백성들도 끌려가 노역을 하거나 가족과 떨어져 고통받았고, 조선은 청나라에 매년 많은 공물을 바쳐야 했어. 나라의 자존심이 크게 무너진 순간이었지. 하지만 이 사건은 조선 사람들에게 중요한 교훈을 남겼어.

"약하면 강한 나라의 침략을 막을 수 없다."

이 깨달음은 이후 효종의 북벌 운동과 군사력 강화 노력으로 이어졌어. 병자호란은 비록 아픈 역사였지만, 나라를 스스로 지키기 위해 힘을 길러야 한다는 교훈을 남긴 사건이었어.

1. 다음 문장에 알맞은 답을 찾아 써 넣어 보자.

① 1627년 후금이 조선을 침입한 전쟁 (4글자) _____

② 인조가 청 태종에게 한 굴욕적인 예 (5글자) _____

③ 1636년 청나라가 조선을 재침입한 전쟁 (4글자) _____

④ 북벌을 준비한 왕 (2글자) _____

⑤ 청나라의 승리를 기념한 비석 (4글자) _____

2. 병자호란 당시 인조, 신하 그리고 백성들이 청에 대항하여 싸우던 곳을 적어 보자.

힌트 경기도에 위치한 산성

----

3. 병자호란이 조선 사회에 미친 영향을 정치, 사회, 사상 측면에서 적어 보자.

 더 알고 싶어 119　　　　　　　　📖 도서　▷ 영상　🔍 사이트

📖 『**병자호란, 위기에서 빛난 조선의 리더들**』 (박은정, 휴먼어린이, 2019)
나라를 구하기 위해 용감히 나섰던 여섯 명의 리더들의 생생한 이야기로 병자호란을 배울 수 있는 책이야.

▷ **삼배구고두례를 행했던 그날** (국립진주박물관)
병자호란에 패배한 조선의 왕 인조가 삼배구고두례를 행하던 굴욕적인 그날을 확인할 수 있는 영상이야.

🔍 **국립진주박물관**
진주박물관에서 병자호란 특별전을 소개하는 여러 영상으로 생생한 병자호란을 배울 수 있는 곳이야.

조선 최고의 궁궐이 어디일까?

경복궁 이야기

조선을 세운 이성계는 새 궁궐 이름을 직접 짓지 않고 정도전에게 맡겼다는 걸 아니?
금으로 된 허리띠까지 주면서 말이야. 그렇게 탄생한 이름이 바로 '경복궁'이야.
조선 왕조 500년의 중심이 된 경복궁에는 어떤 이야기가 숨어 있을까?

학습 키워드　#경복궁 #도읍 #정도전 #근정전
교과 연계　　중3 1학기 〉 역사(한국사) 〉 IV. 조선의 성립과 발전

새로운 나라, 새로운 궁궐

1392년 조선을 건국한 태조 이성계는 "새로운 나라는 새로운 도읍
에서 시작해야 해!"라며 깊이 고민했어. 후보지는 충남 계룡산, 무악(현
재 서울시 서대문구 안산 일대), 그리고 한양이었는데 마침내 1394년 한양을
새 도읍지로 결정했어. 한양은 산으로 둘러싸여 있어서 방어가 쉽고 한
반도의 중앙에 위치하고 한강이 흘러 교통이 편리했거든.

이성계는 한양으로 도읍을 옮긴 후 경복궁을 지었어. 경복궁을 중심
으로 왼쪽에 종묘, 오른쪽에 사직단을 두고 주위의 산을 연결하는 성곽
을 쌓았어. 그리고 성곽에 4개의 큰 문도 만들었어. 조선은 유교 이념에
따라 국가 시설을 배치하고 건물의 이름도 지었어.

'경복궁'이라는 이름 속에 담긴 소망

궁궐 완공 기념 잔치에서 태조가 정도전에게 금으로 된 허리띠를 주며 이름을 지어보라고 했어. 정도전은 『시경』에서 '이미 술에 취하고 이미 덕에 배부르니 군자는 만년토록 그대의 큰 복을 누리리라'는 구절을 인용해서 마지막 '큰 복(景福)'이라는 두 글자를 따서 '경복궁'이라는 이름을 지었어. 이 이름에는 '조선 왕조가 영원토록 큰 복을 누리기를 바란다'는 의미가 담겨 있어.

정도전은 각 건물의 이름도 모두 지었는데, 깊은 뜻이 숨어 있어. 근정전은 '임금은 나랏일에 부지런해야 한다'는 뜻으로 즉위식이나 외국 사신 접견 같은 국가의 큰일을 처리하던 곳이야. 사정전은 '일상적인 정무를 처리하는 곳으로 '나랏일을 할 때 생각하고 또 생각해야 한다'는 뜻이야. '강녕전은 왕의 침전으로 '왕이 건강하고 평안해야한다'는 뜻이 담겨있어. 이처럼 건물 이름에도 성리학적 이상이 담겨 있어.

↑ 경복궁 전경

↑ 경복궁 근정전

발전하는 경복궁

태종은 연못 위에 인공 섬을 만들고 그 위에 아름답고 웅장한 경회루를 지었어. 경회루는 임금과 신하들이 연회를 열고, 외국 사신들을 접대하는 외교 무대였거든.

세종대왕 때는 경복궁이 과학기술의 중심지가 되었어! 집현전에서는 한글이 만들어지고 여러 책들이 나왔어. 경회루 남쪽에는 보루각을 세워서 자격루(물시계)를 설치했어. 궁궐 서북쪽에는 간의대를 만들어서 천문 관측을 했고, 흠경각에는 옥루기륜이라는 자동 물시계를 설치했어. 경복궁은 단순한 궁궐이 아니라 조선의 과학과 문화가 꽃피는 혁신의 공간이었지.

임진왜란의 비극과 흥선대원군의 중건

1592년 임진왜란이 터지면서 경복궁에 비극이 닥쳤어. 선조가 한양을 버리고 도망가자 화가 난 백성들이 경복궁에 불을 질렀어. 200년간 조선의 중심이었던 경복궁이 하루아침에 잿더미가 되어 270년 동안 폐허로 방치됐지. 이 시기 동안 조선의 왕들은 창덕궁이나 창경궁에서 머물렀어. 1865년 드디어 흥선대원군이 "조선의 위엄을 되찾겠다!"며 대규모 중건 사업을 시작했어. 중건된 경복궁은 무려 7,225칸 반으로 원래보다 훨씬 크고 웅장했지만, 이 공사비가 너무 많이 들어서 나라 재정이 어려워지고 백성들에게 원납금을 강제로 받는 부작용도 있었어.

일제강점기의 시련과 오늘의 경복궁

일제강점기에 경복궁은 또 다른 치욕을 당했어. 일본이 조선을 지배하는 상징으로 근정전 앞에 조선총독부 건물을 세우고, 경복궁의 정문인 광화문도 동쪽으로 옮겨버린 거야. 수많은 전각들이 헐려나가서 7,225칸이었던 경복궁이 불과 몇십 개 건물만 남았어.

1995년 광복 50주년을 맞아 조선총독부 건물을 철거하면서 경복궁의 진정한 복원이 시작되었어. 지금 경복궁에서는 매일 수문장 교대 의식이 열리고, 많은 관광객들이 찾아와. 특히 한복을 입고 경복궁을 관람하는 사람들이 늘어나면서 전통문화에 대한 관심도 높아지고 있어.

경복궁이 우리에게 주는 의미

경복궁은 조선 왕조 500년 역사의 상징이자 정도전의 성리학적 이상이 건축으로 구현된 공간이야. 우리나라 전통 건축의 아름다움을 보여주는 걸작이면서 일제강점기의 시련을 이겨낸 민족 정신의 상징이야. 경복궁을 걸을 때마다 우리는 600년 전 조상들의 꿈과 지혜, 그리고 역사의 아픔과 자부심을 동시에 느낄 수 있지. 이것이 바로 경복궁이 단순한 건물이 아닌 우리 민족의 정신적 고향인 이유야.

1. 다음 초성에 해당하는 경복궁 관련 인물과 건물을 맞춰 보자.

> ① ㅈㄷㅈ: 경복궁을 설계하고 이름을 지은 사람 ＿＿＿＿＿＿＿＿＿＿＿
>
> ② ㄱㅎㄹ: 태종이 지은 아름다운 누각 ＿＿＿＿＿＿＿＿＿＿＿
>
> ③ ㅎㅅㄷㅇㄱ: 경복궁을 중건한 인물 ＿＿＿＿＿＿＿＿＿＿＿

2. 정도전이 『시경』에서 따온 경복궁 이름의 의미를 써 보자.

---

3. 경복궁이 조선 시대부터 현재까지 갖는 역사적 의미를 적어 보자.

 더 알고 싶어 119   📖 도서   ▶ 영상   🔍 사이트

📖 『**경복궁**』 **(손용해, 주니어김영사, 2019)**
조선 왕조를 이어온 왕과 왕실 가족의 주거 공간이자 여러 관청 관리들의 일터였던 경복궁, 조선 500년의 역사가 살아 숨 쉬는 이 경복궁을 일목요연하게 공부할 수 있는 책이야.

▶ **나의 경복궁과 종묘 답사기 (사피엔스 스튜디오)** 교과서에서 배우지 못한 우리가 몰랐던 경복궁의 흥미로운 뒷이야기를 공부할 수 있는 영상이야.

🔍 **궁능유적본부** 경복궁뿐만 아니라 창덕궁, 창경궁, 덕수궁, 경희궁 그리고 조선 왕릉까지 함께 공부할 수 있는 곳이야.

양반을 돈 주고 살 수 있었다고?

조선 시대 양반 제도

조선 시대에 '양반'이라는 신분을 돈주고 살 수 있었다는 사실, 알고 있었어? 어떤 지역에서는 인구의 70%가 양반이었대! 조선 후기에는 양반들이 너무 많아져서 탈놀이에서 "가짜 양반들아, 그만 허세 부려라!"라며 조롱당하기까지 했어.
최고 지배층이었던 양반이 왜 비웃음거리가 되었을까?

학습 키워드 #양반 #공명첩 #납속책 #노상알현도
교과 연계 중3 2학기 > 역사(한국사) > V. 조선 사회의 변동

양반의 특권, 그들만의 리그

조선 초기 양반은 지금의 '공무원'과 비슷한 개념이야. 원래 양반이라는 말은 문관(문반)과 무관(무반)을 합쳐 부르는 말이었어. 문관의 관복에는 우아한 학을 수놓은 흉배를 붙였고, 무관의 관복에는 용맹한 호랑이 흉배를 붙였어. 하지만

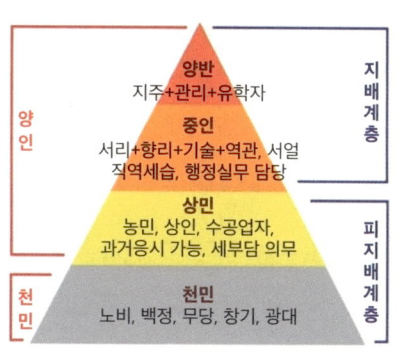

▲ 조선 시대 신분 제도

조선은 무력보다 학문을 더 중시하는 나라였기 때문에 문관이 무관보다 훨씬 대접을 받았어.

시간이 지나며 양반은 관직이 아니라 세습되는 신분으로 굳어졌어. 집안의 경제력, 인맥이 다음 세대로 넘어가면서 '그들만의 리그'가 만들어졌어. 양반이 누린 이점은 생각보다 많았어.

양반이 누린 혜택

- **경제**: 물려받은 토지와 노비로 농사 수확을 거둬서 일하지 않고도 소득이 생겼어.
- **교육**: 농민들은 생계를 위해 하루종일 일을 했지만, 양반은 생계 부담이 적어 평생 공부에 집중할 수 있었어. 과거 준비도 여유로웠지.
- **면세 혜택**: 군포를 내야 하는 농민과 달리 양반은 군대도 안 가고 세금도 안 냈어.
- **법적 우대**: 같은 범죄를 저질러도 가벼운 처벌을 받았어. '유전무죄' 같은 말이 괜히 나온게 아니야.

양반 사회의 계급, 같은 양반도 급이 다르다!

조선 후기로 갈수록 양반들 내부에서도 격차가 벌어졌어.

양반 계급의 분열

- **향반**(鄉班): 중앙 정치에서 밀려난 양반들이 고향으로 내려가서 재산과 권력을 유지해 서원을 중심으로 성리학을 연구하고 지역사회를 이끌었어.
- **잔반**(殘班): 양반이라는 신분만 남고, 재산도 권력도 없어서 농사를 짓거나 서당을 운영해 생계를 겨우 유지했어. 평소에는 보리밥을 먹지만 손님이 오면 급하게 쌀밥을 먹으며 "우리는 양반이야!"라고 허세를 부렸어.

양반 가문의 여성들, 억압 속의 권력

조선 시대 양반 여성들의 삶은 복잡했어. 여성의 재혼이 금기였고 재혼한 여성의 자녀는 관직 진출에 제한을 받았어. 남편이 죽으면 젊은 나이에도 평생 수절해야 했지. 하지만 다른 한편으로 여성은 집안에서 상당한 권력을 가지고 있었어. 남편이 정치 활동으로 바쁠 때 집안의 경제를 총괄 관리하고 토지와 노비를 관리하며 손님 접대부터 인맥 관리까지 모든 것을 담당했어.

조선 후기의 충격, 양반 대란 시대

조선 후기에 정말 놀라운 일이 벌어졌어. 전쟁과 흉년으로 나라가 어려워지자 "양반 신분을 팔자!"는 기가 막힌 아이디어를 냈거든.

- **공명첩**: 정부는 돈을 받고 '공명첩'이라는 명예 관직 증명서를 팔았어. 상인이나 농민이 이걸 사면 바로 양반이 될 수 있었어. 즉시 등업하는 느낌이지.
- **납속책**: 국가에 곡식이나 돈을 기부하면 관직이나 특권을 주는 제도야.

여기에 족보까지 사고파는 시장이 생긴 거야. 몰락한 양반들이 생계를 위해 자신의 족보를 팔고 부유한 평민이 족보를 사서 양반 행세를 했지. 가짜 족보도 돌아다녔어. 이런 일들이 계속되면서 어떤 지역에서는 인구의 70%가 양반이라는 우스갯소리까지 나왔지. 양반이 너무 많아지자 양반이라는 신분 자체의 가치가 땅에 떨어진 거야.

탈놀이의 등장, 양반 조롱의 시대

이런 상황에서 민중들의 분노는 탈놀이로 표현되었어. 하회별신굿

탈놀이, 봉산탈춤 등에서는 허세 부리는 양반들을 신나게 조롱했어. 탈놀이 속 양반은 "나는 양반이다! 어흠, 어흠!" 하며 기침소리로 권위 있는 척하지만 실제로는 돈도 없고 무능하기만 한

▲ 조선 후기 김득신(1754-1822)의 풍속화 〈노상알현도〉

모습으로 그려졌어. 민중들은 탈놀이를 보며 "저런 가짜 양반들!"하며 속 시원하게 웃었어. 웃음 속에 뼈가 있었지.

흔들린 신분제와 역사적 의미

조선 후기 양반제의 변화는 단순한 사회 혼란이 아니었어. 이 변화는 근대적 평등 사상이 싹이 트기 시작한 계기가 되었어.

첫째, 돈이면 신분도 바꿀 수 있다는 인식이 퍼졌어. 둘째, 무능한 양반에 대한 비판 의식이 강해졌고, 신분보다 능력을 중시하는 분위기가 커져서 훗날 근대 사회의 기초가 되었어.

양반제는 긍정적 측면과 부정적 측면을 모두 남겼어. 긍정적으로는 학문을 중시하는 전통을 세웠고 과거제로 능력주의 요소를 도입한 거야. 예의범절과 도덕성을 중시하는 문화도 만들었지. 하지만 대대로 내려오는 특권층이 만들어져 사회 불평등이 생겼고, 생산 계층에 대한 차별과 착취, 여성에게 억압적 관념을 강화했어. 지금 우리 사회에 학벌을 중시하는 문화, 공무원을 선호하는 경향, 체면을 중시하는 문화에서 조선 시대 양반 문화의 영향을 찾아볼 수 있어.

1. 다음 문장이 의미하는 알맞은 단어를 써 보자.

> ① 돈주고 양반 신분을 살 수 있게 해준 증명서 (3글자) _____
>
> ② 곡식이나 돈을 바치면 관직을 주는 제도 (3글자) _____

2. 조선 후기 몰락한 양반을 부르는 말과 지방에서 세력을 유지한 양반을 부르는 말을 각각 써 보자.

----

3. 조선 후기 양반 중심의 신분제가 동요한 결과를 정리해 보자.

👍 더 알고 싶어 119

📖 도서　▶ 영상　🔍 사이트

📖 『**왜 조선 시대에는 양반과 노비가 있었을까?**』 (손경희, 자음과모음, 2011)
조선 시대의 역사는 대부분 왕실과 양반의 관점에서 쓰인 기록이어서 평민과 노비 등 일부 신분층에 대한 이미지가 왜곡되어 있었어. 이 책은 조선의 가장 큰 특징인 신분제 사회의 구조와 변화를 공부할 수 있어.

▶ **조선의 갑 양반 (EBS 교양)** 조선 시대 초 약 7%였던 양반이 조선 시대 후기에 약 70%까지 늘어난 과정을 생생한 영상으로 배울 수 있어.

🔍 **국립민속박물관** 상설 전시관의 [온라인 전시 보기]를 눌러 보자. 조선 시대 양반의 일생을 생생하게 배울 수 있어.

정조는 왜 수원에 화성을 세웠을까?

탕평정치를 펼친 정조

아버지를 뒤주에 가둬 죽인 할아버지의 뒤를 이어 왕이 된 손자가 있었지.
그 손자는 할아버지가 저지른 비극을 되풀이하지 않겠다고 다짐하며 어느 한쪽에 치우치지
않는 정치를 펼쳤어. 그런데 왜 한양이 아닌 수원에 거대한 새 성을 쌓았을까?
정조의 큰 그림을 따라가 보자.

학습 키워드   #탕평정치 #영조 #정조 #수원화성
교과 연계   중3 2학기 〉 역사(한국사) 〉 Ⅴ. 조선 사회의 변동

영조의 탕평책, 그 빛과 그림자

'탕평'이라는 말을 들어본 적 있어? '임금의 정치가 어느 한쪽으로 치우치지 않고 공평하게 이루어진다'는 뜻이야. 영조실록에만 300번 넘게 나올 정도로 당시 사회의 큰 화두였어. 영조가 왕위에 오른 18세기 초 조선은 정말 위험한 상황이었어. 숙종 때부터 시작된 환국정치(상황에 맞게 정권을 바꾸는 정치)로 노론과 소론이 서로를 견제하며 권력을 두고 치열하게 다투었거든.

영조는 왕위에 오르자마자 성균관 입구에 '탕평비'를 세웠어. 신하들이 언

↑ 탕평비

제라도 탕평의 의미를 되새기라는 뜻이었지. 또한 영조는 당파 싸움을 완화하기 위해 탕평의 취지에 따르는 노론과 소론의 온건파를 중요한 관직에 임명했어. 하지만 그러한 노력에도 불구하고 당파 싸움은 쉽게 사라지지 않았고 결국 사도세자의 비극으로 이어졌지. 영조의 아들인 사도세자는 노론의 반대파와 가까워졌고 이를 못마땅하게 여긴 영조는 결국 1762년 아들을 뒤주에 가둬서 죽게 했어. 영조는 나중에 자신의 행위를 뉘우치고 세자에게 '사도思悼'라는 시호를 내렸어. '생각할수록 슬프다'는 뜻이야.

정조, 할아버지의 뒤를 이어 개혁을 꿈꾸다

사도세자의 아들인 정조가 1776년 24세의 젊은 나이에 왕위에 올랐을 때 그의 마음은 어땠을까? 아버지를 죽게 한 할아버지의 뒤를 이어 왕이 되었지만 정조는 할아버지 영조의 탕평 정치를 추진했고 더 나아가 자신만의 개혁을 꿈꿨어. 가장 빛나는 업적은 '규장각'이야. 1776년에 설치한 규장각은 책 8만여 권이 있는 조선 최고의 연구소야. 여기서 정조는 당파나 신분에 상관없이 재주 있는 젊은 인재들을 선발했어. 정약용, 박제가, 유득공, 이덕무, 박지원 같은 인재들이 바로 규장각에서 성장했어. 정조는 '백성이 나라의 근본'이라며 백성의 생활과 직결된 개혁을 추진했어.

정조의 개혁 정치

- **재정·조세**: 영조의 균역법을 발전시켜 양반에게도 결작이라는 세금을 부담시켰어.
- **상업 개혁**: 신해통공으로 시전 상인의 독점을 풀고 자유로운 거래를 밀어줬어.
- **행정·감찰**: 환곡제도의 폐단을 조사해 관리를 엄벌하고 백성의 피눈물을 닦

앉지.
- **기술 진흥**: 수공업을 장려하고, 정약용의 거중기 같은 신기술을 현장에 적용
  해 생산성과 공사 효율을 높였어.

화성 건설, 정조의 야심찬 꿈

↑ 수원 화성

그런데 정조는 왜 수원에 화성을 건설했을까? 표면적인 이유는 아버지 사도세자의 묘를 수원으로 옮기면서였지만 진짜 속내는 수원 화성을 새로운 정치·경제의 중심지로 만들고 싶었던 거야. 한양에는 기득권 세력들이 너무 많았거든. 수원에 새 도시를 건설해서 자신이 꿈꾸는 이상적인 나라를 만들어보고 싶었던 거지.

화성 건설 프로젝트

- **강제 동원 대신 유급 고용**: 정조는 백성들을 강제로 동원하지 않고 임금을 주
  고 일꾼을 고용했어. 또 일꾼들에게 술과 고기를 제공하고, 다친 사람은 치료
  해 주었어. 정조는 화성 건설을 통해 '이렇게 하면 백성들이 행복해한다'는 것
  을 보여주고 싶었던 거야.
- **과학 공사**: 화성 건설에는 당시 최첨단 과학기술이 동원되었어. 화성의 설계
  도(『화성성역의궤』)를 기반으로 정약용이 만든 거중기라는 크레인을 사용해서
  무거운 돌을 들어 올렸고, 활차(도르래)를 이용해 큰 돌도 척척 올렸어.
- **복합 기능**: 화성은 단순한 방어용 성곽이 아니라 상업과 농업이 함께 발달할

정조는 화성 행차를 통해 이곳을 조선의 새로운 중심지로 만들려고
했어. 특히 1795년 어머니 혜경궁 홍씨의 회갑잔치를 화성에서 성대하
게 치렀는데 '화성이 조선의 새 중심지'라는 메시지를 던진 거지. 아쉽
게도 1800년 정조가 갑자기 세상을 떠나 꿈은 절반에서 멈췄지만 그 정
신은 오랫동안 남았어.

조선 역사상 가장 혁신적인 왕

정조는 당시로서는 상상할 수 없을 정도로 진보적인 생각과 정책
을 펼쳤어. 정조는 노론, 소론 같은 정치 세력들이 심하게 대립하던 때
에 "생각이 달라도 나라를 위한다면 함께 일하자"고 했지. 이건 요즘 민
주주의에서 말하는 '여러 정당이 서로 협력한다'는 생각과 똑같아. 또 정
조의 소통 방식은 정말 혁신적이야. 신문고를 적극 활용하고, 규장각 학
자들과 토론하며, 변장을 하고 시장에 나가 백성들의 진짜 속마음을 들
으려 했어.

정조가 대단한 이유는 그의 정치 철학이 약 200년 후 민주주의 사회
에서나 볼 수 있는 수준이었다는 거야. 서로 다른 의견을 존중하고 함께
일하자는 정치적 관용, 출신보다 실력을 중시하는 공정한 능력주의 사
회, 백성의 생활을 국가가 책임지는 복지 정치, 백성과 직접 소통하며 정
책을 결정하는 참여 정치, 그리고 기존 방식에 안주하지 않고 끊임없이
개혁하는 혁신 리더십까지 21세기 민주주의 사회에서나 당연하게 여겨
지는 가치들을 이미 200년 전에 실천했으니 엄청 대단해.

1. 다음 중 탕평정치에 대한 설명으로 옳지 않은 것은?

　① 영조가 붕당 간의 대립을 완화하기 위해 실시했다.
　② 탕평비를 성균관 입구에 세워 의미를 되새기게 했다.
　③ 어느 한쪽에 치우치지 않고 공평하게 정치하는 것이다.
　④ 정조도 할아버지를 이어 탕평정치를 계승했다.
　⑤ 세도정치의 폐단을 완전히 해결했다.

2. 정조가 젊고 능력 있는 인재들을 양성하려고 설치한 궁궐 도서관의 이름은?

----

3. 정조가 수원에 화성을 건설한 이유와 의도를 역사적 배경과 함께 적어 보자.

 더 알고 싶어 119

📖 도서　▷ 영상　🔍 사이트

📖 『**수원화성**』 (김진섭, 웅진주니어, 2012)
　수원화성 건축 역사와 일제강점기, 한국 전쟁을 거치며 훼손되었다가 원래 모습을 그대로
　복원해 1997년 유네스코 세계문화유산으로 지정된 과정을 배울 수 있는 책이야.

▷ **조선 최후의 신도시, 최첨단 전투 요새, 수원화성 (EBS 컬처)**
　우리나라를 넘어 전 세계적으로 가치를 인정받은 수원화성의 역사적 가치와 의미를 공부할
　수 있는 영상이야.

🔍 **수원문화재단** 수원화성에서 열리는 정조대왕 능행차, 수원화성 축제 등 다양한 행사와 관
　람 코스를 확인할 수 있는 사이트야.

조선의 첨단 과학기술을 알고 있어?

한글만이 세종대왕의 업적이라고 생각해? 사실 세종 시대에는 지금의 '스마트 기기' 같은 첨단 과학기술이 등장했어. 낮에도 밤에도, 비 오는 날에도, 글자를 몰라도 정확히 시간을 알려주는 똑똑한 시계, 그리고 유럽보다 200년이나 앞선 강우량 측정기까지! 조선의 과학은 단순한 발명이 아니라 백성을 위한 기술이었어.

학습 키워드 #세종대왕 #해시계 #자격루 #앙부일구
교과 연계 중3 1학기 > 역사(한국사) > IV. 조선의 성립과 발전

세상에서 가장 똑똑한 해시계, 앙부일구

스마트폰이 없던 시대에는 어떻게 시간을 알았을까? 세종대왕은 이 문제를 과학으로 해결했어. 지구가 하루에 한 바퀴씩 자전하는 원리를 이용해서 말이야.

앙부일구는 '가마솥이 위로 열려 있는 모양의 해시계'라는 뜻이야. 가마솥 모양의 청동 그릇에 정교한 눈금을 새겨 넣었는데 그림자가 떨어지는 위치를 보

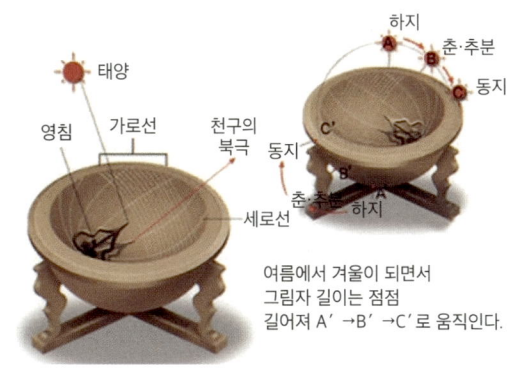

여름에서 겨울이 되면서 그림자 길이는 점점 길어져 A′ → B′ → C′로 움직인다.

↑ 앙부일구의 원리

면 시간과 계절(24절기)을 동시에 알 수 있었어. 더 놀라운 건 사용자 편의성까지 고려했다는 점이야. 각 시각마다 쥐, 소, 호랑이 같은 12지신 동물을 그려 넣어 글을 모르는 백성들도 쉽게 시간을 알 수 있었어. 세종은 이 앙부일구를 한양에서 사람들이 가장 많이 다니는 혜정교와 종묘 앞에 설치했어. 오늘날 지하철역이나 버스정류장에 전광판 시계를 설치하는 것처럼 말이야.

밤에도 시간을 알려주는 자동 물시계, 자격루

하지만 앙부일구에는 치명적인 약점이 있었어. 흐리거나 비 오는 날, 밤에는 쓸 수 없었지. 그래서 세종은 "나무 인형을 만들어 시간에 따라 스스로 알게 하여 사람의 힘을 빌리지 않도록 하라."고 장영실에게 명령을 내렸어. 장영실은 10년간의 연구 끝에 '스스로 시간을 측정하여 알려주는 물시계'라는 뜻의 '자격루'를 완성했어.

자격루는 자동화 시스템 시계야. 물이 일정한 속도로 흐르면서(1분당 100ml) 부력 장치가 작동하고, 쇠구슬이 떨어지면서 나무 인형이 움직여 종을 치는 복잡한 방법이야. 완성된 자격루는 정말 정확해서 간의(천체 관측기구)와 맞춰 봐도 딱 맞았어. 또 시간이 되면 나무 인형이 자동으로 나와서 종을 치고 시간을 알려줬어. 약 600년 전에 이미 '자동화'와 '무인 시스템'을 구현한 거야.

조선 시대 일기예보

세종 시대에 발명된 측우기는 1441년 세계 최초로 강우량을 정확히 측정할 수 있게 한 혁신적인 과학 기구로 유럽보다 무려 200년이나 앞선 기술이야. 측우기는 높이 42.5cm, 지름 17cm의 원통형 그릇으로 만들어져 궁궐과 각 지방 관아에 설치되었는데 비가 온 후 고을 수령이 직접 물의 깊이를 측정해서 중앙 정부에 보고하도록 했지. 이렇게 모인 강우량 데이터는 가뭄이나 홍수에 대비해 농업 정책을 세우고 세

주척
빗물의 깊이를 재기 위한 자

측우기
추정 또는 청동으로 만든 원통형의 측우기 본체

측우대
측우기를 안치하기 위하여 돌로 만든 받침

↑ 측우기

금을 조정해 주는 등 재해 대비에 활용되었어. 과학 데이터를 행정에 적용한 조선식 데이터 행정이라 할 수 있지.

조선 과학, 백성을 위한 기술

앙부일구, 자격루, 측우기에는 조선 과학자들의 창의성, 정밀성, 백성을 생각하는 마음이 집약되어 있어. 자격루가 알려주는 시간에 맞춰 도성문을 열고 닫았고, 자격루로 경회루 남쪽 보루각에서부터 도성 전체에 정확히 시간이 전달되었어. 측우기로 농업 정책을 세우고 재해에 대비하는 과학적 국정 운영을 했지. 특히 유럽보다 약 200년 앞서 발명된 측우기는 세계 최초로 강우량을 정확히 측정해 백성들의 농업과 생활을 개선하는 데 활용되었어. 이는 과학이 백성을 위한 것이어야 한다는 세종의 통치 철학을 보여주는 대표적 사례야.

우리나라가 세계적인 과학기술 강국으로 커나갈 수 있었던 건 600년 전 조선 과학자들의 도전 정신과 창의성, 그리고 백성을 위한 과학이라는 철학이 있었기 때문이야. 세종 시대의 과학 정신을 이어받아 더욱 창의적이고 인간 중심적인 과학기술을 발전시켜 나가야 해.

1. 다음 질문에 맞는 알맞은 답을 써 보자.

1) 세종이 만든 가마솥 모양의 해시계 (4글자) _____
2) 장영실이 만든 자동 물시계 (3글자) _____
3) 앙부일구에서 시간을 가리키는 것 (3글자) _____
4) 자격루에서 종을 치는 것 (2글자) _____

2. 앙부일구의 특징과 장점을 적어 보자.

_____
_____
_____
_____

3. 세종 시대의 과학 기술이 오늘날에 주는 의미를 현대 기술과 비교해 정리해 보자.

_____
_____
_____
_____
_____
_____

 더 알고 싶어 119　　　📖도서　▷영상　🔍사이트

📖 **『자동 물시계 자격루』** (김명희, 푸른숲주니어, 2021)
우리나라 역사상 가장 위대한 왕으로 손꼽히는 세종대왕, 조선 시대 천재 과학자로 칭송을 받는 장영실, 그 두 사람이 만나 이루어 낸 최고의 걸작, 자격루가 지니는 의미가 무엇일지 공부할 수 있는 책이야.

▷ **세계 최초의 우량계 측우기 (국가유산청)**
다른 나라보다 무려 200여 년 앞선 우량계 측우기를 만들게 된 배경과 실제 사용 사례를 알 수 있는 영상이야.

🔍 **세종대왕기념관** 세종대왕 박물관 야외 전시실에는 세종대왕 동상, 수표, 앙부일구, 자격루, 측우기 등을 볼 수 있어.

백성들이 먹고 살기 힘들어서 봉기했다고?

삼정의 문란과 임술농민봉기

"곡식을 빌려주지도 않았는데 이자를 내라니?", "세금을 낼 수 없어 한밤중에 도망가야겠어!"
19세기 조선, 백성들을 괴롭히는 제도들이 곳곳에 있었지.
결국 참다못한 농민들이 전국에서 한꺼번에 일어났어. 대체 무슨 일이 있었던 걸까?

학습 키워드 #세도정치 #삼정의문란 #홍경래의난 #임술농민봉기
교과 연계 중3 2학기 > 역사(한국사) > V. 조선 사회의 변동

권력을 움켜쥔 세도 가문

영조와 정조의 탕평정치가 끝나고 어린 순조가 왕이 되자, 조선에는 새로운 문제가 생겼어. 왕의 장인 김조순을 중심으로 안동 김씨 가문이 권력을 독점하기 시작한 거야. 이걸 '세도정치'라고 해.

세도 치는 순조, 헌종, 철종 3대 60여 년 동안 계속되었어. 안동 김씨, 풍양 조씨 같은 외척 세력들이 인사·군사·재정을 틀어쥐고 나라를 자기들 마음대로 움직였지. 심지어 왕족들도 세도 가문 눈치를 봐야 할 정도였어. 이때 돈을 주고 관직을 사고파는 '매관매직'이 퍼져서 능력 대신 주머니가 두둑한 사람이 관리가 되고, 그 결과로 탐관오리들이 우글우글해졌어.

삼정의 문란, 백성들을 괴롭히다

세도 정치 시대에 가장 큰 문제는 '삼정의 문란'이야. 삼정이란 전정(토지세), 군정(군포), 환곡(구호용 곡식 대여) 제도를 말해. 이 세 가지 제도가 모두 엉망이 되어버렸어.

- **전정**(田政): 전정은 토지세를 거두는 제도야. 탐관오리들이 장부를 조작해 토지 면적과 수확을 부풀려서 세금을 너무 많이 걷었어. 심지어 토지가 없는 농민에게도 토지세를 물렸어.
- **군정**(軍政): 군정은 군대에 가는 대신 군포로 세금을 내는 제도야. 죽은 사람이나 어린아이에게도 군포를 징수했어. 군역을 피해 도망간 사람의 군포를 친척이나 이웃에게 대신 부담시키기도했어. 정말 말도안되는 일이었지.
- **환곡**(還穀): 특히 환곡의 폐해가 심각했어. 원래 환곡은 배고픈 백성들에게 곡식을 빌려주고 수확 후에 약간의 이자와 함께 갚는 복지 제도였어. 오늘날의 긴급생계지원금 같은 거지. 그런데 탐관오리들이 곡식을 주지도 않으면서 빌렸다고 장부에 기록하고 이자를 받아냈어. 심지어 죽은 사람도 곡식을 빌렸다고 해서 이자를 받았어.

농민들의 저항, 속삭임에서 함성으로

이런 상황에서 농민들은 어떻게 했을까? 처음에는 탐관오리들의 비리를 소문으로 퍼뜨리거나 벽보를 붙이고 소극적으로 저항했어. 오늘날로 치면 SNS에 댓글을 다는 것과 비슷해. 하지만 점점 저항이 적극적으로 변했어. 왕이 행차할 때 길에 뛰어들어 억울한 사연을 호소하거나, 밤에 횃불을 들고 시위를 벌이기도 했지. 마치 촛불시위 같은 거야. 그래도 농민들의 삶은 계속 어려워졌어. 견디다 못한 농민들은 고향을 떠나

떠돌아다니거나 산으로 들어가 화전민이 되었어. 일부는 도적 떼에 들어가기도 했어.

홍경래의 난, 지역 차별에 맞선 봉기

1811년, 평안도에서 홍경래가 이끈 큰 봉기가 일어났어. 평안도는 청나라와 무역이 활발해서 상공업과 광업이 발달한 곳인데 조선 정부는 이 지역 사람들을 차별했어. 과거시험에서 불이익을 주고 고위직에 진출하지 못하게 막았거든. 게다가 잘 살기 때문에 세금도 더 많이 걷었고. 홍경래는

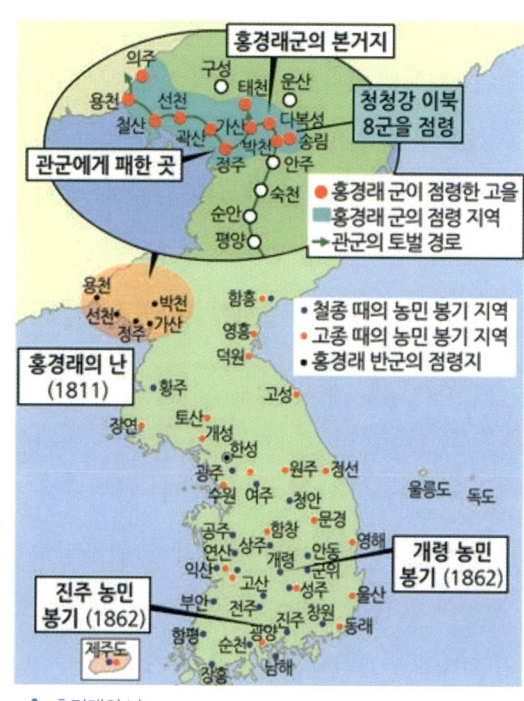

↑ 홍경래의 난

상인, 농민, 광산 노동자들과 함께 봉기를 일으켰어. 이들은 청천강 이북 지역을 거의 다 점령할 정도로 강력했어. 하지만 지도부 내분과 관군의 반격으로 4개월 만에 진압되었지. 홍경래의 난은 전국적으로 확산되지 못하고 비록 실패했지만 이후 농민 봉기에 큰 영향을 주었어.

임술농민봉기, 전국으로 번진 민중의 함성

1862년(임술년), 마침내 전국적인 농민봉기가 터졌어. 경상도 단성

에서 환곡 폐단에 분노한 백성들이 관아를 공격한 것이 시작이었어. 이 소식이 이웃 진주에 전해지자 유계춘이 이끈 농민들이 관아와 양반가를 습격했어. 진주의 농민봉기는 다른 지역에 큰 영향을 미쳤어. 마치 도미노처럼 삼남 지방 전체로 번져나간 거야. 그 결과 전국 70여 고을에서 농민봉기가 이어졌어. 이것이 바로 '임술농민봉기'야. 이 봉기들은 모두 삼정의 문란과 탐관오리들의 착취에 저항하는 운동이었어. 임술농민봉기를 계기로 농민들은 사회의식이 커졌고, 참고 견디는 것이 아니라 적극적으로 저항할 수 있다는 자신감을 얻게 되었어.

사회 개혁 사상의 발전

세도정치 시기 농민봉기들은 이후 역사에 큰 영향을 미쳤어. 임술농민봉기는 30년 후 동학농민운동의 토대가 되었고, 민중들의 가난과 차별을 '하늘이 내린 운명'이 아닌 '부당한 제도' 때문이라고 인식해 근대적 시민 의식의 싹을 틔웠어. 농민봉기로 성장한 민중 의식은 개화사상과 만나 갑신정변이나 독립협회 운동에 영향을 미쳤어. 또 일제강점기 의병운동과 3·1운동의 조직력과 저항 정신의 뿌리가 되었으며, 민중들이 정치에 참여하고 사회를 변화시킬 수 있다는 근대적 정치 참여 의식을 형성하는 계기가 되었지.

1. 다음 초성을 힌트 삼아 다음 알맞은 답을 써 보자.

> _____(은)는 순조, 헌종, 철종 3대에 걸쳐 외척 세력이 권력을 독점한 정치를 말한다.

힌트 초성 ㅅ ㄷ ㅈ ㅊ

2. 삼정의 문란에서 '삼정'이 가리키는 세 가지 제도는?

----

3. 임술농민봉기의 의미와 한계를 역사적 흐름으로 정리해 보자.

 더 알고 싶어 119   📖도서 ▷영상 🔍사이트

📖 『**그림으로 보는 조선왕조실록 5: 세도 정치로 무너지다**』 (정혜원, 계림북스, 2023)
조선 후기 세도정치 시기에 백성들을 죽음으로 몰고 간 삼정의 문란과 그로 인해 발생한 농민봉기의 배경을 배울 수 있는 책이야.

▷ **어린이 조선왕조실록 - 세도정치의 시작 (KBS 키즈)**
정조를 뒤를 이은 순조가 11세에 즉위하면서 정순왕후의 수렴청정으로 본격적인 세도정치가 막을 올리게 된 과정과 그 여파를 배울 수 있는 영상이야.

🔍 **국립중앙박물관** 국립중앙박물관 중·근세관 조선3 전시실에서 탕평정치 이후 조선 사회가 흔들리며 세도정치로 흘러가는 과정을 공부할 수 있어.

흥선대원군은
왜 서양 세력을 싫어했을까?

흥선대원군의 통상수교 거부 정책과 개혁

왕이 아닌 사람이 10년 가까이 나라를 이끈 시기가 있었지.
서양 군함이 강화도 앞바다에 나타났을 때 물러서지 않고 맞받아친 인물도 있었어.
전국에 "서양 오랑캐와 사귀지 말자"는 비석까지 세웠지. 그는 나라를 지킨 영웅이었을까,
아니면 시대를 거꾸로 달린 보수주의자였을까?

학습 키워드	#흥선대원군 #고종 #신미양요 #병인양요
교과 연계	중3 2학기 〉 역사(한국사) 〉 Ⅵ. 근·현대사회로의 전환

12세 어린 왕의 아버지가 실질 권력을 잡다

흥선대원군의 본명은 이하응이고 고종의 아버지야. 흥선대원군은 왕이 아닌데 어떻게 나라를 다스렸을까? 그 답은 조선 왕실의 복잡한 계승 문제에 있었어.

철종이 자식 없이 죽자 왕실에는 왕이 될 수 있는 사람이 없었어. 그래서 왕실의 최고 어른인 조대비(헌종의 어머니)가 흥선대원군의 둘째 아들인 고종을 헌종의 양자로 삼아 왕에 올렸지.

사실 고종이 왕이 될 수 있었던 건 아버지 흥선대원군의 정치적 수완 덕분이야. 흥선대원군이 조대비를 설득해서 아들을 왕으로 만든 거지. 하지만 1863년 왕위에 오른 고종의 나이는 겨우 12세였어. 그래서 처음에는 조대비가 고종을 도와 정치를 했어. 하지만 2년 후 조대비가 물러나자

흥선대원군이 본격적으로 나서서 국가 운영의 핵심 결정을 직접 내렸어.

청나라의 굴욕, 조선에게 준 충격

한편 중국 청나라에서 제2차 아편전쟁 (1856~1860)이 일어났어. 영국과 프랑스가 청나라를 공격해서 수도 베이징까지 점령한 거야. 조선 사람들에게는 정말 충격적인 일이었어. 그동안 조선이 '큰 나라'라고 섬겨온 청나라가 서양 군대에게 패배해 굴욕적인 조약을 맺고 많은 항구를 열어줘야 했거든. 흥선대원군은 이 모습을 보고 결심했어. "조선은 절대 저런 굴욕을 당하지 않겠

↑ 흥선대원군

다!" 그래서 서양 세력과는 무역도, 외교도 하지 않겠다는 강력한 쇄국 정책을 펼쳤어.

병인양요와 신미양요, 외세를 막아내다

1866년, 시험의 순간이 찾아왔어. 프랑스가 7척의 군함을 이끌고 강화도로 쳐들어온 거야. 이게 바로 '병인양요'야. 1871년에는 미국도 강화도를 공격했는데 이것을 '신미양요'라고 해.

- **병인양요**: 프랑스는 조선 정부가 프랑스 선교사 9명과 천주교 신자 약 8,000명을 처형한 '병인박해'를 구실로 강화도를 공격했어. 실제로는 조선을 강제로 개항시키려는 의도였지만 조선군은 정족산성 전투에서 프랑스군을 물리치고, 프랑스는 철수했지.
- **신미양요**: 미국은 1866년 제너럴 셔먼호 사건을 빌미로 5척의 군함을 이

끌고 강화도를 공격했어. 제너럴 셔먼호는 미국 상선이었는데 평양에서 불타버렸지. 미국은 이를 구실로 일본을 개항시킨 것처럼 조선도 강제로 문을 열게 하려고 했어.

병인양요와 신미양요

| 1866.10.16 프랑스군, 강화성 점령 | 1866.10.26 프랑스군, 문수산성 점령 | 1866.11.9 양헌수 부대, 프랑스군 격퇴 | 1871.6.1 어재연 부대의 활약 |

미국군은 강화도의 초지진을 파괴하고 광성보까지 점령했어. 어재연이 이끄는 약 600여 명의 조선군이 장렬하게 싸웠지만 신식 무기를 가진 미국군을 막기는 어려웠어. 하지만 흥선대원군은 여전히 굴복하지 않았고 미국도 할 수 없이 철수했어. 흥선대원군은 전국 교통의 요지에 '척화비'를 세웠어. "서양 오랑캐가 침입하는데 싸우지 않으면 화친하자는 것이니 이는 나라를 파는 일"이라는 강경 선언이었지.

개혁 정책과 그 한계

흥선대원군이 쇄국 정책만 편 것은 아니야. 대대적인 개혁도 추진했어. 가장 큰 업적은 경복궁을 다시 세운 거야. 임진왜란 때 불타버린 경복궁을 270여 년 만에 다시 지어서 왕권을 다시 세우려고 했지. 또 면세 특권을 누리던 서원을 600곳 중 47곳만 남기고 모두 정리했어. 하지만 이 과정에서 서원 철폐로 피해를 본 지방 양반과 유생들의 반발을 불렀고 개혁의 동력은 점점 약해졌어.

권력에서 물러나다

결국 흥선대원군은 1873년 권력에서 물러났어. 고종도 직접 정치를 하려고 했고 왕비인 민씨 가문의 세력이 커진 것도 원인이었지. 흥선대원군이 물러나자 조선의 정책은 완전히 바뀌었어. 1876년 일본과 강화도 조약을 맺으며 문호를 열고 서양의 근대 문물을 받아들이는 개화 정책도 펼쳤어. 1882년 임오군란 때 흥선대원군이 잠시 권력을 되찾기도 했지만 청나라 군에 의해 중국으로 끌려가면서 정치 생명은 사실상 끝났지.

애국자인가, 시대착오적 보수주의자인가?

흥선대원군은 오늘날까지도 역사학자들과 국민들 사이에서 평가가 극명하게 갈리는 인물이야. 영웅이기도 하고 보수주의자이기도 하지.

흥선대원군을 평가할 때는 당시의 역사적 상황을 충분히 이해해야 해. 19세기 중반은 서양의 강한 나라들이 아시아 나라들을 침입해서 식민지로 삼던 시대였거든. 중국은 아편전쟁으로 굴욕을 당했고 동남아시아 여러 나라들은 서양의 식민지가 되어가고 있었어. 이런 상황에서 흥선대원군의 쇄국 정책이 완전히 잘못된 선택이었다고만 할 수는 없어. 조선의 국력으로는 서양과 정면으로 맞서기 어려웠고 섣불리 문을 열었다가는 식민지가 될 위험이 컸거든. 하지만 변화하는 세계 정세에 너무 소극적으로 대응한 것도 사실이야. 완전한 쇄국보다는 선택적 개방으로 서양의 우수한 기술은 받아들이면서도 정치적 독립은 지키는 방법을 찾았어야 한다는 아쉬움이 남아. 당시 조선의 상황에서 서양 열강의 침입을 막아낸 것은 최선의 선택이었을까, 아니면 일본처럼 적극적으로 서양 문물을 받아들였어야 했을까?

1. 흥선대원군의 통상수교 거부 정책 과정을 순서대로 써 보자.

> ㉠ 프랑스군 격퇴, ㉡ 미국군 철수, ㉢ 병인양요, ㉣ 신미양요, ㉤ 척화비 건립

----

2. 흥선대원군이 서양과의 교류를 거부한다는 의미로 전국에 세운 비석의 이름은?

----

3. 흥선대원군의 통상수교 거부 정책에 대한 평가를 역사적 맥락과 함께 정리해 보자.

 더 알고 싶어 119

📖 도서 ▷ 영상 🔍 사이트

📖 『**왜 흥선대원군은 쇄국 정책을 펼쳤을까**』 (이정범, 자음과모음, 2012)
안으로는 개혁 정책을, 밖으로는 쇄국 정책을 펼친 흥선대원군의 업적을 균형 있게 살펴보는 데 도움이 되는 책이야.

▷ **급진적 개혁가, 흥선대원군 (KBS 역사저널 그날)**
조선 왕조 역사상 왕의 아버지로서 정치를 주도한 유일한 인물, 흥선대원군! 공식 자격 없이 권력을 잡고 개혁과 쇄국을 이끌게 된 배경을 살펴 볼 수 있는 영상이야.

🔍 **강화역사박물관**
흥선대원군의 통상수교거부정책을 실감 영상을 통해 공부할수 있는 장소야.

동학농민운동은
왜 일어났을까?

전봉준과 동학농민운동

"나 하나 피해를 보았다고 난을 일으킨 것이 어찌 사내가 할 일이겠는가? 백성이 억울해하고 슬퍼하니 그 피해를 없애려고 한 것이다." 재판장에서 당당히 외친 이 말의 주인공은 키 작은 농민 전봉준이야. '녹두장군'이라 불린 그가 온 백성을 위해 목숨을 걸고 일으킨 동학농민운동, 그 감동적인 이야기를 들어볼까?

학습 키워드 #동학농민운동 #전봉준 #집강소 #우금치전투
교과 연계 중3 2학기 > 역사(한국사) > Ⅵ 근·현대 사회로의 전환

녹두장군 전봉준, 부조리한 세상에 분노하다

전봉준은 1855년 전라북도 고창의 몰락한 양반 가문에서 태어났어. 작은 키에 단단한 체격이 마치 녹두 같다고 해서 '녹두'라고 불렀지.

전봉준이 살던 시대의 조선은 안으로는 관리들의 부정부패가 만연했고 밖으로는 서양 열강들이 조선의 문을 두드리고 있었어. 탐관오리의 등쌀에 세금을 감당할 수 없어 고향을 떠나는 농민들이 줄을 잇고 청나라와 일본은 조선을 자신의 손아귀에 넣으려고 경쟁하고 있었지. 백성들은 이런 혼란 속에서 마음 둘 곳을 찾지 못하고 있었어.

이때 최제우가 창시한 동학이 백성들 사이에 퍼지기 시작했어. 동학의 핵심 사상은 '인내천(人乃天)'이야. 사람이 곧 하늘이라는 뜻으로 신분에 관계없이 모든 사람이 소중하다는 가르침이지. 전봉준은 이런 동학

↑ 일본영사관에서 조사를 받은 뒤 가마 위에 앉아 압송되던 당시를 재현한 전봉준 동상

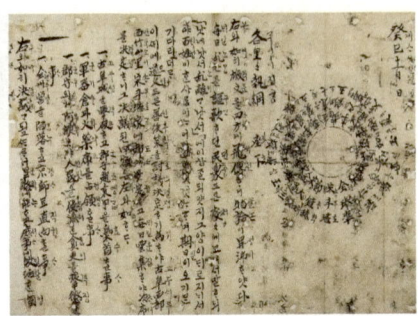

↑ 사발통문

사상에 큰 감명 받아 새로운 세상을 만들 수 있다는 희망에 부풀어 고부 지역 동학교단의 접주(책임자)가 되어 활발히 활동했어.

동학농민운동의 전개 과정

1894년 전봉준이 사는 고부에 조병갑이 군수로 부임해왔어. 이 사람의 악행은 상상을 초월했어. 보를 쌓는다며 농민들을 강제로 동원해 일을 시키고 농사짓는데 물을 끌어다 썼으니 '물세'를 내라고 했어. '불효세'라는 말도 안 되는 세금을 만들어 거뒀고 자기 아버지의 비석을 세운다며 약 1천 냥이라는 거금을 농민들에게서 빼앗았어.

참다못한 전봉준은 농민들과 함께 봉기를 일으키기로 결심하고 사발통문을 만들어 동지들에게 돌렸지. 사발통문은 둥근 사발 모양으로 이름을 적어서 누가 주동자인지 알 수 없게 만든 비밀 문서야.

1894년 1월, 드디어 약 1,000여 명의 농민군이 고부 관아로 몰려갔어. 농민들은 관아의 곡식 창고를 열어 굶주린 백성들에게 나눠주었어. 정부에서는 조병갑을 교체했지만 고부 봉기를 조사하러 온 안핵사 이용태가 또 다른 문제를 일으켰어. 봉기에 참여한 농민들과 그 가족들을 동학교도라며 무차별 체포하고 고문했거든.

상황이 더욱 악화되자 전봉준은 1894년 3월, 무장에서 본격적인 봉기를 일으켰어. 백산에는 전라도 각지에서 농민들이 몰려들어 1만여 명의 거대한 농민군이 되었고 김개남, 손화중 같은 동학 지도자들도 합류했지. 당시 사람들은 "앉으면 죽산, 서면 백산이다"라고 말했는데, 죽창과 흰옷을 입은 농민들로 산이 뒤덮였다는 뜻이야.

농민군은 황토현과 황룡촌 전투에서 연이어 승리를 거두며 전라도의 중심지인 전주성까지 점령했어. 고종은 깜짝 놀라 청나라에 군대 파견을 요청했고 이를 핑계로 일본도 조선에 군대를 보냈어. 조선이 청일 간의 전쟁터가 될 위기에 처하자 농민군은 정부와 전주화약을 맺었어. 탐관오리 처벌, 신분제 폐지, 토지 균등 분배 등의 개혁 조건을 받고 자진 해산한 거야.

집강소 설치, 농민 자치의 실험

농민군이 해산한 후 전라도 53개 고을에 '집강소'라는 자치 기구를 설치했어. 농민들이 직접 행정을 담당하는 혁신적인 실험이었지. 집강소에서는 탐관오리를 감시하고 악덕 지주를 처벌하며 백정 차별을 금지하는 등 실질적인 사회 개혁을 추진했어. 전봉준이 꿈꿔왔던 평등 사회를 만들어가고 있었지. 하지만 일본군은 조선에서 물러가지 않았어. 오히려 경복궁을 점령하고 친일 정권을 세웠지. 청일전쟁까지 일으키면서 조선을 지배하려고 했어. 참다못한 농민군은 1894년 9월 다시 봉기했는데 논산에 모인 농민군은 약 1만 명에 가까웠어. 전봉준이 이끄는 전라도군과 손병희가 이끄는 충청·경상도군이 합쳐진 거였지.

하지만 운명의 우금치 전투에서 비극이 일어났어. 신식 무기로 무장한 일본군과 관군에 맞서 농민군은 죽창과 농기구로 용감하게 싸웠지만

7일간 50여 차례의 격전 끝에 1만여 명 중 겨우 500여 명만 살아남았어.

전봉준의 체포와 장렬한 최후

↑ 체포되어 압송되는 전봉준

우금치 전투에서의 패배 후 농민군 지도자들은 하나둘 체포되었어. 전봉준도 부하의 배신으로 체포되어 일본군에게 넘겨졌어. 재판장에 선 전봉준은 비록 몸은 만신창이였지만 정신만은 꿋꿋했어. 판사가 "너는 피해를 본 것도 없는데 왜 봉기했느냐"고 묻자 그는 "백성을 편안하게 하려는 것이 본심이다. 탐관오리들의 못된 짓을 보고 분함을 이기지 못했다"고 답했어. 1895년 전봉준은 처형되었지만 그의 꿈은 사람들 마음속에 영원히 남았어.

사람이 주인 되는 세상을 꿈꾸다

동학농민운동은 단순한 농민 봉기가 아니라 우리나라 최초의 근대적 민중 혁명이야. '사람이 곧 하늘'이라는 평등 사상을 바탕으로 신분 차별 철폐와 토지 개혁을 요구했던 이들의 외침은 해방 이후 4·19혁명, 5·18민주화운동, 6월 민주항쟁으로 이어지는 우리 민주주의의 뿌리가 되었지. 비록 실패로 끝났지만 동학농민운동은 "불의한 권력에 맞서 싸울 수 있다"는 용기를 역사에 남겼어. 오늘날 우리가 누리는 민주주의와 평등한 사회는 바로 이들의 희생 위에 세워진거야. 전봉준을 비롯한 농민군들이 꿈꿨던 '모든 사람이 평등한 세상'은 지금도 우리가 계속 만들어가야 할 과제로 남아 있어.

1. 다음 퀴즈에 알맞은 말을 써 보자.

① 전봉준의 별명 (4글자) _____

② 동학의 핵심 사상 (3글자) _____

③ 농민 자치기구 (3글자) _____

2. 동학농민운동의 직접적 원인이 된 고부군수의 이름은?

- -

3. 동학농민운동의 역사적 의의와 한계를 정리해 보자.

- -

- -

- -

- -

- -

- -

- -

- -

- -

 더 알고 싶어 119　　　　　　　　　　📖 도서　▷ 영상　🔍 사이트

📖 『**처음 배우는 동학농민운동과 차별없는 세상**』 (박세영, 북멘토, 2021)
　　신분의 차별 없이 모든 사람이 평등한 세상을 꿈구며 일어선 동학농민군의 이야기가 담겨
　　있는 책이야.

▷ **녹두꽃 혁명 전봉준! (전주 MBC)**
　　동학농민운동을 이끌었던 전봉준의 삶과 투쟁을 통해 오늘날 우리가 당연한듯 누리는 '평등'
　　의 가치를 돌아볼 수 있는 영상이야.

🔍 **동학농민운동기념재단** 전국에 있는 동학농민운동과 관련된 장소에 대한 소개, 영상과 사진
　　자료를 볼 수 있는 곳이야.

카메라로 역사를 되살리는 사람, 역사 다큐멘터리 PD

역사 다큐멘터리 PD는 역사적 사건과 인물, 문화의 의미를 영상으로 재구성해서 사람들에게 이해와 감동을 전달하는 방송 콘텐츠 제작자야.

역사와 어떻게 연결되나?

역사를 영상으로 전달한다는 건 과거를 현재의 언어로 다시 이야기하는 작업이야. 글이나 책으로만 접하면 어렵게 느껴질 수 있는 역사적 사실도, 영상 속 이야기와 장면으로 만나면 한눈에 이해할 수 있지. 예를 들어 '조선왕조실록'이라는 책은 두껍고 어렵지만 세종대왕이 한글을 만드는 과정을 드라마틱하게 보여주는 다큐멘터리는 누구나 몰입할 수 있잖아.

역사 다큐멘터리 PD의 하루

Q. 제작 하루는 어떻게 시작되나요?

A. 먼저 기획 중인 다큐멘터리의 주제와 관련된 사료, 논문, 기사 등을 꼼꼼히 검토해. 예를 들어 '3·1 운동' 다큐를 만든다면 독립선언서, 당시 신문 기사, 역사학자 논문까지 모두! 정확한 정보가 가장 중요하니까.

Q. 촬영 준비는 어떻게 진행되나요?

A. 촬영 장소와 출연자(역사 전문가, 해설자, 후손 등)를 섭외하고, 어떤 장면을 어떤 느낌으로 담을지 촬영 콘티를 작성해. "이 장면에서는 탑골공원을 드론으로 찍고, 다음은 독립선언서를 클로즈업하자" 이런 식으로 세밀하게 계획하는 거지.

Q. 현장 촬영은 어떤가요?

A. 유적지에서 사계절을 찍거나, 관련 전문가를 인터뷰하는 등 시간과 인내가 필요해. 때로는 비 오는 날 한옥을 찍기 위해 몇 날 며칠을 기다리기도 하지.

Q. 편집 과정도 직접 참여하나요?

A. 당연하지! 촬영된 수백 시간 분량의 영상에서 핵심 장면을 골라 스토리 흐름대로 편집하면서 내레이션, 자막, 배경 음악을 입혀 완성해. 한 장면 한 장면이 모여서 하나의 이야기가 되는 과정이 정말 짜릿해.

Q. 힘든 점도 있나요?

A. 역사적 사실을 틀리면 안 되니까 팩트 체크에 엄청난 시간이 들어가. 또 촬영 일정이 길어지거나 날씨 때문에 계획이 틀어질 때도 있지. 하지만 완성된 작품을 보면 그 모든 게 보람으로 바뀌어.

Q. 가장 기쁠 때는 언제인가요?

A. 시청자들이 "역사가 이렇게 흥미로운 줄 처음 알았어요!" "이 다큐 보고 박물관 가봤어요!"라고 말해줄 때야. 특히 학생들이 역사에 관심을 갖게 됐다고 하면 감사하지.

PD가 되려면?

역사적 사실을 정확히 이해할 수 있게 역사 공부와 사료 읽기 능력을 기초로 쌓아야 해. 단순히 연도와 사건을 외우는 게 아니라 '왜 그 사건이 일어났을까?', '사람들은 어떤 감정이었을까?'를 상상하는 훈련이 중요해. 감정을 담아 전달하는 직업이라서 스토리텔링 능력과 글쓰기 연습도 필요하지. 무엇보다 카메라 촬영, 영상 편집, 인터뷰 같은 미디어 제작 경험을 직접 해보는 게 큰 도움이 돼.

앞으로 이 직업은?

유튜브, OTT(넷플릭스, 티빙 등) 등 플랫폼이 다양해지면서 역사 다큐멘터리 PD의 활동 무대는 더욱 넓어지고 있어. 요즘 스토리 기반 역사 콘텐츠가 인기를 얻으면서 역사를 새롭게 재해석하고 창의적으로 전달할 수 있는 PD가 더욱 주목받는 시대가 오고 있어.

선생님의 한마디

역사 다큐멘터리 PD는 카메라 뒤에서 역사를 오늘로 불러내는 마법사야. 수업 시간에 배운 역사가 누군가에게는 감동이 되고, 가족과의 대화 주제가 되고, 인생 교훈이 될 수 있어. 역사를 사랑하고 그 이야기를 세상에 전하고 싶다면 도전해볼 만한 멋진 직업이야.

4부

일제강점기,
나라를 지키려는
몸부림

일본은 어떻게 대한제국을 침탈했을까?

일본의 국권침탈

일본이 조선을 집어삼키려 할 때 목숨을 걸고 맞선 사람들이 있었어.
을사늑약 뒤 홍만식, 이상철, 이건석은 자결했고, 이준은 헤이그에서 죽음으로 조선의 억울함을
세계에 알렸지. 그렇다면 일본은 어떤 계획으로 500년 조선왕조를 무너뜨렸을까?

학습 키워드 #을미사변 #아관파천 #을사늑약 #한일병합조약
교과 연계 중3 2학기 > 역사(한국사) > Ⅵ 근·현대 사회로의 전환

일본의 침략 야욕을 드러내다

1895년 어느 새벽, 경복궁에 끔찍한 일이 벌어졌어. 일본의 자객들이 경복궁을 습격하여 명성황후를 살해한 거야. 이 충격적인 사건을 '을미사변'이라고 불러. 일본이 이런 끔찍한 일을 저지른 이유는 명성황후가 러시아와 손잡고 일본 세력을 견제하려 했기 때문이야.

을미사변으로 백성들의 분노가 들끓었고, 더불어 상투를 자르고 서양식 머리를 하도록 하는 단발령이 공포되자 전국에서 의병운동이 일어났어. "내 목을 자를지언정 상투는 못 자른다!"는 저항이 들불처럼 퍼졌지. 을미사변으로 신변의 위협을 느끼고 있던 고종에게 친러파 인사들이 "전하, 러시아 공사관으로 피하시는 것이 좋겠습니다."라고 권했어. 결국 고종은 1896년 2월 러시아 공사관으로 들어가. 한 나라의 왕이 다른 나라

공사관으로 피신한 사건, 바로 '아관파천'이야.

아관파천 이후 러시아를 비롯한 열강의 이권 침탈이 심해지자 고종의 환궁을 교구하는 여론이 형성되었어. 고종은 1897년 2월에 경운궁(덕수궁)으로 돌아왔어. 그리고 환구단에서 황제로 즉위하고 '대한제국'의 수립을 선포했어. 조선이 자주 국권 국가임을 대내외적으로 선언하고 독립의 의지를 밝힌 거야.

일제의 보호국화 정책

일본과 러시아는 대한제국을 차지하려고 계속 싸움을 벌였어. 1904년 러일전쟁이 터졌는데 많은 사람들이 러시아의 승리를 예상했지만 결과는 달랐어. 일본이 이겼고, 미국(가쓰라-태프트 밀약), 영국(제2차 영일동맹) 등 열강의 암묵적인 동의 아래 포츠머스 조약을 맺어 대한제국에 대한 지배권을 국제적으로 인정받았어. 이제 일본의 야욕이 본격적으로 드러나기 시작해.

1905년, 일본은 이토 히로부미를 조선에 보내 을사조약을 강제로 체결했어. 강제로 맺은 조약이라는 뜻에서 '을사늑약'이라고도 불러. 이 조약으로 우리나라는 외교권을 잃고 일본의 보호국이 되었어. 그러나 을사늑약은 조약의 이름을 쓰는 칸이 비어 있었어. 또 고종의 서명과 도장이 없고, 외무대신 박제순의 도장은 있지만 그는 고종의 위임을 받지 않았기 때문에 국제법상 효력이 없어. 일본이 불법적으로 강요한 조약이야. 을사늑약에 찬성한 이완용, 박제순, 이지용, 이근택, 권중현을 '을사오적'이라고 불러. 역사에 길이 남을 매국노야! 반면 홍만식, 이상철, 이건석, 김봉학은 자결로써 항의했어.

고종은 1907년 네덜란드 헤이그에서 열린 만국평화회의에 이준, 이

을사오적

↑ 학부대신 이완용

↑ 군부대신 이근택

↑ 내부대신 이지용

↑ 농상대신 권중현

↑ 외부대신 박제순

상설, 이위종을 특사로 보내 을사늑약이 강제로 체결되어 무효임을 세계에 알리려 했어. 하지만 일본의 방해로 회의에 참석조차 못 했어. 이준은 이 억울함을 죽음으로 알렸고, 민영환도 유서를 남기고 자결했어. 이 소식은 온 민족을 큰 충격에 빠뜨렸어.

　일본은 헤이그 특사 파견을 빌미로 고종을 강제로 물러나게 하고 순종을 즉위시켰어. 그리고 정미 7조약을 맺어 내정을 간섭하고, 대한제국의 군대를 해산시켰어. 나라를 지키는 군대가 없어진 거야! 해산된 군인들은 의병에 합류해 일본군과 치열하게 싸웠지만, 근대 무기로 무장한 일본군을 이기기는 힘들었어.

한일병합, 나라를 잃다

1910년 8월 29일, 마침내 일본의 야욕이 완성되었어. 한국병합조약이 강제로 체결되면서 500년 조선 왕조는 끝났고 일본의 식민지배가 시작된 거야. 조약에는 이완용과 데라우치가 날인과 서명을 했고 순종의 어새가 찍혀 있었는데 어새만 있고 순종의 서명이 없기 때문에 순종의 비준이 이루어졌다고 할 수 없었어. 일본이 또 불법적으로 맺은 조약인거지.

일본의 한일병합은 체계적이고 계획적인 침탈이었어. 일본은 을미사변부터 시작해 15년에 걸쳐 단계적으로 조선을 집어삼켰어. 이 과정은 근대 국제법을 자기들 유리하게 이용해서 나라를 빼앗은 사례야. 일본은 러일전쟁에서 이긴 뒤에 한국에 대한 지배권을 국제적으로 인정을 받았고 그 힘으로 조선을 보호국으로 만든 뒤 → 정치에 간섭하고 → 나라를 병합하는 단계를 밟으면서 자기들의 행동을 합법처럼 꾸민 거야.

하지만 우리 민족은 끝까지 치열하게 저항했어. 을사늑약 때 자결로 항의한 애국지사들, 헤이그에서 목숨을 바쳐 조선의 억울함을 알린 이준, 의병 활동에 나선 해산 군인들까지, 끝까지 굴복하지 않고 싸웠어. 한일병합은 우리 역사상 가장 치욕적인 사건이지만, 동시에 민족의식이 깨어나고 근대적 저항 운동이 시작되는 계기가 되었어.

1. 다음의 초성 암호를 풀어 보자.

> ① ㅇㅁㅅㅂ : 1895년 일본이 명성황후를 살해한 사건
> ② ㅇㄱㅍㅊ : 고종이 러시아 공사관으로 피신한 사건
> ③ ㅇㅅㄴㅇ : 일본이 외교권을 빼앗은 조약

----

2. 을사늑약 체결에 찬성하여 매국노로 불리는 다섯 명을 무엇이라 하는가?

----

3. 일제의 국권 침탈이 부당한 이유를 국제법 관점에서 정리해 보자.

더 알고 싶어 119

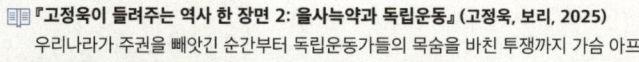 📖 도서 ▷ 영상 🔍 사이트

📖 『고정욱이 들려주는 역사 한 장면 2: 을사늑약과 독립운동』 (고정욱, 보리, 2025)
   우리나라가 주권을 빼앗긴 순간부터 독립운동가들의 목숨을 바친 투쟁까지 가슴 아프지만 반드시 알아야 하는 우리 역사에 관한 책이야.

▷ 피꺼솟 - 을사오적 (EBSi)
   일본의 국권 침탈 과정을 다양한 자료를 활용하여 설명하는 영상이야. 나라를 팔아먹은 을사오적도 나오니 꼭 봤으면 좋겠어.

🔍 독립기념관 독립기념관 홈페이지야. 상설전시 제2전시관 〈겨레의 시련〉에서 일본 제국주의의 침략과 우리 민족의 독립운동 의지를 느껴볼 수 있어.

Week7 ● 32일차  　년　월　일

이회영이 전 재산을 팔고
만주로 간 이유는 무엇일까?

이회영과 신흥무관학교

"형님, 우리 식구 모두 만주로 가서 독립운동을 했으면 좋겠어요" 1910년 겨울, 명문가 저동
이씨 집안에서 열린 가족회의. 이회영 형제들은 조상 대대로 물려받은 전 재산을 몽땅 팔고
만주로 떠났지. 대체 어떤 마음이 이런 큰 선택을 하게 했을까?.

학습 키워드	#신흥무관학교 #이시영 #이회영 #노블레스오블리주
교과 연계	중3 2학기 〉 역사(한국사) 〉Ⅵ 근·현대 사회로의 전환

명문가 출신이 택한 파격

이회영은 1867년 서울 저동(지금의
명동 일대)에서 태어났어. 집안은 조상 대
대로 높은 벼슬을 한 명문가였지. 다른
양반 자제들처럼 과거시험을 준비하며
편안한 삶을 살 수 있었지만 이회영은
달랐어. 동생 이시영이 문과에 급제해
벼슬을 하게 되었을 때도 과거를 보지
않겠다고 선언했거든. "나는 과거를 보

↑ 우당 이회영 선생 (1867~1932)

지 않을 거야. 유교 경전보다 신학문을 더 공부하고 싶어." 친구 이상설
과 함께 영어와 법학 같은 신학문을 익혔어. 과거에 급제해 벼슬하는 것

보다 일반인으로서 조선을 근대 사회로 만드는 것이 더 중요하다고 생각했거든. 이회영의 개혁 의지는 일상에서도 드러났어. 집안의 노비들에게 존댓말을 쓰고, 아버지가 돌아가신 후에는 노비들을 모두 자유민으로 풀어주었어. 신분 차별이 엄격한 시대에 정말 파격적인 행동이었지. 편안한 길보다 바른 길을 택한 시작이었어.

1905년 을사늑약이 체결되자 이회영은 가만있지 않았어. 그는 을사늑약 체결에 앞장선 다섯 명의 매국노를 처단하자는 비밀결사인 '오적 암살단'의 활동자금을 대며 지원했어. 하지만 뜻대로 되지 않았고, 동지들이 체포되면서 조직이 발각되었어.

1910년 12월, 운명을 바꾼 가족회의

1910년 한일병합으로 나라를 완전히 잃자 이회영 형제들은 중대한 결정을 내렸어. "더 이상 여기서 일본 지배를 받으며 살 순 없다. 우리 모두 만주로 가서 독립운동을 하자!"

이회영의 제안에 형제들이 동의했어. 그들이 판 재산이 바로 당시 돈으로 40만 원 정도 돼. 현재 가치로 하면 약 600억 원이 넘는 엄청난 규모야. 서울 시내 명동 땅과 집, 그리고 각종 재산을 모두 처분했지. 너무 급하게 처분하다 보니 제값을 받지 못하는 경우도 많았지만 아까워하지 않았어. 1910년 12월, 이회영은 60여 명

↑ 이회영과 6형제 망명 직전 회의 장면

의 가족과 친척을 이끌고 만주로 떠났어. 서울에서 기차로 신의주까지 간 뒤, 압록강을 건너 열 대의 마차에 나누어 타고 목적지인 삼원보까지 갔지. 한 달 가까운 험한 길이었어.

신흥무관학교, 독립군의 요람이 되다

만주에 도착한 이회영은 다른 독립운동가들과 함께 '신흥강습소(신흥무관학교)'를 세웠어. 독립군을 기르기 위한 학교였지. 신흥무관학교는 정말 특별했어. 낮에는 일반 과목을 가르치고 밤에는 군사 훈련을 했거든. 학생들은 사격, 폭탄 제조, 게릴라 전술까지 배웠어. 오늘날의 사관학교 같았지. 이 학교를 졸업한 학생이 무려 3,500명이나 돼. 신흥무관학교가 키운 대표적인 독립운동가들을 살펴볼까?

먼저 김좌진 장군. 신흥무관학교에서 군사학을 가르쳤고, 나중에 청산리 대첩에서 일본군을 크게 물리친 영웅이야. 지청천 장군은 원래 일본 육군사관학교 출신 엘리트 장교였는데, 조국을 위해 모든 것을 버리

↑ 신흥무관학교 교사와 재학생

고 독립군이 되어 한국광복군 총사령관까지 지냈어. 이범석 장군은 신흥무관학교 1기 졸업생으로 광복군에서 활동했고, 해방 후 초대 국무총리가 되었지. 윤세주는 신흥무관학교에서 폭탄 제조술을 배워 일제강점기 내내 항일 무장투쟁을 벌였어. 이들은 지청천, 홍범도 장군과 함께 활동하며 수많은 전투에서 공을 세웠지. 이렇게 신흥무관학교는 독립군 지휘관들을 키워낸 요람이었어! 여기서 배운 학생들이 나중에 항일무장투쟁의 핵심 인물들이 되어 조국 광복을 위해 목숨을 바쳤지. 학교 한 곳이 항일 무장투쟁의 심장처럼 뛰었던 거야.

베이징에서의 고난, 그리고 마지막 거사

1913년 이회영은 국내로 돌아와 독립운동 자금을 마련하고 고종의 중국 망명을 추진했어. 하지만 1919년 1월 고종이 갑자기 세상을 떠나면서 망명 계획은 무산되었지. 이후 베이징에서의 독립운동은 정말 힘들었어. 독립자금이 바닥나서 점심 한 끼로 하루를 버티고, 추운 겨울에도 불을 때지 못해 차가운 방에서 지내는 날이 많았어. 하지만 이회영은 굴복하지 않았어.

1931년 일본이 만주를 침략하자, 이회영은 마지막 거사를 계획했어. 만주의 일본군 사령관을 처단하고 그곳에 새로운 활동 근거지를 세우려한 거야. 아들과 동지들이 위험하다며 말렸지만 65세의 이회영은 결심을 굽히지 않았어. 1932년 11월 다롄항으로 향했지만, 조선인 밀정의 밀고로 일본 경찰에 체포되어 모진 고문 끝에 11월 17일 순국했어. 이회영 선생은 마지막까지 독립에 대한 신념을 굽히지 않았어.

이회영 가문의 희생, 그 숭고한 정신

이회영 가문의 선택이 얼마나 대단한지 다른 사람들과 비교해 보면 확실히 알 수 있어. 당시 사람들은 "가족을 먹여 살려야지.", "아이들 교육은 어떻게 시키나.", "현실적으로 생각해야지." 하며 많은 양반 가문들이 일제강점기에 친일을 선택했어. 자신과 가족의 안전하고 편안한 삶을 위해서 말이야. 심지어 일본에 도움을 주면서 더 큰 부와 권력을 얻은 사람들도 많았어.

하지만 이회영 가문은 정반대였어. 현재 가치로 약 600억 원이 넘는 재산을 모두 독립운동에 바치고 안전하고 편안한 삶을 포기한 채 가족 전체가 험난한 독립운동의 길을 선택했어. 이것이 바로 진정한 노블레스 오블리주야. 사회적 지위가 높고 부유한 사람일수록 더 큰 사회적 책임을 져야 한다는 거지. '우리만 잘 살면 된다'가 아니라 '나라가 위기에 처했는데 우리가 나서지 않으면 누가 나서겠는가'라고 생각한 거야.

이회영과 함께 만주로 떠난 형제들은 어떻게 되었을까? 선산을 지키려고 귀국한 첫째 형을 제외하면 대부분 중국 땅에서 순국했어. 이시영은 이회영이 죽은 후에도 독립운동을 계속했고, 광복 후 초대 부통령이 되었어.

이회영 가문의 이야기는 우리에게 중요한 질문을 해. "정말 중요한 가치를 위해서 개인의 이익을 포기할 수 있는가?" 지금 우리 사회에도 여전히 이런 선택의 순간들이 있어. 불의한 일을 보았을 때 나서는 것, 어려운 이웃을 돕는 것, 사회 정의를 위해 목소리를 내는 것. 이 모든 것들이 이회영 정신의 실천이야.

만약 여러분이 이회영과 같은 시대에 살았다면 어떤 선택을 했을까? 그리고 지금 우리 삶에서 '이회영 정신'을 실천할 수 있는 일은 무엇일까?

1. 다음의 초성 암호를 풀어 보자.

> ① ㅅㅎㅁㄱㅎㄱ: 이회영이 만주에서 세운 독립군 양성 학교
> ② ㄴㅂㄹㅅ ㅇㅂㄹㅈ: 높은 지위에 따른 도덕적 의무

----

2. 이회영 일가가 만주로 떠난 과정을 적어 보자.

----

3. 이회영 일가의 독립운동을 '노블레스 오블리주' 관점에서 정리해 보자.

 더 알고 싶어 119

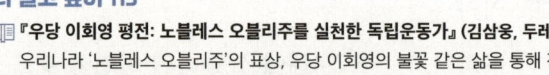 도서 ▷영상 🔍사이트

📖 『**우당 이회영 평전: 노블레스 오블리주를 실천한 독립운동가**』 (김삼웅, 두레, 2022)
우리나라 '노블레스 오블리주'의 표상, 우당 이회영의 불꽃 같은 삶을 통해 진정한 지도자의 책임과 희생이 무엇인지 배울 수 있는 책이야.

▷ **독립공신 6형제 이야기** (EBS 교양)
EBS에서 제공하는 이회영과 형제들의 이야기야. 꼭 봤으면 좋겠어.

🔍 **이회영 기념관** 상설 전시관과 특별 전시관에서 이회영의 어린시절부터 독립운동 과정까지 자세히 살펴볼 수 있어.

일본이 테러리스트라고 부른 남자가 있다고?

영원한 영웅 안중근

1909년 10월 26일 오전 9시, 하얼빈 역에 총성이 울렸어.
"코레아 우라!(대한제국 만세!)" 외치며 권총을 든 한 조선인이 이토 히로부미를 쓰러뜨린 거야.
그 주인공은 바로 안중근. 그 목숨을 건 선택 뒤에는 어떤 생각과 준비가 있었을까?

학습 키워드　#안중근 #조마리아 #하얼빈역 #단지동맹 #동양평화론
교과 연계　중3 2학기 〉역사(한국사) 〉Ⅵ 근·현대 사회로의 전환

의병장에서 독립운동가로

일본에서는 지금도 안중근을 '테러리스트'로 부르는 사람들이 있어. 반대로 우리는 그를 '의사義士'라고 부르며 존경하지. 왜 이렇게 다르게 볼까? 안중근은 조선 침략의 상징인 이토 히로부미를 처단해 민족의 뜻을 세계에 알렸고, 동시에 '동양의 평화'를 고민한 사상가였기 때문이야.

안중근은 1879년 황해도 해주에서 개화 사상을 받아들인 선비의 아들로 태어났어. 어려서부터 총명했던 그는 새 학문을

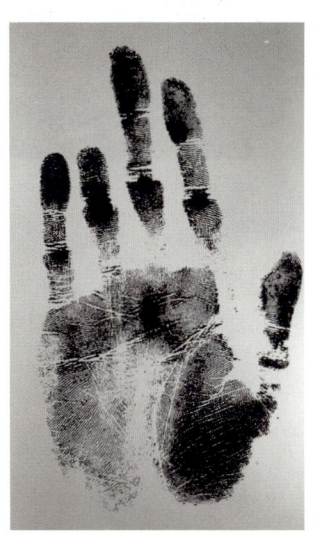
↑ 안중근의 손도장

받아들이고, 고향에 돈의학교를 세워 계몽 운동을 펼쳤어. 하지만 을사늑약이 체결되자 1907년 러시아 연해주로 건너가 본격적인 항일 의병 활동을 시작했지. 연해주에서 안중근은 두만강 일대의 일본군 수비대를 공격하는 무장 투쟁을 벌였어. 또 블라디보스토크에서 열한 명의 동지들과 '단지동맹'을 맺었어. 모두가 약지 한 마디씩을 잘라 피로 '대한독립'이라는 글자를 쓰며 조국 광복을 맹세한 거야.

어머니의 격려, 아들의 결심

↑ 민족의 영웅 안중근

안중근이 의거를 결심했을 때 가장 걱정한 건 어머니 조마리아 여사의 마음이었어. 하지만 어머니의 반응은 뜻밖이었지. 안중근이 어머니에게 편지를 보내 "나라를 위해 큰일을 하려 하는데 어머니는 어떻게 생각하시나요?"라고 물었어. 그러자 조마리아 여사는 이렇게 답장했어.

"네가 만약 나라를 위해 유익한 일을 하다가 죽는다면 나는 슬퍼하지 않겠다. 오히려 자랑스러워하겠다."

심지어 안중근이 처형당한 후 일본 관리가 조의를 표하러 왔을 때도, 어머니는 "내 아들이 나라를 위해 죽었는데 왜 슬퍼하겠느냐. 오히려 자랑스럽다"고 당당히 말했다고 해. 이런 어머니가 있었기에 안중근도 의연하게 의거를 실행할 수 있었던 거야.

하얼빈 의거, 역사적 순간

1909년 9월, 이토 히로부미가 만주 내 일본과 러시아 간 철도 지배권 문제를 논의하기 위해 러시아 재무대신과 만난다는 소식이 들렸어. 안중근은 이 회담이 일본의 대륙 침략의 야욕을 보여주는 것이라 판단하고 조선 침략의 원흉 이토를 처단하겠다고 결심했어. 안중근은 두 명의 동지와 치밀한 계획을 세웠어. "동지들, 두 분은 채가구 역에 대기하고 계시오. 이토가 그곳에서 내리면 1차 저격을 하고, 실패하면 내가 하얼빈 역에서 2차 저격을 하겠소."

1909년 10월 26일 아침 7시, 안중근은 하얼빈 역으로 향했지. 오전 9시, 이토가 탄 열차가 플랫폼에 들어섰어. 이토는 러시아 장교단과 인사를 나눈 뒤 환영 군중 쪽으로 걸어왔어. 바로 그때! 안중근이 재빨리 권총을 꺼냈어. "탕! 탕! 탕!" 세 발의 총성이 하얼빈 역에 울려 퍼지고 이토 히로부미는 그 자리에서 쓰러졌지. 안중근은 남은 세 발을 이토를 따라오던 일본인들에게 쏜 뒤 러시아어로 외쳤어. "코레아 우라! 코레아 우라!" 그는 도주하지 않고 현장에서 체포됐어.

감옥에서의 당당한 변론

체포된 안중근은 여순 감옥에서 일본 검찰관 미조부치의 조사를 받았어. "왜 이토 히로부미를 죽였소?" "그 전에 알고 싶은 것이 있소. 이토는 틀림없이 죽은 것이오?" "틀림없이 죽었소. 이제 내 질문에 대답하시오." 안중근은 당당히 대답했어.

"내가 이토를 죽인 이유는 그자가 열다섯 가지 죄를 지었기 때문이오. 첫째, 명성황후를 시해한 죄, 둘째, 고종 황제를 강제 퇴위시킨 죄, 셋째, 을사늑약을 강제로 체결한 죄…."

▲ 동지들과 함께 태극기에 쓴 '대한독립'

안중근은 이토의 죄목을 조목조목 따졌어. 조선 침탈의 원흉이자 동양 평화를 깨뜨린 전범이라고 규탄했지. 재판이 시작되자 안중근은 더욱 당당했어.

"내가 이토를 죽인 것은 개인적 원한 때문이 아니오. 대한제국의 독립과 동양의 평화를 위한 사명 때문이었소. 나는 한국 독립전쟁의 일원이며, 전쟁에서 패배한 포로일 뿐이오. 따라서 만국공법에 따라 처리해 주시오!"

안중근은 자신을 범죄자가 아닌 전쟁포로로 대우하라고 당당히 요구했어. 또 감옥에서 자서전인 『안응칠 역사』와 『동양평화론』을 집필해 자신이 어떤 생각으로 왜 의거를 했는지를 담아 놓았어.

1910년 2월 14일, 사형 선고가 내려졌어. 안중근은 항소를 포기하고 두 동생에게 유언을 남겼어.

"내가 죽은 뒤에 나의 뼈를 하얼빈 공원 곁에 묻어 두었다가 우리나라가 독립이 되거든 고국으로 옮겨 다오. 나는 천국에 가서도 마땅히 우리나라의 독립을 위해 힘을 다할 것이다. 너희는 돌아가 동포들에게 각각 책임을 지고 백성된 도리를 다하라고 전하라."

1910년 3월 26일 오전 10시, 안중근은 32세의 나이로 순국했어. 마지막까지 "대한독립만세!"를 외치며 숨을 거뒀다고 전해져.

100년을 넘어선 역사적 의의

안중근의 하얼빈 의거는 단순한 암살이 아니었어. 침략자에 대한 정당한 응징이자, 조선의 의지를 세계에 알리는 외교적 선전이었지. 이토 히로부미가 죽자 일본은 큰 충격을 받았고, 조선을 차지하려는 계획도 차질을 빚었어. 또 안중근의 당당한 법정 투쟁은 일본의 지배가 잘못되었다는 걸 세계에 알리는 기회가 되었어. 무엇보다 절망에 빠진 우리 민족에게 '하나의 작은 불꽃이 거대한 들불이 된다'는 희망과 용기를 주었어.

놀랍게도 안중근 의사의 영향력은 지금도 계속되고 있어. 2014년 중국 하얼빈 역에 안중근 의사 기념관이 문을 열었어. 중국 정부가 직접 안중근 의사를 기리는 공간을 만든 거야. 일본은 강력히 반발했지만, 중국은 '안중근은 역사적 인물이며 평가는 역사가 내릴 것'이라고 당당히 맞섰어. 더 황당한 건 일본이 지금도 안중근을 테러리스트로 규정하고 있다는 거야. 2014년 일본 정부 대변인인 스가 요시히데 관방장관은 안중근은 테러리스트라고 주장했어. 이건 오히려 안중근 의사가 일본에게 얼마나 큰 충격이었는지를 보여주는 증거야.

우리나라에서는 매년 3월 26일(순국일)을 안중근 의사 순국일로 기리고 있고, 서울 남산에 있는 안중근 의사 기념관에는 수많은 사람들이 참배하고 있어. 안중근 의사는 현재도 살아 숨쉬며 우리에게 용기와 희망을 주는 영원한 스승이야.

1. 안중근 하얼빈 의거와 관련한 내용이야. 알맞은 답을 써보자.

> 1) 안중근이 이토를 처단한 역 (3글자)　　　　＿＿＿＿＿＿＿＿
> 2) 안중근이 결성한 비밀결사 (4글자)　　　　＿＿＿＿＿＿＿＿
> 3) 안중근이 처단한 조선침탈의 원흉 (6글자)　＿＿＿＿＿＿＿＿
> 4) 안중근이 감옥에서 쓴 평화론 (5글자)　　　＿＿＿＿＿＿＿＿

2. 안중근이 이토 히로부미를 처단한 이유를 적어 보자.

＿＿＿＿＿＿＿＿＿＿＿＿＿＿＿＿＿＿＿＿＿＿＿＿＿＿

＿＿＿＿＿＿＿＿＿＿＿＿＿＿＿＿＿＿＿＿＿＿＿＿＿＿

＿＿＿＿＿＿＿＿＿＿＿＿＿＿＿＿＿＿＿＿＿＿＿＿＿＿

＿＿＿＿＿＿＿＿＿＿＿＿＿＿＿＿＿＿＿＿＿＿＿＿＿＿

4. 안중근 의거의 역사적 의의를 여러 각도로 정리해 보자.

＿＿＿＿＿＿＿＿＿＿＿＿＿＿＿＿＿＿＿＿＿＿＿＿＿＿

＿＿＿＿＿＿＿＿＿＿＿＿＿＿＿＿＿＿＿＿＿＿＿＿＿＿

＿＿＿＿＿＿＿＿＿＿＿＿＿＿＿＿＿＿＿＿＿＿＿＿＿＿

＿＿＿＿＿＿＿＿＿＿＿＿＿＿＿＿＿＿＿＿＿＿＿＿＿＿

＿＿＿＿＿＿＿＿＿＿＿＿＿＿＿＿＿＿＿＿＿＿＿＿＿＿

＿＿＿＿＿＿＿＿＿＿＿＿＿＿＿＿＿＿＿＿＿＿＿＿＿＿

 더 알고 싶어 119　　　　📖 도서　▶ 영상　🔍 사이트

📖 『안중근 평전』 (김삼웅, 시대의창, 2023)
이 책에서는 안중근 의사의 사상이 어떻게 형성되었는지 그리고 하얼빈 의거와 이후 공판 투쟁 모습 등 그의 행적이 어떠했는지를 역사적 사료와 증언 기록을 통해 확인할 수 있어.

▶ 안중근 (국가보훈부)
국가보훈부에서 만든 영상이야. 안중근 의사의 어린 시절부터 하얼빈 의거와 재판 과정 까지 생생하게 담고 있어.

🔍 안중근의사기념관
서울 남산에 위치한 안중근 의사 기념관은 안중근의 삶과 투쟁을 배울 수 있는 다양한 자 료가 있어. 꼭 찾아가 보길 바라.

개화기 사람들은 어떻게 살았을까?

개화기 의식주의 변화

"저기 봐! 소도 말도 없는데 상자가 달려가!" 1899년 한성 거리에 나타난 네모난 상자, 바로 조선 최초의 전차였지. 전깃불, 기차, 빵과 커피까지… 서양 문물이 밀려오던 그때, 개화기 사람들의 하루는 어떻게 달라졌을까?

학습 키워드　#개화 #커피 #전기 #기차
교과 연계　중3 2학기 > 역사(한국사) > Ⅵ 근·현대 사회로의 전환

문호개방, 조선이 세계와 마주보다

1876년 강화도 조약 이후 조선은 외국에 문을 열었어. 이어서 1882년 미국과 조미 수교 통상 조약을 시작으로 영국(1883), 독일(1883), 프랑스(1886) 등 서양 여러 나라와 차례차례 조약을 맺었어. 이렇게 '개국'이 이루어지자 각국의 외교관, 상인, 그리고 기독교 선교사들이 많이 조선에 들어오면서 병원과 학교 같은 새로운 기관이 생겼어.

선교사들은 단순히 종교만 전파한 게 아니라 의료와 교육 분야에서도 큰 변화를 가져왔어. 미국 의사 호러스 앨런은 갑신정변 때 다친 민영익을 서양 의술로 치료해 조정의 큰 신뢰를 얻었어. 고종은 감동해서 '광혜원'이라는 신식 병원을 지어 주었는데, 오늘날 연세대 세브란스병원의 시작이 되었어.

교육 분야에서도 헨리 아펜젤러가 배재학당을, 메리 스크랜턴이 이화학당을, 호러스 언더우드가 연희전문학교를 세웠어. 지금의 연세대학교와 이화여자대학교가 바로 이때 생겨난 거야.

단발령, 전통과 근대의 큰 충돌

↑ 단발한 고종의 모습

1895년 명성황후 시해 사건 이후 정부는 조선 남성들의 상투를 자르라는 '단발령'을 내렸어. 고종 황제가 먼저 모범을 보였지만, 백성들의 반발은 정말 심했지. 조선 사람들에게 머리카락은 그냥 털이 아니었거든. 유교의 가르침에 '몸과 머리카락, 피부는 모두 부모에게서 받은 것'이라서 함부로 자르면 안 되는 소중한 것이었어. 길거리 단속이 이어지자 "목은 잘라도 상투는 못 자른다!"는 외침과 함께 강원도와 충청도 유생들을 중심으로 '을미의병'이 일어났고, 저항이 전국으로 번지자 정부는 단발령을 철회할 수밖에 없었어.

밥상 위의 서양 음식

서양 문물과 함께 서양 음식들도 들어왔어. 밀가루로 만든 빵, 사탕수수에서 뽑아낸 하얀 설탕, 그리고 검은 원두로 우려낸 커피가 조선의 입맛을 흔들었어. 설탕은 정말 인기가 좋았어. 지금까지 꿀이나 엿으로만 단맛을 냈는데, 하얀 가루 하나로 훨씬 강하고 깨끗한 단맛을 낼 수 있었거든. 부유한 사람들은 설탕을 최고급 선물로 여겼어.

커피는 처음에 '양탕국'이라고 불렸어. 서양 사람들이 마시는 검은 물이라는 뜻이야. 쓴맛 때문에 처음에는 싫어했지만, 점차 신학문을 배운 지식인들 사이에서 유행하기 시작했어. 고종황제는 러시

↑ 고종이 커피를 마신 덕수궁 정관헌

아 공사관에 피난을 가 있던 아관파천 때 커피를 접하고 그 독특한 향과 맛에 매료되었어. "이 검은 물은 마실수록 정신이 맑아지는구나!"

고종은 경운궁(지금의 덕수궁)으로 돌아온 후에도 매일 커피를 마셨어. 외국 사신들이 서양 분위기를 편안해하니 궁궐 안에 서양식 정자인 '정관헌'을 짓고, 그곳에서 서양의 음료 커피를 마시며 외국 사신들과 회담을 하기도 했어. 고종은 커피를 즐기며 외교 무대에서도 이를 활용했고, 그의 영향으로 커피 문화가 조선 상류층에 빠르게 퍼져 나갔어.

전기와 기차의 등장

1887년 경복궁에 조선 최초로 전기가 들어오니 밤이 환해졌어. 경복궁 내에 있는 향원정 근처에 작은 발전소를 만들어서 전기를 생산했는데, 물의 힘으로 불빛을 만들어낸다고 해서 사람들은 '물불'이라고 불렀어. 밤이 되면 궁궐이 환하게 밝혀지니 백성들이 구경하러 궁궐 담장 밖에 모여들었지. 하지만 발전기의 소음과 잦은 고장으로 '건달불'이라는 좀 웃긴 별명도 생겼어. 일반 백성들을 위해서는 종로 거리를 중심으로 석유로 가로등을 켜서 밤길을 밝혀주었어. 독립신문에서 '문명국 수도

↑ 경인선 철도 초창기의 열차

마다 가로등이 있는데 우리나라만 어둠에 가려져 있다'고 지적한 게 계기가 되었대.

1899년 9월 18일, 노량진에서 인천 제물포까지 경인철도가 개통되자 서울-인천을 한 시간 만에 갈 수 있게 되었어. 조선 최초의 철길이었어. 하지만 이런 편리함 뒤에는 숨겨진 목적이 있었어. 일본이 철도를 만들어준 건 조선 사람들을 위한 게 아니라 조선의 쌀이나 광물 같은 자원을 자기 나라로 쉽게 가져가기 위해서였지. 겉으로는 근대 문명의 좋은 점을 전해준다면서, 실제로는 수십 배의 이익을 챙기는 이중적인 행동이었지. 마치 달콤한 사탕으로 포장해 놓은 독약 같았어.

혼란 속의 조선 사람들

개화기를 살아간 조선 사람들의 마음은 정말 복잡했을 거야. 수천 년 동안 지켜온 전통과 갑자기 들어온 서양 문물 사이에서 고민이 깊었을 거거든. 어떤 사람들은 과감하게 새로운 문명을 받아들였고 또 누군가는 끝까지 전통을 지키려고 했어. 하지만 시대의 큰 변화는 막을 수 없는 흐름이었어. 지금 우리가 편리하게 쓰고 있는 많은 것들이 바로 이 시기에 시작되었어. 비록 일제강점기라는 아픈 경험을 겪었지만 우리 조상들은 이런 어려운 상황에서도 굳건하게 버텨내며 오늘날 대한민국의 기초를 다져 놓았어.

1. 다음 설명에 맞는 단어를 써 보자.

> 1) 고종이 커피를 마셨던 장소로 유명한 곳 (3글자) _____
>
> 2) 경복궁에 설치된 전기의 별명 (2글자) _____
>
> 3) 머리카락을 자르라는 명령 (3글자) _____
>
> 4) 조선 최초의 철도 (4글자) _____

2. 개화기 백성들이 서양 문물에 보인 반응을 적어 보자.

----

3. 개화기 문물 도입의 이중성을 당시 상황과 연결하여 정리해 보자.

 더 알고 싶어 119　　　　　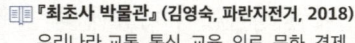　📖도서　▶영상　🔍사이트

📖 『**최초사 박물관**』 (김영숙, 파란자전거, 2018)
우리나라 교통, 통신, 교육, 의료, 문화, 경제, 생활사 등 분야별 신문물을 접한 조선 사람들의 반응을 알 수 있는 책이야.

▶ **개화기 서울의 변화 (KBS 역사저널 그날)**
개화기 서울의 변화를 생생한 사진과 영상으로 만날 수 있어. 꼭 봤으면 좋겠어.

🔍 **대한민국역사박물관**
대한민국 역사박물관 상설 전시관에서 새로운 문화와 교육의 경험으로 변화해 가는 사람들의 삶을 살펴볼 수 있어.

여성이 어떻게
의병장이 될 수 있었을까?

최초의 여성 독립운동 의병장 윤희순

"나라를 구하는 데 남녀의 구별이 있을 수 없지!" 1895년 을미사변 소식에 분개한 한 여인이 이렇게 외쳤어. 남녀차별이 심했던 때, 여성이 직접 의병을 조직하고 이끄는 게 과연 가능했을까? 윤희순은 어떻게 그 벽을 넘어 의병장이 되었을까?

학습 키워드 #을사의병 #안사람의병가 #윤희숙 #여성_의병장
교과 연계 중3 2학기 > 역사(한국사) > Ⅵ 근·현대 사회로의 전환

의병들을 구한 여인

　　윤희순은 우리나라 역사상 최초의 여성 의병장이야. 의병은 나라가 위기에 빠졌을 때 스스로 일어나 싸운 민간 군대인데, 조선 후기와 일제 강점기에 일본의 침략에 맞서 싸운 애국지사들이 바로 의병이었어. 윤희순은 강원도 춘천의 양반집 딸로 태어나 어린 시절부터 똑똑하고 의지가 강했어. 19세에 춘천의 명문가 집안 출신인 유제원과 결혼하고, 결혼한 후에도 공부를 계속했어. 당시 여성으로서는 드물게 한문과 역사를 깊이 있게 공부했어. 새로운 사상을 가진 남편의 영향으로 나라와 민족의 운명에 대해 진지하게 생각하기 시작했고, 이런 생각들이 나중에 의병 활동으로 이어지게 되었어.

　　1895년 겨울 춘천, 일본군에게 쫓기던 의병들이 급하게 마을에 와서

밥을 달라고 부탁했어. 마을 사람들은 당황했어. 이렇게 많은 사람들을 먹일 곡식도 부족했고, 혹시 의병을 도와줬다가 일본군에게 들킬까 걱정이 많았지.

↑ 윤희순 의병장

하지만 윤희순만큼은 망설이지 않고 자기 집안의 쌀과 곡식을 털고, 춘천 숯장수들이 숯값으로 갖다 놓은 곡식까지 모두 꺼내서 의병들에게 저녁밥을 지어 주었어. 윤희순이 나서는 모습을 본 마을 사람들도 하나둘씩 자기들의 곡식을 내놓기 시작했고, 모두가 힘을 합치니 문제가 금세 해결되었어. 그때 윤희순은 깨달았어. "나라를 구하는 일에 남자, 여자 구별이 어디 있어!"

일본군을 이긴 여성 의병들

1895년, 시아버지 유홍석이 춘천 선비들과 의병을 일으킬 때 윤희순도 같이 하겠다고 나섰지만, 시아버지는 반대했어. "집안 제사도 지내야 하고 아이들도 키워야 하는데, 어떻게 여자가 의병 활동을 하겠느냐?" 남자와 여자의 역할이 나뉘어져 있던 시대라 윤희순도 어쩔 수 없이 그 말을 들었지만, 마음의 불씨는 꺼지지 않았어.

시간이 흘러 1907년, 일제가 대한제국 군대를 강제로 없애버리자 윤희순은 더 이상 참을 수 없었어. 마을 여성들에게 의병 활동에 참여하자고 설득했고, 〈안사람 의병가〉 노래를 지어서 여성들과 함께 불렀어.

"아무리 왜놈들이 강성한들 우리도 뭉치면 왜놈 잡기 쉬울새라

아무리 여자인들 나라 사랑 모를소냐

아무리 남녀가 유별한들 나라 없이 소용 있나

우리도 나가 의병하러 나가 보세, 의병대를 도와주세

금수에게 붙잡히면 왜놈 시중 받들소냐"

간절한 마음이 담긴 노래가 온 마을에 퍼지자, 순식간에 600여 명의 여성들이 모였어. 의암댁, 턱골댁, 벌골댁, 용문댁, 소리댁으로 불리던 마을 아낙들로만 이루어진 '안사람 의병대'가 만들어진 거야.

여우내골 산골에 군사 훈련장을 만들고, 총 쏘는 법부터 적을 숨어서 공격하는 전술을 익혔어. 무기가 모자라면 쇠조각을 모아 화승총을 직접 만들고, 군량미와 무기를 준비하니까 의병대의 사기가 하늘을 찔렀어.

↑ 1907년 일본 제국주의에 맞서 무장한 의병

일본군은 춘천 의병대를 우습게 봤어. 자기들 무기가 훨씬 좋았기 때문에 쉽게 이길 수 있다고 생각했지. 하지만 싸움은 달랐어. 고개를 넘어오는 일본군을 의병들이 사방에서 둘러쌌고, 화승포들이 한꺼번에 불을 뿜기 시작했어. 무기가 좋다고 자신만만하던 일본군들은 깜짝 놀랐어. 의병들 수가 생각보다 훨씬 많았고, 무기도 강력했거든. 특히 여성들이 손수 만든 화승총의 위력은 대단했어. 정확한 사격과 조직적인 공격에 당황한 일본군은 도망치고 춘천 의병대는 완전히 승리했어.

3대에 걸친 독립운동 가문

1910년 일본이 우리나라를 완전히 빼앗자 시아버지 유홍석은 절망해서 목숨을 끊으려고 했어. 윤희순이 말렸어. "지금 죽으시면 일본놈들만 좋아할 거예요. 빼앗긴 나라를 다시 찾아야죠!!"

시아버지와 남편은 먼저 만주로 떠났고, 윤희순은 집안을 정리하고 만주로 따라갔어. 그때 윤희순은 51세였는데, 낯선 땅 만주의 생활은 정말 힘들었어. 낮에는 황무지를 개간해서 농사를 짓고, 밤에는 군사 훈련을 했어. 추위와 가난에 시달렸지만 윤희순은 포기하지 않았지. 여성들을 모아 학교를 세워 글과 역사를 가르치고, 마을 사람들에게는 일본에 맞서는 노래를 퍼뜨렸어. 시아버지 유홍석이 세상을 떠나고 남편 유제원마저 죽자 윤희순은 혼자가 되었지만 자식들을 독립운동가로 키우는 데 모든 힘을 쏟았어. 아들 유돈상은 '조선독립단'을 조직해 항일운동을 펼쳤고 3·1운동의 영향을 받아 만주 지역에서 독립운동을 이끌기도 했어. 그리고 조선독립단 학교를 세워서 독립운동가들을 길러냈지. 며느리, 조카까지 온 가족이 함께 싸워서 사람들은 이들을 '가족 부대'라 불렀어. 1935년 아들 유돈상이 일제에 잡혀서 순국했고 아들이 죽은 지 10여 일 후 윤희순도 조국 광복을 보지 못한 채 이국땅에서 76세로 세상을 떠났어.

윤희순은 3대에 걸쳐 40년간 독립운동을 했어. 여성의 몸으로 의병을 일으키고 만주에서 끝까지 조국 광복을 위해 노력했지. 그녀의 삶은 '나라를 구하는 데 남녀의 구별이 없다'는 믿음을 실천한 위대한 여정이었어. 오늘날 우리가 당연하게 생각하는 남녀평등과 여성의 권리도 윤희순 의병장 같은 분들의 희생이 있어서 가능한 거야. 그분의 용기와 의병 정신은 약 100년이 지난 지금도 우리에게 큰 감동을 주고 있어.

1. 윤희순의 생애를 순서대로 써 보자.

> ㉠ 순국   ㉡ 을미사변   ㉢ 안사람 의병가 작사   ㉣ 일본군 격퇴
> ㉤ 600명 의병대 조직   ㉥ 의병 급식 제공   ㉦ 만주 이주(1910)
> ㉧ 조선독립단 활동

2. 윤희순이 조직한 여성 의병대의 이름은?

3. 윤희순의 독립운동이 갖는 역사적 의의를 여성사 관점에서 정리해 보자.

 더 알고 싶어 119

📖 도서   ▷ 영상   🔍 사이트

📖 『**의병장 희순**』 (권숯돌, 휴머니스트, 2020)
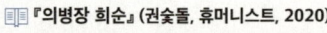
총으로 싸운 조선 최초의 여성 의병장 윤희순 삶과 투쟁을 이야기하는 만화책이야.

▷ **나의 독립영웅 윤희순** (대한민국 역사박물관)
대한민국 역사박물관에서 만든 영상으로 배우 이태란이 여성 의병장 윤희순의 삶과 투쟁을
생생하게 전달해 주는 영상이야.

🔍 **근현대사기념관**
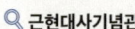
근현대사기념관의 VR 전시관에서 독립운동 100주년 기념 특별전 '나는 의병입니다. 그리
고 독립군입니다.'를 볼 수 있어.

일본은 우리나라를 어떻게 통치했을까?

일제의 식민통치 정책

일제강점기 학교에서 교사들이 허리에 칼을 차고 교실에 들어왔다는 사실, 믿어지니?
지금은 상상도 할 수 없는 일이지만 당시에는 일본인 교사와 친일파 조선인 교사들이 실제로
칼을 차고 학생들을 가르쳤어. 도대체 왜 선생님이 칼을 차고 교실에 들어왔을까?

학습 키워드 #무단통치 #문화통치 #민족말살정책
교과 연계 중3 2학기 > 역사(한국사) > Ⅵ 근·현대 사회로의 전환

무단통치, 총과 칼로 겁을 주다

일본이 1910년 우리나라를 강제로 빼앗은 후 실시한 무단통치는 말 그대로 폭력과 공포로 조선인들을 억압한 가혹한 통치였어. 조선총독부를 설치하고 군인 출신을 총독으로 임명해서 행정, 입법, 사법, 군사권을 모두 한 사람에게 집중시켰지. 헌병경찰제를 실시해서 헌병들이 경찰 업무까지 담당하게 했는데, 이들은 재판도 없이 3개월까지 감옥에 보낼 수 있는 즉결처분권까지 가지고 있었어. 더욱 놀라운 것은 일반 공무원과 학교 교사들까지 제복을 입고 허리에 칼을 차게 했다는 점이야.

당시 평양의 한 시장에서 장사를 하던 김씨 할아버지에게 일본 헌병이 "조선말 하지 말고 일본어로 말해!"라고 하자 "나이가 많아 일본어를 배우기 어렵다"고 했다가 그 자리에서 곤봉으로 맞는 일이 벌어졌

↑ 칼을 찬 교사 (세종포스트)

어. 이처럼 거리 어디서나 칼을 찬 일본인을 볼 수 있었으니까 조선 사람들이 얼마나 공포에 떨며 살았을지 상상할 수 있지?

일제는 언론과 출판의 자유를 완전히 박탈했어. 조선인들이 발행하던 거의 모든 신문을 폐간시켰고 우리 역사를 다룬 책이나 잡지 출간도 금지했어. 정치 단체는 물론 학회조차 해산시켜 조선인들이 모이는 것 자체를 막으려고 했지. 교육 분야에서도 차별이 극심했는데, 일본어 위주로 교과목을 편성하고 조선인에게는 고등교육 기회를 거의 주지 않았어. 서울의 한 사립학교에서는 조선사를 가르치던 선생님이 "우리나라 역사를 제대로 알아야 한다"고 말했다가 일본 경찰에 끌려가 고문을 당했고 학교는 결국 폐교되었어.

이 시기 우리 민족은 자유롭게 말하고 모이고 배울 권리를 완전히 빼앗긴 채 일제의 무력통치 아래 신음해야 했어.

문화통치, 달콤한 거짓말로 속이다

1919년 3·1운동으로 큰 충격을 받은 일본은 통치 방식을 바꿔서 이른바 '문화통치'를 실시했어. 새로 온 사이토 총독은 "조선의 문화를 존중하고 조선인의 행복을 위해 일하겠다"며 부드러운 정책을 펼치는 척했어. 헌병경찰제를 보통경찰제로 바꾸고 공무원과 교사들의 칼 차기도 금지했지. 조선일보, 동아일보 같은 한글 신문 발행도 허락했어. 하지만 이는 모두 조선인들을 속이려는 가짜 정책이었어. 헌병을 경찰로 바꾸기만 했을 뿐 경찰관 수는 오히려 3배나 늘렸고 고등경찰제와 치안유지법을 만들어 독립운동에 대한 감시와 탄압을 더욱 강화했거든.

〈동아일보〉에서 일하던 기자가 "조선인 학생들이 일본인 학생들보다 성적이 우수하다"는 기사를 썼는데, 일본 총독부는 이 기사가 "민족적 우월감을 조장한다"며 신문을 3개월간 정간시켰어. 이처럼 신문은 심한 검열을 받아야 했고 기사가 삭제되거나 신문이 압수되는 일도 자주 일어났어.

지방 자치 제도 실시한다고 했지만 실제로는 일본인과 친일파들만 참여할 수 있는 허울뿐인 기구였어. 문화통치는 조금의 자유를 허용해서 일제에 협력하는 사람들을 늘리면서 독립운동은 더욱 잔혹하게 탄압하는 '이간질 정책'이었지. 이런 거짓 유화책에 속은 일부 지식인들은 "민족을 개조하자", "자치를 하자" 같은 말을 하며 독립운동 전선을 분열시키는 역할을 했어. 겉으로는 달콤해 보이지만 실제로는 더 교묘하고 위험한 통치 방식이었던 거야.

민족 말살 정책, 조선인을 일본인으로 바꾸려 하다

1931년 만주 침략과 1937년 중일전쟁을 시작한 일본은 우리나라를 전쟁 물자와 인력을 공급하는 기지로 만들려는 민족 말살 정책을 펼쳤어. 1938년 국가총동원법을 제정해 사람과 물건을 마음대로 빼앗을 수 있게 했고 지원병제(1938), 학도지원병제(1943), 징병제(1944)를 차례로 실시해서 1945년까지 20만 명이 넘는 우리나라 젊은이들을 전쟁터로 끌고 갔지. 평안북도의 한 농촌 마을에서는 마을 청년 30명 중 25명이 강제로 전쟁에 끌려갔는데, 남은 건 노인과 여자, 어린이뿐이었어. 어

↑ 강제로 끌려간 '일본군 위안부' (미국국립문서기록관리청)

떤 어머니는 아들이 끌려가는 걸 막으려다 일본 헌병에게 매를 맞아 중상을 입기도 했어.

　　1939년부터는 국민 징용령으로 젊은 사람들을 광산이나 공장에서 노예처럼 일하게 했고 여자정신대 근무령으로 여성들을 군수 공장에서 강제로 일하게 했어. 이 중 일부는 '일본군 위안부'로 끌려가 말할 수 없는 고통을 겪어야 했지. 물적 수탈도 극에 달했는데, 공출 제도로 무기 제조에 쓸 수 있는 금속이라면 놋그릇, 농기구, 심지어 절의 불상까지도 모두 가져갔어. 전라남도의 한 농부는 1년 동안 열심히 농사를 지었는데 수확한 쌀의 90%를 일본에 바쳐야 했고, 가족들은 보리와 조로 연명하다가 겨울에는 먹을 것이 없어서 나무껍질을 벗겨 죽을 끓여 먹어야 했지.

더욱 심각한 것은 우리 민족의 정신과 문화까지 완전히 없애려 한 황국 신민화 정책이었어. 1937년부터는 학생과 일반인 모두에게 황국 신민 서사를 외우도록 강요했고, 전국 모든 읍과 면에 신사를 세워 참배를 강요했어. 서울의 한 국민학교에서는 매일 아침 학생들이 "나는 대일본제국의 신민입니다. 나는 황국신민의 이름에 부끄럽지 않게 몸과 마음을 바쳐 충성하겠습니다"라는 황국신민 서사를 외워야 했는데, 한 학생이 이걸 외우기 싫어하자 선생님이 뺨을 때리며 "너는 일본인이다!"라고 소리치기도 했어.

1938년에는 학교에서 한국어를 선택 과목으로 만들어 사실상 우리말 사용을 금지했고 1939년에는 창씨개명으로 우리의 성씨와 이름까지 일본식으로 바꾸게 했어. 경상도의 한 농촌 마을에서는 면사무소 직원이 와서 "일본 이름으로 바꾸지 않으면 자녀가 학교에 갈 수 없고 배급도 받을 수 없다"고 협박해서 어쩔 수 없이 김씨 집안이 '기무라', 이씨 집안이 '이와모토'로 이름을 바꿔야 했어.

씻을 수 없는 상처와 고통을 준 일제

일제강점기 35년간의 통치는 우리 민족에게 헤아릴 수 없는 고통을 안겨주었어. 수백만 명의 사람들이 강제로 고향을 떠나야 했고 그 중 상당수는 다시 돌아오지 못했어. 우리나라의 모든 자원을 빼앗아 갔고 우리말과 우리글 사용, 우리 이름을 빼앗으며 우리 문화와 정체성을 파괴하려 했지. 친일파를 양산하는 정책으로 우리 사회에 깊은 분열과 상처를 남겼고, 이런 문제들은 해방 후에도 오랫동안 이어졌어. 일제강점기는 단순히 정치적 독립을 잃은 시기가 아니라 우리 민족의 생명과 재산, 문화와 정신까지 모든 것을 빼앗기고 파괴당한 참혹한 시대였어.

1. 다음 빈칸을 채워 연표를 완성해 보자.

> ① 1910~1919: ○○통치 – 헌병경찰제
> ② 1919~1931: ○○통치 – 3·1운동 이후 유화책
> ③ 1931~1945: ○○○○정책 – 침략 전쟁과 함께 시작

힌트 초성 ① ㅁㄷ, ② ㅁㅎ, ③ ㅁㅈㅁㅅ

----

2. 일제가 1939년에 실시한 우리의 성과 이름을 일본식으로 바꾸게 한 정책의 이름은?

----

3. 일제의 문화통치가 기만적인 이유를 구체적 사례를 들어 적어 보자.

 더 알고 싶어 119　　　　　　　　　　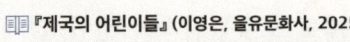　📖 도서　▷ 영상　🔍 사이트

📖 **『제국의 어린이들』** (이영은, 을유문화사, 2025)
국내 최초로 소개되는 일제 강점기 어린이들의 수필이야. 조선에서 살게 된 일본 아이들과 토박이 조선 아이들의 삶을 엿볼 수 있어.

▷ **무단통치 VS 문화통치 뭐가 더 악랄할까? (사피엔스 스튜디오)** 큰별쌤 최태성 선생님이 친절하게 알려주는 문화통치와 무단통치 이야기야. 꼭 봤으면 좋겠어.

🔍 **국립일제강제동원역사관** 상설 전시관과 온라인 전시관에서 일제 강점기 민족말살 정책으로 펼쳐진 강제 동원의 역사를 자세하게 볼 수 있어.

홍범도 장군은 봉오동 전투를 어떻게 승리로 이끌었을까?

홍범도 장군과 봉오동 전투

"홍 대장 가는 길에는 해와 달이 밝은데 왜적 군대 가는 길에는 눈과 비가 내린다!"
1900년대 초 함경도 주민들이 부르던 민요 속 '홍 대장'은 가난한 머슴에서 시작해 일본군이
'나는 의병대장', '비장군'이라고 두려워했던 전설적인 독립군 지휘관이야.

학습 키워드 #홍범도 #봉오동전투 #대한독립군 #홍범도유해송환
교과 연계 중3 2학기 > 역사(한국사) > Ⅵ 근·현대 사회로의 전환

포수 출신, 산을 전장으로 바꾸다

홍범도는 1868년 평안도의 가난한 농가에서 태어나 어머니는 영양실조로 홍범도를 낳은 지 일주일 만에 세상을 떠났고 아버지도 홍범도가 9살 때 병으로 죽었어. 『심청전』처럼 아버지는 갓난아기 홍범도를 품에 안고 이집 저집 돌아다니며 동네 아주머니들에게 젖을 얻어 먹여가며 키웠대.

부모를 잃고 가난한 삼촌 집에 맡겨진 홍범도는 어린 나이부터 머슴살이를 했어. 임오군란 때 나이를 속여 군대에 들어갔지만 부패한 군대에 실망해 나와 떠돌이 생활을 시작했어. 하루 벌어 하루를 살던 그는 금강산의 한 절에 들어가 주지 스님에게 글을 배우고 역사를 공부하면서 이순신 장군과 의병들의 이야기를 들으며 애국심을 키워 갔지.

↑ 홍범도 장군

절을 나온 홍범도는 함경도 북청에서 사냥꾼이 되어 뛰어난 총솜씨와 리더십으로 포수들의 대장이 되었어. 1907년 일본이 고종을 퇴위시키고 군대를 해산시키며, 민간인의 총을 빼앗는 법을 만들어 포수들의 생계가 막막해지자, 홍범도는 본격적인 의병활동을 시작했어. 산을 잘 아는 포수들로 구성된 홍범도 의병대는 빠른 기동력과 정확한 사격으로 일본군을 괴롭혔지.

일제도 홍범도 가족을 인질로 잡고 항복을 요구했어. 결국 아내는 고문 끝에 감옥에서 죽었고, 두 아들도 모두 목숨을 잃었어. 가족을 모두 잃는 홍범도는 굴복하지 않고, 일본군과 37번의 전투를 벌여 모든 의병 부대 중 최다 기록을 세웠어.

1910년 무기 부족으로 어려움을 겪던 홍범도는 만주로 망명했어. 1919년 3·1운동 후 '대한독립군'을 창설해 총사령관이 되어 국경지역에서 일본군을 연속 공격해 70명을 죽이고 계속 승리를 거두었어.

봉오동 대첩, 독립군 역사상 최초의 대승리

1920년 6월, 여러 번 패한 일본군이 대규모 작전으로 홍범도 부대가 있던 봉오동을 공격해 왔어. 홍범도는 최진동, 안무 등 다른 독립군들과 연합 작전을 준비했어. 봉오동 주변 산에 매복한 독립군 연합부대는 일본군을 포위해 기습 공격을 했고, 3~4시간의 치열한 전투 끝에 일본군 450명의 죽여 큰 승리를 거두었어. 이건 독립군이 일본 정규군과 싸워 이긴 최초의 큰 승리였고, 임시정부는 특별신문을 발행해 이 소식을

십리평

봉오동 전투 지역

서대파

봉오동

옌지(연길)

투먼(도문)

훈춘(혼춘)

삼둔자

워룽(와룡)

어랑촌

허룽(화령)

회령

직소택

청산리

두만강

해란강

청산리 전투 지역

⊚doopedia.co.kr

↑ 봉오동 대첩과 청산리 대첩

전 세계에 알렸어.

봉오동에서 크게 진 일본군은 1만 5천 명의 대병력으로 보복 공격에 나섰어. 홍범도는 김좌진의 북로군정서와 연합해 백두산 쪽으로 이동했고, 청산리에서 6일간 벌어진 전투에서 또다시 큰 승리를 했어. 이게 바로 청산리 대첩이야!

하지만 일제는 잔혹한 보복으로 간도 참변을 일으켜 무고한 우리 동포들을 대학살했어. 이를 피해 독립군들은 러시아의 자유시로 이동했지만, 러시아의 배신과 독립군 내부 갈등으로 자유시 참변이라는 비극을 겪었지. 많은 독립군이 사망하거나 무장해제를 당했어. 가족과 부하들을 모두 잃은 홍범도는 어쩔 수 없이 소련군에 들어갔지만 독립운동을 포기하지 않았어. 레닌에게 독립군 지원을 부탁하고 국제회의에 참가하며 조국 광복의 희망을 놓지 않았어. 1937년 소련은 일본과의 마찰을 피하려고 연해주의 한인들을 중앙아시아로 강제 이주시켰고, 1943년 홍범도는 카자흐스탄에서 76세의 나이로 파란만장한 생을 마쳤어.

민족의 장군 홍범도

머나먼 타국 땅에서 눈을 감았지만, 홍범도 장군의 조국 사랑과 굽히지 않는 정신은 오늘날까지도 우리에게 큰 감동을 주고 있어. 2019년 영화 〈봉오동 전투〉는 홍범도가 이끈 독립군의 활약을 생생하게 그려내 감동을 주었어. 2025년에는 〈독립군 끝나지 않는 전쟁〉이 제작되어 만주에서의 치열한 독립투쟁을 다뤘지. 이런 영화들로 젊은 세대들도 홍범도 장군의 불굴의 정신과 조국 사랑을 알아 가고 있어.

또 다큐멘터리, 뮤지컬, 연극 등 문화 콘텐츠에서도 홍범도 장군의 삶과 정신이 계속 전해지고 있어. 특히 청소년들을 위한 역사 교육 프로그램에서 홍범도 장군의 이야기는 빠지지 않고 중요하게 다뤄. 이런 끊임없는 관심과 노력의 결실로 2021년에 홍범도 장군의 유해가 78년 만에 고국으로 돌아와 국립대전현충원에 안장되었어.

나라를 위해 모든 것을 바친 홍범도 장군의 삶은 진정한 영웅이 무엇인지를 보여주고 있어. 홍범도 장군의 정신이 이렇게 후세에 전해지는 건 여전히 우리 곁에 살아 숨쉬는 영웅이기 때문일 거야.

1. 다음의 초성 암호를 풀어 보자.

> ① ㅂㅇㄷ ㄷㅊ: 홍범도가 일본군을 크게 물리친 1920년 6월의 전투
> ② ㅊㅅㄹ ㄷㅊ: 김좌진과 연합해 벌인 1920년 10월의 대승

2. 홍범도 장군이 창설한 독립군 부대의 이름은?

3. 홍범도 의병부대가 다른 의병부대보다 뛰어난 활약을 할 수 있었던 이유를 적어 보자.

더 알고 싶어 119   📖 도서 ▶ 영상 🔍 사이트

📖 『**선생님, 홍범도 장군이 누구예요?**』 (김삼웅, 철수와 영희, 2025)
우리가 왜 홍범도 장군을 알아야 하는지 친절하게 설명해 주는 책이야, 꼭 읽어봤으면 좋겠어.

📖 **홍범도를 기억하여 기록하다 (MBC)**
3·1운동, 대한민국 임시정부 수립 100주년을 기념해 특별히 제작한 영상으로 영화 〈봉오동 전투〉에 출연했던 유해진 배우가 나레이션으로 참여한 영상이야. 홍범도 장군을 생생하게 만날 수 있어.

🔍 **홍범도장군기념사업회**
홍범도 장군 기념사업회 홈페이지로 홍범도 장군의 어린시절부터 최근 유해 송환까지 자세하게 공부할 수 있어. 자료실에서 사진, 영상, 노래, 학술자료를 감상해 보자.

남자현은 왜
세 손가락을 잘랐을까?

독립군의 어머니 남자현

"아들아, 이 돈을 독립 축하금으로 바치도록 해라. 만약 네가 독립을 보지 못하거든 네 자손에게
똑같이 유언을 남기어라." 마지막 숨이 닿는 순간까지도 조국을 먼저 떠올린 사람이 있어.
세 손가락을 잘라 혈서를 쓰며 독립 의지를 불태운
'독립군의 어머니' 남자현의 감동적인 이야기를 들어보자!

학습 키워드　#남자현 #독립군의어머니 #영화암살 #여성독립운동가
교과 연계　　중3 2학기 > 역사(한국사) > Ⅵ 근·현대 사회로의 전환

의병의 아내에서 독립투사로

2015년 영화 '암살'로 많은 사람들이 여성 독립운동가에 대해 관심을 갖게 되었어. 이 영화에서 배우 전지현이 열연한 독립군 저격수 '안옥윤'은 바로 남자현 지사를 모티브로 만들어진 캐릭터야. 영화 속 안옥윤의 강한 의지와 조국 사랑은 실제 남자현의 삶에서 영감을 받았지.

↑ 독립투사 남자현

남자현은 1872년 경상북도 안동의 부유한 집안에서 태어나 아버지에게 한글과 한문 교육을 받으며 공부했어. 유학 서적도 폭넓게 읽으며 지식을 쌓아갔지. 19세

에 같은 안동 출신인 김영주와 혼인했지만, 을미사변 후 남자현의 남편은 의병으로 싸우다 전사했어. 일본에 분노가 끓어 올랐지만 홀로 시부모와 아이를 돌보며 생계를 꾸렸고 시부모님을 극진히 모셔 효부상까지 받았어.

남편을 잃은 지 23년 후인 1919년, 남자현의 인생 항로를 완전히 바꾼 3·1운동이 일어나. 온 민족이 들고일어나 "대한독립만세!"를 부르짖는 걸 보며 남자현은 일제에 맞서 남편의 원수를 갚고 조국을 되찾을 때가 왔다고 확신했어.

마흔여덟의 나이에 남자현은 아들과 함께 압록강을 건너 만주로 향했어. 편하게 효도를 받을 나이였지만 조국 해방이라는 큰 꿈을 안고 낯선 땅으로 떠난 거야.

독립군들의 어머니 같은 존재

만주에서 서로군정서에 들어간 남자현은 상처 입은 대원을 돌보고, 먹을 것과 약을 마련하고, 숨어든 독립군에게 잠자리까지 내주었어. 특히 젊은 독립군 대원들이 남자현을 많이 따랐는데, 부상당하거나 병든 독립군들을 친어머니처럼 보살펴 주었기 때문이야. 청산리 전투 뒤 발이 얼고 몸이 상한 대원들을 항아리에 따뜻한 물로 치료하는 장면은 지금도 전해지지. 그래서 모두가 그를 '독립군의 어머니'라고 불렀어.

남자현은 여성계몽운동도 벌였어. 여자교육회를 조직하고 교회도 세워 여성들의 의식을 일깨우는 데 힘썼어. 또 흩어져 있는 독립운동 조직들을 뭉치게 하려고 직접 발로 뛰어다녔어. 해외 각지의 독립운동 진영이 이념으로 갈라지는 모습을 보며 남자현은 가슴이 미어졌어. "우리가 하나로 뭉쳐야 이긴다." 두 차례에 걸쳐 손가락을 잘라 혈서를 써 보

↑ 남자현의 가족 사진

냈어. 피로 적은 글은 말보다 멀리, 더 깊이 박히지. 그래서 사람들은 그를 '세 손가락의 여장군'이라고 불렀어. 얼마나 절절한 마음이면 자신의 손을 망가뜨리면서까지 조국 해방 의지를 표현했을까?

무력투쟁의 최전선으로

독립군을 후원하던 남자현은 이제 직접 총을 쥐고 무력 항쟁에 뛰어들었어. 1926년 4월, 마침 그날은 순종 황제의 장례식 날이었고, 남자현은 사이토 총독이 올거라 예상하고 기다렸지만, 송학선이 먼저 암살을 시도하면서 혜화동에 일본 경찰력이 대거 투되고 경비가 강화되었지. 남자현은 암살 계획을 포기하고 아쉬움을 뒤로한 채 만주로 되돌아가야 했어.

최후의 투쟁과 숭고한 최후

1932년 일본이 괴뢰 정부인 만주국을 세우자, 국제연맹이 실상 조사를 하려고 조사단을 파견했어. 남자현은 이것이 우리의 현실을 국제사회에 알릴 황금 같은 기회로 보고, 조선 독립을 바란다는 내용을 피로 써서, 잘린 손가락과 함께 조사단에 전달하려 했어. 하지만 아쉽게도 일제의 방해 공작으로 뜻을 실현하지 못했어.

1933년 2월, 하얼빈 외곽에 누더기 옷을 입은 여인이 서둘러 걸어가고 있었어. 바로 남자현이야. 만주국 건국 기념식에서 일본 대사를 처단할 계획이었거든. 하지만 계획이 누설되는 바람에 일본 경찰에 잡히고 말았어. 체포 될 때 그녀는 죽은 남편의 핏자국이 묻은 옷을 속에 입고 있었대. 얼마나 남편을 그리워하고 복수에 대한 의지가 강했는지를 보여주는 대목이야. 감옥에 갇힌 남자현은 잔혹한 고문을 받았고 몸이 극도로 쇠약해져 석방되었지만 끝내 회복하지 못하고 62세에 세상을 떠났어.

마지막 순간에도 남자현은 아들에게 중국 돈 200여 원을 건네며 "우리나라가 해방되면 광복 축하금으로 헌납해 달라."고 당부했어.

유언이 실현된 감격의 순간

1946년 3.1절 기념행사에서 특별한 의식이 거행되었어. 김구 등 저명한 독립운동가들이 참석한 가운데 남자현이 남긴 광복 축하금이 대한민국 임시정부에 전달된 거야. 이 광경은 많은 이들에게 감동을 주었어. 나이 들어 여성의 몸으로 무력 항쟁에 나선 남자현 선생. 근래에 와서야 그녀를 포함한 여성 독립운동가들의 업적이 새롭게 재평가받고 있어. 우리는 나라를 되찾기 위해 평생을 바친 수많은 여성 독립운동가들의 존재를 반드시 기억해야 해.

1. 남자현이 혈서를 쓰기 위해 두 손가락을 자른 후 어떻게 불렸는가?

----

2. 남자현이 가입한 만주의 독립군 부대 이름은?

----

4. 남자현의 독립운동이 갖는 여성사적 의의를 정리해 보자.

 더 알고 싶어 119　　　　　　　📖 도서　▷ 영상　🔍 사이트

📖 **『총을 든 여성 독립운동가, 남자현』** (김재복, 꼬마이실, 2018)
만주에서 항일 무장 독립운동에 참여한 여성 독립운동가 남자현의 알려지지 않은 숭고한
삶과 희생 이야기를 담은 책이야.

📖 **나의 독립 영웅 남자현 (KBS 역사저널 그날)**
대한민국역사박물관에서 제작한 〈나의 독립 영웅〉 시리즈로 남자현의 삶과 투쟁을 사실
적으로 재현한 영상이야.

▷ **한국여성독립운동연구원**
남자현을 비롯한 여성 독립운동가의 독립운동역사를 공부 할수 있는 사이트야.

우리 동포들은
왜 해외로 떠났을까?

해외 동포 이주민의 삶

1월 13일이 무슨 날인지 알아? 바로 '미주 한인의 날'이야.
1903년 그날, 첫 한인 이민자들이 하와이에 발을 디뎠지. 그런데 우리 조상들은 왜 고향을
떠났을까? 낯선 땅에서 어떻게 버텼을까? 지역별 이야기를 따라가 보자.

학습 키워드 #해외동포 #간도참변 #연해주 #하와이
교과 연계   중3 2학기 〉 역사(한국사) 〉 Ⅵ 근·현대 사회로의 전환

만주(간도): 생존과 독립의 전진기지

19세기 말부터 조선 백성들은 기근과 가난 그리고 가혹한 수탈을 피해 만주 땅으로 향했어. 특히 함경북도와 평안북도 지역 주민들이 두만강과 압록강을 넘나들며 새로운 삶터를 개척해 나갔어. 만주에서 우리 선조들이 겪은 고생은 말로 다 표현하기 어려울 정도야. 현지인들의 차별과 박해를 견디면서도 맨손으로 거친 땅을 일구어 농경지로 만들었어. 한 이주민의 수기에는 이런 절절한 기록이 남아있어.

"논밭을 새로 만드는 것은 정말 죽을 고생이었다. 우리는 먼저 황무지를 밭으로 만들어야 했다. 겨우 잡곡밥 한 그릇 정도만 먹을 수 있었기에 늘 배가 고프고 힘이 없었다."

그러나 우리 동포들은 절망하지 않고 차츰 한인 마을을 만들었고

1910년 이후에는 많은 독립투사들이 만주를 항일 무장투쟁의 기지 삼아 활동했어. 1920년대에는 간도 참변과 미쓰야 협정으로 엄청난 피해를 입었지만 굴복하지 않고 꿋꿋하게 버텨냈지. 1930년대 일본이 만주 전체를 장악한 뒤에는 강제 이주까지 겪었지만 광복 이후 중국 공산당에게 공헌을 인정받아 1952년 연변 조선족 자치구를 세울 수 있었어.

연해주: 꿈과 추방이 교차한 땅

러시아 연해주 역시 19세기 중반부터 우리 민족이 정착하기 시작했어. 시간이 흐르면서 한인 집단 거주지가 만들어졌고 1910년대 독립운동가들이 모이며 치열한 독립투쟁이 펼쳐졌지. 대한광복군 정부 등이 이 지역에서 활발하게 활동했어.

러시아 혁명 이후 한인들은 '카레이스키(고려인)'라는 이름으로 소련 국민이 되었어. 한때 약 30만 명 가까운 한인들이 연해주에 터를 잡고 살았지. 그런데 1937년 소련이 일본과의 전쟁을 대비하면서 한인들이 일본의 간첩 활동을 할지 모른다는 걱정과 중앙아시아 개발이라는 명목으

↑ 중앙아시아로 이동한 경로

로 약 20만 명의 한인을 중앙아시아로 강제 이주시켰어.

우즈베키스탄과 카자흐스탄 등지로 흩어진 한인들은 또다시 백지 상태에서 메마른 땅을 개간해 농토로 바꾸며 성공적으로 뿌리를 내렸어. 참으로 놀라운 적응력과 인내심이야.

일본: 노동과 차별, 그리고 연대

19세기 말 일본 이주 초기에는 유학생들이 주를 이뤘어. 그러나 1차 세계대전으로 일본 산업이 커지자 조선의 청년들이 일거리를 찾아 일본으로 건너갔어. 공장, 광산, 항구에서 장시간 노동을 하고 낮은 임금을 받았어. 일본에서 우리 동포들의 생활은 정말 처참했어. 주요 공업 지역으로 이주하여 도시 변두리 빈민가에 거주하며 차별과 천대 속에서 고된 노동자로 살아야 했거든.

1923년 간토 대지진 때 참혹한 일이 일어났어. 사회가 혼란스러운 틈을 타서 "조선인들이 폭탄과 독을 가지고 다니며 불을 지르고 우물에 독을 풀었다"는 악의적인 유언비어가 퍼졌어. 이 때문에 약 6,000명의 우리 동포가 잔인하게 살해당했어. 그럼에도 유학생들과 많은 한인들은 사상조직이나 노동조직을 만들어 서로를 보호하고 국내 독립운동 세력과 손을 잡았어. 1930년대 이후에는 강제 동원으로 많이 끌려갔고, 그 중 일부는 해방 후에도 일본에 머물러 재일동포 공동체를 구성했어.

미주: 하와이 사탕수수밭에서 시작된 길

1903~1905년 사이 하와이로 7천여 명이 이주했어. 하지만 그들은 노예나 다름없는 대우를 받았어. 농장에서 하루 16시간 혹독하게 일했지만 임금은 매우 낮았어. 나중에는 더 나은 삶을 찾아 미국 서부, 멕시코, 쿠

↑ 하와이 사탕수수 농장에서 일하는 이민자들

바 등으로 다시 이주하기도 했어.

미주의 한인들은 서로 뭉치며 조국의 독립운동을 적극적으로 후원했어. 이승만, 안창호 같은 지식인들이 한인 공동체의 지도자로 활동했지. 미주 한인들은 구미 위원부를 중심으로 외교 활동을 했고, 독립의연금과 공채금을 모금해 각지의 독립운동을 지원했어. 안창호는 대한인국민회를, 박용만은 대조선국민군단과 대조선독립단을 조직해 활동했어.

숨은 독립운동가, 해외 동포들의 값진 헌신

해외로 떠난 우리 동포들 중에서 가장 감동적인 것은 극심한 노동 착취와 차별 속에서도 조국의 광복을 위해 소중한 돈을 모아서 보낸 이야기야. 하와이 사탕수수 농장에서 하루 16시간씩 힘든 노동을 하던 한인 노동자들은 한 달 임금이 겨우 16달러 밖에 안 되었는데도 그중 몇 달러씩 모아 독립자금으로 보냈어. 만주와 연해주의 농민들도 황무지를 개간하느라 손과 발이 다 터져가면서도 추수가 끝나면 곡식을 팔아서 독립군 활동비로 헌납했어. 일본으로 건너간 노동자들은 공장에서 12시간씩 일하며 받은 돈을 푼푼이 모아 상해 임시정부나 만주 독립군 부대에 전달했어. 해외 동포들은 총을 들고 싸우지는 않았지만, 자신들의 피와 땀으로 번 돈을 조국 해방을 위해 기꺼이 바친 '숨은 독립운동가'들이었어. 역사학자들은 '해외 동포들의 경제적 후원이 없었다면 독립운동이 그토록 오랫동안 지속되기 어려웠을 것'이라고 평가해.

1. 해외동포와 관련한 적합한 낱말을 넣어 보자.

> 1) 1903년 최초 한인 이민지 (3글자) _____
>
> 2) 중국의 조선족 자치주 (2글자) _____
>
> 3) 강제 이주당한 러시아 한인들 (3글자) _____

2. 일제강점기 해외 동포들이 독립운동에 기여한 방법을 지역별로 적어 보자.

----

3. 해외 이주 한인들의 삶의 특징과 역사적 의미를 정리해 보자.

 더 알고 싶어 119 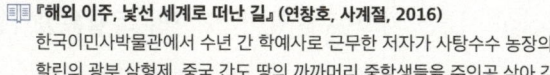 📖 도서　▷ 영상　🔍 사이트

📖 『**해외 이주, 낯선 세계로 떠난 길**』 (연창호, 사계절, 2016)
한국이민사박물관에서 수년 간 학예사로 근무한 저자가 사탕수수 농장의 소년 노동자, 사할린의 광부 삼형제, 중국 간도 땅의 까까머리 중학생들을 주인공 삼아 각 지역의 이주 역사를 들려주는 책이야.

▷ **하와이 이민사 (YTN KOREAN)** 1902년 12월에 떠나서 1903년 1월 13일에 하와이에 도착한 조선인 102명으로 시작한 하와이 이민의 역사를 다룬 영상이야.

🔍 **한국이민사박물관** 한국이민사박물관은 2003년에 개관한 우리나라 최초의 이민사 박물관으로 근대 이후 우리나라 이민의 역사를 한눈에 볼 수 있는 곳이야.

친일파 청산은 왜 이루어지지 않았을까?

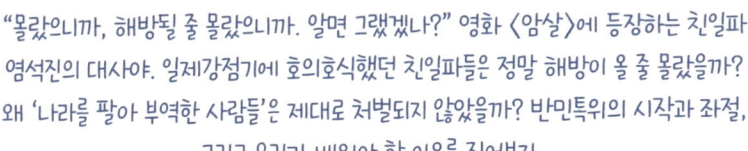
반민특위 활동과 친일파 청산 좌절

"몰랐으니까, 해방될 줄 몰랐으니까. 알면 그랬겠나?" 영화 〈암살〉에 등장하는 친일파 염석진의 대사야. 일제강점기에 호의호식했던 친일파들은 정말 해방이 올 줄 몰랐을까? 왜 '나라를 팔아 부역한 사람들'은 제대로 처벌되지 않았을까? 반민특위의 시작과 좌절, 그리고 우리가 배워야 할 이유를 짚어보자.

학습 키워드 #친일파 #반민족행위처벌법 #친일인명사전
교과 연계 중3 2학기 > 역사(한국사) > Ⅵ 근·현대 사회로의 전환

광복 이후, 친일파 처벌을 외치는 민중의 함성

1945년 8월 15일 해방과 동시에 거리마다 "친일파를 처벌하라!"는 외침이 퍼졌어. 일본에 빌붙어 같은 민족을 괴롭혔던 민족 반역자들을 그냥 놔둘 수 없다는 화난 민심이 들끓었거든. 그런데 미군정은 친일파들을 계속 활용했어. 조선총독부의 행정 시스템과 관료를 그대로 유지하는 게 통치하기 편하다고 판단했거든. 일제강점기에 경찰 고위직이었던 사람들이 해방 이후에도 여전히 경찰서장을 맡고, 친일 관료들이 계속해서 행정업무를 담당하는 황당한 상황이 벌어졌어. 국민들의 분노는 치솟았지만 즉시 친일파 청산이 이루어지지는 않았어. 오히려 독립운동가들에게 '공산주의자'라는 누명을 씌워 감옥에 가두고, 친일파들은 '반공'을 앞세워 기존 권력을 유지하는 어이없는 현실이 펼쳐졌어.

친일파는 어떤 사람들이었을까?

친일파를 이해하려면 먼저 유형을 알아야 해.

↑ 이완용

- **정치적 친일파**: 을사늑약, 정미칠조약, 한일병합조약 등에 직접 관여해 국권을 일본에 넘겨준 사람들이야. 이완용, 윤덕영, 이근택, 박제순 같은 사람들이 대표적이야. 이들은 나라를 판 대가로 큰 돈과 작위를 받았어.
- **행정적 친일파**: 총독부와 각 지방 행정기관에서 식민정책을 충실히 집행한 관리들이야. 도지사, 군수, 면장 등이 해당돼. 토지조사사업과 산미증식계획 등을 통해 농민들을 수탈하는 데 앞장섰어.
- **군사·경찰 친일파**: 헌병대, 경찰, 법원에서 독립운동가들을 체포하고 고문한 사람들이야. 노덕술 같은 고등계 형사들이 대표적인데, 이들의 손에 수많은 애국지사들이 고문받다가 목숨을 잃었어.
- **경제적 친일파**: 일제의 경제 수탈에 협력하며 부를 축적한 자본가들이야. 박흥식, 민대식은 일제에 군용기를 헌납하고 전쟁자금을 기부하며 돈을 벌었어.
- **문화·언론 친일파**: 신문, 잡지, 문학 작품으로 일본을 선전해 준 지식인들이야. 이광수, 최남선, 김동인 등이 친일 소설과 논문을 써서 국민 정신을 마비시켰어.
- **종교적 친일파**: 신사참배를 강요하고 황국신민화 정책에 협력한 종교인들이야. 이들은 종교의 이름으로 일본이 통치하는 게 정당하다고 했어.

반민특위, 늦었지만 희망의 불씨

1948년 제헌국회는 국민의 강력한 요청에 따라 〈반민족 행위 처벌법〉을 만들고, 법을 실행하려고 '반민족 행위 특별 조사 위원회(반민특위)'를 만들었어. 반민족 행위 처벌법의 핵심 내용을 보면 정말 강력했어. 제1조는 일본 정부와 공모하여 한일합병에 적극 협력한 자는 사형 또는 무기징역에 처하고 재산의 전부 혹은 2분의 1 이상을 몰수한다고 했고, 제3조는 독립운동자나 그 가족을 악의로 살상·박해한 자는 사형, 무기 또는 5년 이상의 징역에 처하고 재산의 전부 혹은 일부를 몰수한다고 규정했어. 반민특위는 국민의 열렬한 지지 속에서 활동을 시작했어.

반민특위가 잡아들인 대표적 친일파

반민특위는 민족을 배신한 상징적 인물들을 차례로 검거했어. 박흥식은 화신그룹 회장으로 일제에 비행기까지 헌납한 반민특위 검거 1호였어. 조선 최고의 부자였지만 적극적인 친일로 재산을 불렸던 인물이지. 노덕술은 독립운동가들을 잔인하게 고문한 악명 높은 고등계 형사였어. 수많은 애국지사들이 그의 손에서 고문받다가 목숨을 잃었어. 특히 '물고문', '전기고문', '손톱 뽑기' 등 온갖 잔혹한 방법으로 독립운동가들을 괴롭혔어. 반민특위가 노덕술을 체포했을 때 국민들은 환호했지

↑ 1948년 12월 8일 반민특위 재판 광경

만, 이승만 정부는 노덕술을 보호했어. 이승만은 '반공이 더 중요하다'며 친일 경찰들을 그대로 활용했거든. 결국 노덕술은 '증거 불충분'이라는 어이없는 이유로 풀려났고, 나중에는 경찰 고위직까지 올라가 호화롭게 살다가 생을 마쳤어.

이승만 정부의 방해 공작과 미국의 친일파 비호 정책

이승만 정부는 반민특위 활동을 방해했어. 친일파 처벌보다 자신의 권력을 위해 반공을 더 중요하게 생각했거든. 게다가 친일파들의 협력 없이는 정부 운영이 힘든 상황이었어. 이승만 정부는 여러 방법으로 반민특위를 방해했는데, 국회 프락치 사건에서는 반민특위 소속 국회의원들을 공산당과 연결되었다는 핑계로 구속시켰고 독립운동가를 고문한 혐의로 고위 경찰이 체포되자 일부 경찰들이 반민특위 사무실을 습격하는 사건까지 벌였어. 또 반민특위의 활동 기간을 대폭 줄여서 제대로 된 조사를 못하게 만들었어.

미국도 냉전 상황에서 친일파들을 보호하는 정책을 폈어. 소련과 중국에 맞서기 위해서는 일본과의 협력이 필요했고, 그러려면 친일파들을 처벌하면 안 된다고 생각했거든. 미국은 반민특위 활동을 '공산주의 선동'이라고 까지 했어. 이런 미국의 태도가 이승만 정부의 친일파 비호 정책에 힘을 실어주었지. 결국 반민특위에서 조사받던 대부분의 친일파들이 석방되었어. 박흥식도 '수면 부족과 신경쇠약'이라는 말도 안 되는 이유로 103일 만에 보석으로 나왔어.

친일파 청산, 정의를 바로 세우는 길

친일파 청산 실패는 한국 사회에 깊은 상처를 남겼어. 해방 후에도 일제강점기 기득권 세력이 그대로 권력을 유지하는 비정상적 구조가 만들어졌고, 독립운동가들은 가난에 시달리고 친일파들은 부와 권력을 유지 하는 모순된 현실이 계속되었어. 친일파 청산이 제대로 이루어지지 않아서 지금까지도 '일제강점기에 나라가 발전했다', '일본 덕분에 근대화되었다' 같은 반민족적 언행을 하는 사람들이 많고, 심지어 '위안부 할머니들 이 거짓말한다'는 말을 하는 사람들까지 있어.

다행히 2000년대 들어 『친일인명사전』을 편찬했고, '친일반민족행위진상규명위원' 활동을 통해 친일파의 실상이 밝혀지고 있어. 친일파 청산은 단순히 과거를 정리하는 게 아니라 우리 사회의 정의를 바로 세우고 올바른 가치관을 확립하는 중요한 일이야. 나라를 배신한 사람들이 벌 받지 않고 떵떵거리며 산다면, 나라를 위해 희생한 사람들의 의미는 무엇이 될까? 우리는 일제강점기에 누가 나라를 팔았고 누가 목숨을 바쳐 나라를 지키려 했는지를 정확히 알아야 하고, 그 역사를 후손들에게 제대로 전해야 해. 이것이 진정한 역사 교육이고 올바른 국가 정체성을 세우는 길이야.

1. 반민족 행위자들 설명에 적합한 낱말을 넣어 보자.

> 1) 친일파 처벌을 위한 특별위원회 (4글자)　　　　　_____
>
> 2) 매국의 대명사 인물 (3글자)　　　　　_____
>
> 3) 반민특위 체포 1호 (3글자)　　　　　_____
>
> 4) 을사늑약 찬성한 5명 (4글자)　　　　　_____

2. 반민특위 활동이 좌절된 이유를 구체적으로 적어 보자.

----

3. 친일파 청산 실패가 해방 후 한국 사회에 미친 영향을 정리해 보자.

 더 알고 싶어 119　　　　　📖 도서　▷ 영상　🔍 사이트

📖 **『친일파열전』 (박시백, 비아북, 2021)**
일제강점기에 친일반민족행위자들의 행태를 고발하고 친일파 청산이 왜 중요한지를 배울 수 있는 만화 형식의 '친일파 교과서' 같은 책이야.

▷ **반민특위 습격사건, 친일청산이 좌절되다 (KBS 역사저널 그날)**
반민특위에서 직접 활동했던 조사관들이 직접 경험한 반민특위 습격사건을 생생하게 증언하는 영상이야.

🔍 **민족문제연구소** 일제강점기 한 시대 다른 삶을 살았던 독립운동가와 친일파를 비교하는 웹툰을 볼 수 있어. 꼭 방문해 보길 바라.

역사의 흐름을 읽고 미래를 준비하는 전략가, 외교관

외교관은 다른 나라와의 관계를 조정하고 협력하며, 국가의 이익을 지키는 대표자로 활동하는 공무원이야.

역사와 어떻게 연결되나?

역사는 나라와 나라가 만나고 충돌하고 교류한 이야기의 흐름이야. 조선 시대 통신사가 일본에 다녀온 것도, 고려가 원나라와 관계를 맺은 것도, 대한민국 임시정부가 독립을 위해 세계 각국에 도움을 요청한 것도 모두 외교의 역사지. 과거의 외교가 어떻게 이루어졌는지 이해해야, 오늘날 우리가 일본·중국·미국과 어떤 관계를 맺어야 할지 판단할 수 있어. 즉, 외교관은 역사를 바탕으로 현재의 국제 관계를 읽고, 미래를 설계하는 사람이야.

외교관의 하루

Q. 외교관의 하루는 어떻게 시작되나요?

A. 아침에는 세계 뉴스와 각국의 정책 변화를 먼저 확인해. CNN, BBC 같은 외신도 보고, 상대국 언론도 직접 읽어봐. 국제 정세 파악은 외교관의 가장 기본적인 업무니까.

Q. 출근하면 어떤 일을 하나요?

A. 대사관이나 외교부에 출근해서 우리나라와 상대국의 협력 사항을 점검하고, 본국에 보낼 보고서를 작성해. '현지 경제 상황은 어떤지', '정치적으로 어떤 변화가 있는지' 같은 내용을 정리하는 거지.

Q. 회의도 많이 하나요?

A. 정말 많아! 대사관 직원들과 회의를 하면서 오늘 협상 방향과 대응 전략을 준비해. 예를 들어 '무역 협정 논의에서 우리 입장을 어떻게 설명할지', '상대국이 반대하면 어떤 대안을 제시할지' 이런 걸 치밀하게 계획하는 거야.

Q. 현지 사람들과도 만나나요?

A. 당연하지! 정부 기관 관계자, 학자, 기업 대표, 언론인 등 다양한 사람들과 만나서 서로의 입장을 듣고 의견을 조율해. 때로는 공식 만찬이나 문화 행사를 통해 친분을 쌓고 신뢰를 만들기도 해. 이런 관계가 위기 때 도움이 되거든.

Q. 힘든 점도 있나요?

A. 해외 근무가 많아서 가족과 떨어져 지내야 할 때가 있어. 또 24시간 긴장 상태야. 밤에 갑자기 국제 사건이 터지면 새벽이라도 일어나서 대응해야 하거든. 하지만 나라를 대표한다는 책임감이 있어서 견딜 수 있어.

Q. 가장 뿌듯할 때는 언제인가요?

A. 어려운 협상을 통해 우리나라의 이익을 지켜낼 수 있었을 때야. 예를 들어 한국 기업이 해외에서 부당한 대우를 받았을 때 그 문제를 해결해주거나, 문화 교류 사업을 성사시켜서 한국을 알릴 때 "내가 나라를 위해 일하고 있구나" 하는 자부심을 느껴.

외교관이 되려면?

역사와 국제 정세에 대한 깊은 이해가 기본이야. "왜 한국과 일본은 독도 문제로 갈등을 겪을까?", "미국·중국·러시아는 왜 서로 견제할까?" 같은 질문에 역사적 배경을 설명할 수 있어야 해. 외국어는 필수라서 영어는 기본이고, 제2외국어(중국어/일본어/프랑스어/스페인어 등)까지 공부하면 훨씬 유리해. 외교관 시험은 정말 어렵기 때문에 대학에서 국제관계학, 정치외교학, 법학 등을 전공하는 게 도움이 돼. 또한 토론, 발표, 모의유엔(MUN) 같은 활동을 통해 논리적으로 말하고 설득하는 능력을 키우면 좋아. 외교관후보자 선발시험(외무고시)을 통과해야 외교관이 될 수 있어.

앞으로 이 직업은?

세계는 점점 더 연결되고 있어. 기후변화, 전염병, 사이버 안보, 무역 갈등 같은 문제는 한 나라만으로는 해결할 수 없지. 그만큼 국제 협력의 중요성은 더욱 커지고 있어. 특히 K-팝, K-드라마, K-푸드처럼 한국의 영향력이 커지면서, 역사적 흐름을 이해하고 문화 외교를 잘할 수 있는 외교관의 역할은 더욱 중요해질 거야. 디지털 외교, 공공외교, 경제외교 등 외교의 영역도 계속 확장되고 있어.

선생님의 한마디

외교관은 단순히 외국에서 근무하는 사람이 아니야. 역사의 흐름을 읽고 현재를 분석하고, 미래를 준비하는 전략가지. 너희가 수업 시간에 배운 임진왜란, 3·1 운동, 한국전쟁 같은 역사적 사건들이 오늘날 국제 관계에 어떤 영향을 미치는지 이해하는 게 외교의 시작이야. 역사를 사랑하고 세계 무대에서 대한민국을 빛내고 싶다면 도전해 볼 만한 정말 멋진 직업이야.

5부

대한민국의
굴곡진 길,
전쟁, 민주화
그리고 오늘

제주도 사람들은
왜 한라산으로 피신했을까?

제주 4·3 사건

1947년부터 7년 동안 제주도는 붉은 피로 물들었어. 마을마다 총성이 울려 퍼지고 평화로운 동네가 불길에 휩싸였지. 제주도민 10명 중 1명이 목숨을 잃는 참혹한 제주 4·3사건이 일어난 거야. 이 아름다운 섬에서 도대체 무슨 일이 벌어진 걸까?

학습 키워드 #제주도 #4·3사건 #제주4.3기념관
교과 연계 중3 2학기 〉 역사(한국사) 〉 Ⅵ. 근·현대사회로의 전환

해방의 기쁨이 비극으로 바뀐 제주도

1945년 8월 15일 해방이 되며 제주도민들은 새로운 미래에 대한 꿈이 가득했어. 그러나 그 꿈은 오래지 않아 산산이 부서졌지. 미군정이 조선총독부의 경찰 조직을 그대로 유지하면서 친일파 경찰들을 계속 이용했거든. 제주도민들은 친일파들이 광복 후에도 여전히 권력을 쥔 현실 앞에서 깊은 좌절감에 빠졌어. 게다가 가뭄이 심해 먹을 것이 부족하고 전염병까지 돌아서 제주도민들의 생활은 더욱 참혹해졌어.

1947년 3월 1일, 제주 북초등학교에서 3.1절 기념 행사에서 제주도민들은 평화적으로 시위를 전개하며 구호를 외쳤지. "3.1 정신을 계승하여 통일 국가를 건설하자!", "친일 경찰 축출하라! 식량 문제는 자주적으로 해결하자!" 평온한 가두행진이 막바지에 이르렀을 때 사고가 벌어졌

어. 한 어린아이가 기마경찰의 말발굽에 치여 쓰러졌는데 경찰이 사과도 없이 그대로 떠나버린 거야. 화가 난 제주도민들이 경찰서로 몰려가 항의했는데 경찰은 이걸 폭동이라면서 관덕정 앞에서 막 총을 쏘았어. 이때 6명이 죽고 8명이 부상을 입었어. 이것이 제주 4·3사건의 도화선이 된 3.1절 발포 사건이야.

제주도민들은 분노가 타올랐어. 1947년 3월 10일에 시작된 항의가 22일에는 4만여 명이 참여하는 총파업으로 이어졌지. 상황이 악화되자 육지에서 경찰과 서북청년회가 제주도로 파견되었어. 반공 청년 조직이었던 서북청년회는 지금까지 발생한 일들이 공산주의자의 선동 탓이라며 무자비하게 탄압했어. 제주도민들과 서북청년회 간의 갈등은 폭발 직전이었지.

4월 3일, 비극의 시작

1948년 4월 3일 밤, 한라산 오름 곳곳에서 횃불이 타올랐어. 남한만의 단독선거(5.10총선)를 앞두고 무장조직은 분단은 전쟁으로 갈 수 있다며 "선거반대·통일정부 수립"을 외치면서 경찰서와 서북청년단을 습격했지. 평화 협상 시도도 있었지만 성과 없이 끝났어.

5.10총선 당일, 많은 도민이 투표를 거부하고 한라산으로 올랐고 제주 2개 선거구는 투표율 과반 미달로 선거가 무산됐어. 3명의 국회의원이 선출되어야 하는 제주도에서는 단 한명의 국회의원만 당선되었어.

1948년 대한민국 정

↑ 1948년 11월 경찰 심문을 받기 위해 대기중인 제주도민들

부 수립 후 이승만 정부는 5.10 총선 거부를 이유로 제주도민들을 빨갱이(사회주의 세력)로 규정하고 대대적 토벌을 시작했어. "해안선으로부터 5km 이상 중산간 마을에 남아 있는 자들을 모두 폭도로 간주하여 총살하겠다."는 포고문을 발표했지. 이건 무차별적으로 제주도민들을 살해하겠다는 선언과도 같았어. 그리고 1948년 11월 계엄령이 발령되고 집단 학살이 시작됐어.

한라산 중산간 마을 주민들에게 해안가로 이주하라는 소개령을 내린 후 군경 토벌대는 중산간 지역 마을을 불태우기 시작했어. 95%의 중산간 마을이 잿더미가 됐지. 군경 토벌대는 한라산의 무장조직을 지원했다는 이유로 제주도민들을 근거 없이 죽였어. "한라산에서 내려오면 생명을 보장하겠다."는 약속에 약 1만 명이 내려왔지만 그중 약 1,600명이 총살되었어. 성인들뿐만 아니라 수많은 아이들도 희생되었지.

무장조직들도 경찰 가족 등을 보복 살인하기도 했어. 제주도 전체가 죽고 죽이는 공포의 섬으로 변해버린 거야. 이런 참혹한 상황에서도 용감하게 맞선 사람들이 있었어. 문형순 전 성산포 경찰서장은 부당한 명령을 거부했어. "제주도민을 함부로 체포할 수 없소. 그들을 어찌 함부로 죽인단 말이오. 부당한 명령은 따를 수 없소."

화북 마을 주민들은 군인들이 태워 없앤 곤을동 마을 주민들에게 집을 짓고 살 수 있게 땅을 나누어 주기도 했어. 감내하기 어려운 고통 속에서도 인간적 따뜻함을 지켜낸 사람들이 있었기에 제주도민들은 희망을 가질 수 있었어.

제주 4·3사건으로 제주도 인구의 10분의 1에 해당하는 약 2만 5천~3만여 명이 목숨을 잃었어. 대다수가 무고한 민간인이었지. 7년여가 지난 1954년 9월이 되어서야 제주도 주민들은 한라산에 자유롭게 오를 수 있게 되었고 총성도 멈췄어.

평화와 인권의 상징으로 거듭나다

제주 4·3사건은 오랫동안 알려지지 않았어. 제주도민들은 함부로 이야기했다가 '폭도'나 '폭도 가족'으로 몰려 피해를 입을까 봐 50여 년의 긴 시간 동안 입을 다물고 지냈지. 하지만 수많은 사람들이 진실을 알리려는 노력을 계속했어. 2000년 김대중 정부 시절 '4.3 특별법'이 제정되고 '제주 4·3사건 진상규명 및 희생자명예회복위원회'가 설립되어 정부 차원의 진상조사가 시작되었어. 2003년 노무현 대통령은 제주도에 직접 방문해 정부 차원에서 처음으로 공식 사과했어. "국가 권력이 무고한 제주도민들을 희생시킨 것에 대해 대통령으로서 진심으로 사과드립니다."

이후 제주 4·3 평화공원과 기념관이 건립돼 희생자들의 영혼을 달래고 평화와 인권의 가치를 되새기고 있어. 하지만 아직도 제주 4·3사건은 완전히 해결되지 못한 숙제들이 남아 있어.

제주도 여행과 함께하는 역사 기억

제주도를 여행하면 아름다운 자연 경관만이 아니라 제주 4.3과 관련된 장소들도 꼭 가보길 추천해. 제주 4.3 평화공원, 제주 4.3 기념관, 곤을동 너븐숭이 4.3 기념관, 북촌리 4.3 유적지에서 그날의 아픔을 생각하고 평화의 소중함을 되새겨 보면 좋겠어. 관광지로만 알려진 제주도가 실제로는 얼마나 많은 아픔과 상처를 간직하고 있는지 그리고 그 속에서도 꿋꿋하게 일어선 제주도민의 큰 용기도 느껴 봐. 제주 4·3사건은 분단과 이념 대립이 만들어 낸 비극이야. 이런 참혹한 일이 다시는 일어나지 않도록 우리는 평화와 인권의 소중함을 기억하자.

1. 제주 4.3 사건의 전개 과정 연표를 완성해 보자.

① 1947년 3월 1일: ○○○ 발포 사건
② 1948년 4월 3일: ○○○○ 시작
③ 1948년 11월: ○○○ 선포
④ 1954년 9월: 한라산 ○○○○ 해제

2. 제주 4·3 사건이 일어난 배경을 적어 보자.

3. 제주 4·3 사건의 역사적 성격과 우리가 기억해야 할 교훈을 정리해 보자.

 더 알고 싶어 119　　　　　　　📖도서　▶영상　🔍사이트

📖『**동백꽃, 울다**』(윤소희, 풀빛, 2024)
　제주 4·3사건 때 제주 사람들이 무차별적으로 겪은 폭력과 고통에 집중하여 창작한 역사동화책이야. 우리가 잊지 말아야 할 제주 사람들의 이야기를 꼭 읽어 보길 바라.

▶ **제주 4·3사건 완벽 재구성 (EBS 다큐)**
　제주 4·3사건의 각 전개 과정을 경험했던 다섯 노인의 증언을 재구성해 극의 형태로 구성한 다큐멘터리야. '그날'의 아픔을 사실감 있게 드러낸 영상이야.

🔍 **제주4.3평화재단**
　제주 4.3 평화박물관은 4.3의 발발, 전개, 결과, 진상규명 운동까지 전 과정이 차례로 펼쳐져 있고, 자연스럽게 평화와 인권의 가치를 배울 수 있는 교육의 장이야.

6·25전쟁은 왜 일어났을까?

흥남철수, 크리스마스의 기적

1950년 6월 25일 일요일 새벽 4시, "탕탕탕!" 38선에서 총성이 울렸어.
북한이 남침을 시작한 거야. 그 때부터 3년 넘게 계속된 이 전쟁은 우리 민족에게 어떤
비극을 가져왔을까? 그리고 혹독한 겨울, 흥남부두에서는 어떤 기적 같은 일이 벌어졌을까?

학습 키워드　#6·25전쟁 #인천상륙작전 #흥남철수
교과 연계　중3 2학기 〉 역사(한국사) 〉 VI. 근·현대사회로의 전환

분단된 조국, 갈등의 씨앗

여러분은 '전쟁'이라는 단어를 들으면 어떤 생각이 들어? 게임이나 영화에서는 멋있게 보일 수도 있지만, 실제 전쟁은 전혀 다른 모습이야. 6·25전쟁을 통해 우리는 전쟁의 진짜 모습을 알게 되었어. 전쟁은 승자와 패자 모두에게 상처를 남기는 무서운 일이야. 집이 무너지고, 가족이 헤어지며, 죄 없는 사람들이 목숨을 잃는 비극이 바로 전쟁이야.

해방 후 38선을 경계로 남쪽에는 대한민국(1948년 8월), 북쪽에는 조선민주주의인민공화국(1948년 9월)이 세워졌어. 두 정부 모두 통일을 원하지만 서로 다른 이념과 체제를 가지고 있었어. 남북한은 38선을 넘나들며 개성, 옹진반도 등에서 크고 작은 충돌을 계속했어. 1949년 남한에서 미군이 모두 철수하자, 소련의 군사 지원을 받으며 은밀하게 전쟁을

준비하던 북한이 마침내 1950년 6월 25일 38선을 넘어 남한을 침공하며 6·25전쟁이 시작되었어.

6·25전쟁의 과정

소련제 탱크를 앞세운 북한군의 공격은 파죽지세였어. 초반에 우리 국군은 제대로 저항해 보지도 못하고 계속 밀려났지. 전쟁 발발 3일 만에 서울이 함락되었고, 한국 정부는 대전, 대구를 거쳐 부산까지 후퇴해야 했어. 긴급히 파병된 미군도 북한군을 막지 못했어. 전쟁이 터진지 한 달 만에 남한 지역 대부분을 북한군이 차지했어.

국군과 유엔군은 낙동강을 마지막 방어선으로 삼고 필사적으로 저항했어. 북한군이 대구, 포항 등 전 지역에서 총공격을 했지만, 2개월간의 치열한 다툼 끝에 낙동강 방어선을 지켜냈어.

낙동강에서 치열한 전투가 벌어지는 동안 맥아더 장군은 대담한 작전을 계획했어. 그건 바로 인천상륙작전이야. 함정 261척과 약 7만 명이 참여한 이 작전은 북한군의 보급로를 차단해 후방을 압박하고 고립시키려는 목적이었지.

1950년 9월 15일, 월미도를 시작으로 인천상륙작전이 성공했어. 약 2천 명의 북한군이 강하게 저항했지만 유엔군이 인천을 탈환했어. 9월 28일에는 서울을 되찾고, 국군과 유엔군은 38선을 넘어 북진을 시작했어. 20여 일 만에 평양에 입성한 연합군은 곧 통일을 이룰 수 있을 것이라는 기대에 부풀었어. 맥아더 장군은 "크리스마스 이전에 전쟁을 끝낼 수 있다"고 자신만만하게 말했지.

그런데 예상과 달리 10월 중국군 38만 명이 압록강을 건너 깊은 산속으로 숨어들고 있었어. 낮에는 동굴 속에 숨어 공습을 피하고, 밤에만 이동하는 중국군을 유엔군은 전혀 알 수 없었지. 중국군을 상대로 유엔군은 속수무책이었어. 게다가 개마고원의 영하 30도 혹한까지 겹쳐 유엔군은 대규모 후퇴를 할 수밖에 없었어.

흥남철수, 크리스마스의 기적

중국군에 고립된 약 10만 명의 유엔군이 흥남항으로 몰려들었어. 35만 톤의 군수물자와 함께 탈출해야 하는 절박한 상황이었지. 유엔군을 따라 동해안 지역의 피란민들도 항구로 몰려들었어.

이때 감동적인 일이 벌어진 거야. 미군 군사고문 현봉학과 김백일 제1군단장이 알몬드 미군 사령관에게 피란민도 함께 태워달라고 간청했어. 알몬드 장군은 여러 사람의 간청에 감동해 유엔군과 함께 피란민도 탈출시키기로 결정했지. 193척의 선박이 철수 작전에 동원되었어. 그 중 '메러디스 빅토리호'는 정원이 60명에 불과했지만 무려 1만 4천 명을 태워 기네스북에 '세계 최대 인원 수송 기록'을 남겼어. 라루 선장이 무기

↑ 엄청난 피란민들이 타고 있는 메러디스 빅토리호

를 바다에 버리고 최대한 많은 사람들을 태우도록 명령한 거야. 그야말로 기적이 일어난 거지.

모든 것이 부족한 상황에서도 피란민들은 질서를 잘 지켰어. 3일간의 항해 도중 한 사람도 다치지 않았을 뿐만 아니라 오히려 5명의 새 생명이 탄생하기까지 했어! 메러디스 빅토리호를 포함해 10만 명의 피란민이 무사히 흥남을 떠날 수 있었지. 바로 다음날인 12월 25일 크리스마스에 중국군이 흥남을 점령했어. 간발의 차로 10만 명의 목숨을 구한 기적이었어.

끝나지 않은 전쟁

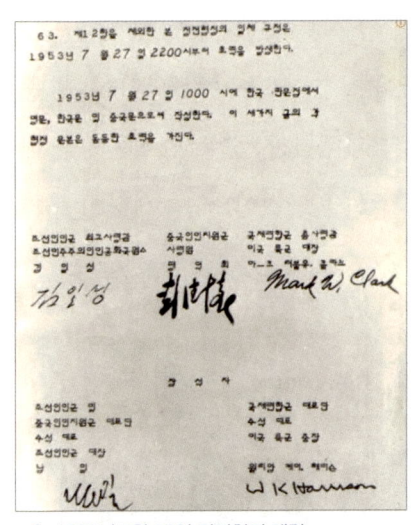
▲ 1953년 7월 27일 정전협정 체결

중국군은 공격을 멈추지 않아 서울이 다시 함락되기도 했어. 하지만 전열을 정비한 유엔군은 1951년 3월 서울을 재탈환하고 38선 이북으로 북한군과 중국군을 밀어냈어. 끝이 보이지 않는 전쟁이 계속되자 세계 여러 나라는 제3차 세계대전으로 번질까 봐 걱정했어. 1951년 7월부터 휴전 회담이 시작되었지만 회담이 진행되는 중에도 38선 주변에서는 한 치의 땅이라도 더 차지하기 위해 남북한 사이에 치열한 고지쟁탈전이 매일 벌어졌지.

1953년 7월 27일, 판문점에서 남한 대표가 서명을 거부한 가운데 유엔군(미국 대표), 북한군, 중국군 대표가 휴전협정에 서명했어. 전쟁이 끝난 것이 아니라 멈춰 있는 상태가 된 거야. 70년이 지난 지금도 우리는 여전히 '휴전' 상태로 살고 있다는 거 알고 있어?

6·25전쟁으로 우리나라는 엄청난 피해를 입었어. 주택과 학교, 도로, 철도 등 대부분의 시설이 파괴되었고, 남북한 군인 약 281만 명이 전사하거나 부상을 입었고 민간인 피해도 셀 수 없이 많았어.

전쟁고아와 과부가 수십만 명 생겨났고, 이산가족은 약 1천만 명이나 돼. 1953년 우리나라 1인당 국민소득은 67달러로 세계에서 최고 가난한 나라였지.

분단의 아픔을 딛고 평화 통일로

6·25전쟁이 멈춘 지 70년이 넘었지만, 우리나라는 여전히 분단되어 있어. 휴전선을 사이에 두고 같은 민족이 서로 다른 나라에서 살고 있는 거야. 이산가족들은 아직도 가족을 그리워하며 살아가. 6·25전쟁은 우리에게 중요한 교훈을 남겼어. 전쟁으로는 어떤 문제도 해결할 수 없다는 것, 평화야말로 가장 소중하다는 것, 그리고 분단이 남긴 아픔이 얼마나 큰지를 알게 된 거야.

흥남철수에서 보여준 인간적인 연대와 따뜻한 마음이 이어진다면 우리는 분명 평화 통일을 이룰 수 있을 거야. 전쟁이 아닌 대화와 협력으로 남북한이 모두 평화롭게 살아갈 수 있는 방법을 함께 고민해 보자.

평화는 저절로 오는 게 아니라 우리가 만들어 가는 거야. 여러분도 일상에서 친구들과 다툼이 생겼을 때 먼저 손을 내밀고, 서로 다른 의견을 존중하며, 폭력 대신 대화로 문제를 해결하는 연습을 해 봐. 그게 바로 평화 통일을 위한 첫 걸음이야.

1. 6·25전쟁의 전개 과정을 순서대로 배치해 보자.

> ㉠ 6.25 남침   ㉡ 인천상륙작전   ㉢ 중국군 개입   ㉣ 휴전협정
> ㉤ 낙동강 방어선   ㉥ 서울 탈환   ㉦ 흥남철수

----

2. 흥남철수 작전에서 가장 많은 피란민을 태운 배의 이름은?

----

3. 6·25전쟁이 우리 민족에게 미친 영향과 교훈을 정리해 보자.

 더 알고 싶어 119   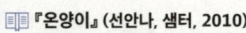 📖 도서 ▷ 영상 🔍 사이트

📖 **『온양이』 (선안나, 샘터, 2010)**
흥남철수 작전을 배경으로 한 최초의 그림책으로 한국 전쟁 당시 흥남철수가 이루어졌던 1950년 12월 중순, 고향을 떠나 피란길에 오른 아홉 살 소년 명호네 가족 이야기를 담은 책이야.

▷ **기적의 흥남철수 작전 (SBS 공식 교양 채널)**
중공군의 한국전쟁 개입으로, 철수를 결정한 군인 10만여 명에 피란민 20만여 명까지 더해져 인산인해를 이룬 흥남항에서 이루어진 기적적인 흥남철수 이야기를 흥미롭게 들을 수 있는 영상이야.

🔍 **전쟁기념사업회** 전쟁기념관은 6·25전쟁의 배경과 과정을 한눈에 볼 수 있고 교과서에 나오지 않는 전쟁의 뒷이야기를 배울 수 있는 장소야.

초등학생들은
왜 거리로 나왔을까?

국민들의 힘으로 독재를 끝낸 혁명 4·19

"부정선거 다시 하라!" "이승만은 물러나라!" 1960년 전국 거리에서 울려 퍼진 함성이야. 놀랍게도 초등학생들까지 거리로 나와 시위에 참여했어. 어린 학생들이 왜 거리로 나올 수밖에 없었을까? 4·19혁명은 어떻게 시작되어 이승만 정권을 무너뜨렸을까?

학습 키워드 #김주열 #4·19혁명 #민주주의 #이승만하야
교과 연계   중3 > 2학기 > 역사(한국사) > Ⅵ. 근·현대사회로의 전환

4·19혁명, 학생들이 만든 역사

만약 반장 선거에서 누군가가 표를 조작한다면 얼마나 불공평할까? 그런데 그런 일이 우리나라 제4대 대통령 선거에서 실제로 벌어졌어. 1960년 3월 15일, 대통령과 부통령을 뽑는 선거에서 이승만의 자유당이 대통령뿐 아니라 부통령까지 자기 당 후보를 당선시키려고 한 거야.

자유당은 선거에서 승리하기 위해 온갖 부정을 저질렀어. 미리 투표하기, 3인조·5인조로 짝을 지어 공개 투표하기, 개표할 때 야당 표에 인주를 묻혀 무효로 만들기 같은 일이었지. 더 기가 막힌 건 이런 부정선거가 전국민이 보는 앞에서 공공연히 이루어졌다는 거야.

3월 15일 선거 당일 오후, 마산에서는 학생과 시민들이 선거 무효를 요구하는 시위를 벌였어. 그런데 이 시위에서 마산상고 학생 김주열

이 최루탄에 맞아 숨졌어. 경찰은 사망 사고를 감추려고 김주열의 시신을 몰래 마산 앞바다에 버렸어. 한 달 후인 4월 11일, 한쪽 눈에 최루탄이 박힌 김주열의 처참한 시신이 바다에서 떠올랐는데 이 장면을 본 시민들의 분노가 하늘을 찔렀지.

그 후 4월 18일, 서울에서는 고려대학교 학생 약 3,000명이 성명서를 발표하고 평화로운 시위를 하고 있는데 정치 깡패들이 학생들은 몽둥이로 학생들을 마구 때렸어. 이 소식이 언론에 보도되자 다른 대학생들도 분노했어. 4월 19일에는 서울 시내 대학생은 물론 중고등학생들도 거리로 나왔지. 전국 주요 도시에서도 시민들이 떨쳐 일어났어.

초등학생부터 교수까지, 온 국민이 거리로

시위대 중 일부는 이승만이 머물고 있는 경무대(지금의 청와대)로 몰려가 면담을 요청했어. 그러자 경찰이 시위대를 향해 총을 쏘기 시작했지. 그 결과 20여 명이 죽고 170여 명이 다쳤어. 서울 시내 곳곳에서도 "3.15 부정선거 다시 하라", "1인 독재 물러가라!" 구호를 외치는 시민들과 경찰이 맞서며 수많은 사람들이 희생되었어.

학생들이 민주주의를 외치며 피를 흘리자 교수들도 가만있을 수 없었어. 4월 25일 교수들이 서울 종로의 마로니에 공원(당시 서울대 문리대 자리)에서 시위를 벌였어. 교수들은 "학생의 피에 보답하라"는 플래카드를 들고 부정선거를 비판하며 선거를 다시 하라고 요구했지. 지식인들의 동참은 시위를 한층 확대시키며 정권을 압박하는 힘이 되었지.

4·19혁명 당시 놀라운 점은 초등학생들까지 시위에 참여했다는 거야. 수송초등학교 6학년 전한승 학생이 집으로 돌아가는 길에 광화문 근처에서 시위를 구경하다가 경찰이 쏜 총에 맞아 죽었어. 이 소식을 들

은 수송초등학교 어린이들은 "우리 부모형제들에게 총부리를 대지 말라!"는 플래카드를 들고 거리로 나와 "한승이를 살려내라."며 울었어. 어린 학생들이 친구의 죽음에 분노해 거리로 나온 것을 보고 어른들도 큰 충격을 받았어.

↑ 수송초등학교 학생들의 시위

한성여중 2학년 진영숙 학생은 시위에 나가기 전 어머니에게 편지를 썼어. 안타깝게도 이 편지는 유서가 되어버렸지. "어머니, 공부를 못해서 죄송해요. 저는 나라를 위해서 나가요. 걱정하지 마세요."

진영숙은 시위대가 탄 버스에서 구호를 외치다가 파출소에서 쏜 총탄에 머리를 맞고 숨졌어. 죽음을 각오하고 시위에 나선 어린 학생의 희생에 많은 사람들이 눈물을 흘렸어.

승리와 좌절, 미완성으로 끝난 혁명

국민들의 계속된 시위에 놀란 이승만 정권은 계엄령을 선포했어. 하지만 시민들의 시위가 꺾이지 않자 결국 4월 26일 이승만은 대통령직에서 물러날 것을 발표했어.

"나는 국민이 원한다면 대통령직을 사임하겠다."

시민의 힘으로 독재를 무너뜨린 역사적 순간이야. 이승만은 얼마 후 미국으로 망명하고 윤보선이 새 대통령이 되면서 사람들은 민주화에 대한 기대를 키웠어. 드디어 진짜 민주주의가 시작될 것 같았지. 하지만

1년도 채 안 되어 5.16 군사정변이 일어나 박정희를 비롯한 군인들이 권력을 잡았어. 민주주의를 꽃피우려던 시민들의 꿈은 다시 좌절되고 말았지. 그래서 4·19혁명을 '미완의 혁명'이라고 부르는 거야.

교복 입은 시민, 민주주의의 주역이 되다

1960년 4·19혁명에서 가장 주목받은 주인공은 학생들이야. 중·고등학생부터 대학생까지 교복 입은 학생들이 거리로 나와 부정선거와 독재 정권에 당당히 맞섰어. 김주열, 진영숙, 전한승 같은 학생들은 목숨을 걸고 민주주의를 외쳤어. 심지어 초등학생들까지 친구의 죽음에 분노해 거리로 나왔지. 이런 학생들의 용기 있는 행동이 어른들을 움직였고, 마침내 이승만 정권이을 무너뜨리는 데 결정적인 역할을 한 거야.

혹시 여러분은 "학생은 공부만 하면 돼. 정치에는 관심 갖지 마."라는 말을 들어본 적이 있어? 4·19혁명의 학생들은 이런 생각이 틀렸다는 걸 이미 보여줬어. 학생들은 단순히 공부만 하는 존재가 아니야. 교복을 입었다고 해서 세상의 부당한 일에 눈 감아야 하는 건 절대 아니야. 4·19혁명에서 학생들은 학교 안에서 공부만 하는 존재가 아니라, 사회를 바꾸는 '엄연한 시민'임을 온몸으로 증명한 거야.

사회의 부당함에 맞서 목소리를 내는 것이 얼마나 중요한지, 그리고 그런 용기가 얼마나 큰 변화를 만들어낼 수 있는지를 그들이 흘린 피와 희생이 생생하게 보여준 거야. 여러분도 미래의 '교복 입은 시민'으로서 이런 정신을 이어받을 수 있을 거야.

4·19혁명은 과거의 사건이 아니라 지금도 우리 삶 속에 살아 숨 쉬고 있는 살아있는 역사야. 여러분도 언젠가 사회의 부당함을 마주했을 때 4·19 학생들의 용기를 기억하도록 해.

1. 다음의 초성 암호를 풀어 보자.

> ① ㄱㅈㅇ : 최루탄에 맞아 숨진 마산상고 학생
>
> ② ㄱㅁㄷ : 이승만이 머물던 대통령 관저
>
> ③ ㅈㅇㅅ : 유서를 남기고 시위 중 숨진 한성여중 학생

----

2. 4·19혁명 당시 "우리 부모형제들에게 총부리를 대지 말라!"는 플래카드를 들고 거리로 나온 초등학생이 다닌 학교 이름은?

----

3. 4·19혁명의 역사적 의의와 한계를 정리해 보자.

 더 알고 싶어 119　　　　　　　　　　📖도서　▶영상　🔍사이트

📖 『사일구』 (윤태호, 창비, 2020)
　　10대가 알아야 할 4·19혁명의 역사를 만화로 친절하게 설명한 책이야. 꼭 읽어보길 바라.

▶ 윤태호 작가가 말하는 4.19 (책그림)
　　만화로 보는 민주화운동 시리즈인 '사일구' 도서를 읽어주는 영상으로 도서를 읽기 전에 꼭 보길 추천해.

🔍 4·19혁명 디지털 아카이브
　　4·19혁명과 관련한 사진, 영상, 기록 등 4·19혁명의 거의 모든 것을 담고 있는 사이트야.

전태일은 왜
몸에 불을 붙였을까?

"우리는 기계가 아니다"

만약 하루에 14시간씩 햇빛도 들지 않는 다락방에서 일해야 한다면 어떨까?
월급 3,000원으로 1원짜리 풀빵 하나로 점심을 때워야 한다면?
1970년 한 청년이 "우리는 기계가 아니다!"라고 외치며 자기 몸에 불을 붙였어.
그는 왜 이런 극단적인 선택을 했을까?

학습 키워드   #전태일 #청계천 #이소선 #평화시장
교과 연계   중3 2학기 > 역사(한국사) > Ⅵ. 근·현대사회로의 전환

가난한 소년에서 평화시장 노동자로

전태일은 1948년 9월 대구에서 태어났어. 한국전쟁 후 혼란스러운 시대, 그의 가족은 하루하루 끼니를 걱정해야 하는 가난한 처지였어. 전태일은 아버지의 사업 실패로 대구와 부산을 떠돌아 결국 서울로 올라왔어.

서울에 온 전태일은 청계천 근처 평화시장에서 일하게 돼. 이곳에는 약 800개의 작은 공장이 빼곡히 있었고 2만 명의 노동자들이 옷을 만들고 있었어. 요즘으로 치면 거대한 의류 생산 단지였던 거야.

여기서 일하는 '시다(보조)'들은 12~15살의 어린 소녀들이었어. 집안이 어려워 중학교에 다니지 못하고 돈을 벌려고 농촌에서 올라온 아이들이야. 이들은 미싱사나 재단사를 도와 다림질을 하고 실밥을 뜯는 보조적인 일을 했어.

지옥 같은 작업 환경의 충격적 현실

전태일이 시다에서 미싱사로 승진했을 때 그는 충격적인 현실을 보았어. 교실 크기의 3분의 1밖에 안 되는 좁은 공간인데 10대의 재봉틀이 가득 들어차 있었어. 옷과 옷감 더미 때문에 제대로 걸어 다니기도 힘들었지. 더 끔찍한 것은 다락방이었어. 어린 소녀들은 이곳에서 허리도 제대로 펴지 못한 채 햇빛 한 점 들지 않는 곳에서 하루 14시간 넘게 일을 했어.

공장 주인들의 행동은 더 충격적이야. 늦은 시간까지 일을 시키기 위해 어린 소녀들에게 잠이 오지 않는 약까지 먹였거든. 시다들의 월급은 겨우 2,000원 정도였어. 고향집에 돈을 보내고 방세와 교통비를 내고 나면 남는 게 없어서 점심을 굶거나 풀빵 하나로 때우는 일도 흔했어. 1960~1970년대 우리나라는 '한강의 기적'이라 불릴 만큼 경제적으로 빠르게 성장하고 있었지만 정작 그 성장을 이끈 노동자들은 너무도 비참한 삶을 살고 있었던 거야.

근로기준법을 알게 된 전태일의 각성

재단사가 된 전태일은 이런 현실이 너무 억울하다고 생각했어. 그러던 중 아버지에게 놀라운 이야기를 들어. 〈근로기준법〉이라는 법이 있다는 거야. 그 법을 살펴보니 충격적이었어. 법에서는 하루 8시간, 일주일 48시간만 일하도록 되어 있었거든. 하지만 현실은 하루 14시간,

↑ 청계천 노동자 전태일

일주일 98시간 넘게 일을 했어. 무려 두 배가 넘는 시간이었는데도 공장 주인은 아무 처벌을 받지 않았어. 전태일은 근로기준법이 있다는 것조차 몰랐던 자신이 바보처럼 느껴졌어. 그때부터 전태일은 『근로기준법』 책을 옆에 끼고 다니며 열심히 공부했어. 수험생처럼 말이야.

1969년 6월, 전태일은 뜻을 같이할 10여 명의 재단사들을 모아 '바보회'를 만들었어. 부당한 대우를 받으면서도 아무 말 못 하고 살아온 자신들이 바보 같아서 그런 이름을 붙였지만 동시에 바보처럼 온 힘을 다해 싸워보자는 의지도 담았어. 하지만 현실은 녹록지 않았지. 바보회가 결성될 즈음 아버지가 돌아가시고 전태일은 '위험한 인물'로 소문이 나서 공장에서 쫓겨났어. 다시 취직하기 힘들었지만 그는 포기하지 않았어.

노동자들의 실태를 조사하기 위해 설문지를 돌리고 그 결과를 가지고 서울시청 근로감독관을 찾아갔지. 담당자의 반응은 차가웠어. '이미 알고 있다'는 표정으로 서류만 두고 가라고 했거든. 전태일의 마음은 무너졌어. 일자리를 잃은 전태일은 삼각산 교회 수도원 공사장에서 일하게 되었어. 그러면서 그는 일기에 이런 결심을 적어.

"나는 돌아가야 한다. 불쌍한 내 형제의 곁으로, 내 마음의 고향으로, 평화시장의 어린 동심 곁으로… 나를 버리고, 나를 죽이고 가마. 조금만 참고 견디어라. 너희들 곁을 떠나지 않기 위하여 나약한 나를 바치마."

마지막 항거와 영원한 메시지

전태일은 다시 평화시장으로 돌아왔어. 그리고 지켜지지도 않는 『근로기준법』 책을 불태우며 시위를 벌이기로 했어.

1970년 11월 13일, 평화시장 주변에는 긴장감이 흘렀어. 경찰들이 곳곳에 배치되어 있었거든. 점심 시간이 지나자 전태일과 동료들이 '우리는 기계가 아니다'라고 적힌 현수막을 들고 나왔어. 경찰이 현수막을 빼앗으려 하자 몸싸움이 벌어졌지. 바로 그때였어. 전태일이 사람들 앞으로 나와 가슴에 품고 있던 『근로기준법』 책자를 한 손에 들고 자신의 몸에 불을 붙였어.

"근로기준법을 준수하라! 우리는 기계가 아니다! 일요일은 쉬게 하라!" 전태일은 이 구호를 외치며 앞으로 나가다가 길거리에 쓰러졌어. 쓰러지는 순간에도 그는 외쳤어. "내 죽음을 헛되이 하지 마라!"

↑ 청계천 버들다리 전태일 흉상

전태일은 병원으로 옮겨졌지만 며칠 후 어머니 이소선 여사가 지켜보는 가운데 22세의 젊은 나이로 세상을 떠났어.

전태일이 우리에게 남긴 것

전태일은 왜 이렇게 극단적인 선택을 했을까? 다른 방법이 없었기 때문이야. 수없이 찾아가고 호소하고 부탁했지만 아무도 들어주지 않았거든. 전태일이 불태우려 했던 건 『근로기준법』이란 책이었지만 사실 그가 진짜 불태우고 싶었던 건 불공정하고 부당한 세상이었어. 그리고 그의 외침은 정말로 세상을 조금씩 바꿔 놓았지. 노동자들의 권리가 법으로 더 강하게 보호받게 되었고 사람들은 일하는 사람들을 더 존중하게 되었어.

여러분들도 머지않아 사회에 나가 일하게 될 거야. 편의점 알바를 할 수도 있고 회사원이 될 수도 있고 선생님이나 공무원이 될 수도 있어. 어떤 일을 하든 기억해야 할 게 있어. 일하는 모든 사람은 존중받아야 하고 혼자보다 함께가 더 강하다는 걸 말이야.

1. 다음 퀴즈의 답을 써 보자.

> ① 전태일이 결성한 모임 (3글자) _____
>
> ② 전태일이 일했던 시장 이름 (4글자) _____
>
> ③ 하루 8시간, 주 48시간 근무를 정한 법 (5글자) _____

2. 현재 전태일 열사의 흉상이 세워진 곳은 어디일까?

----

3. 1970년대 평화시장 노동자들의 작업 환경을 구체적으로 적어 보자.

----

4. 전태일의 희생이 우리나라 노동운동사에 미친 영향과 오늘날의 의의를 정리해 보자.

 더 알고 싶어 119

📖 도서 ▷ 영상 🔍 사이트

📖 **『전태일 평전』** (조영래, 아름다운 전태일, 2020)
아름다운 청년 전태일의 생애와 투쟁 그리고 인간에 대한 조건 없는 사랑을 느낄 수 있는 책이야. 꼭 읽어보길 바래.

▷ **나는 나다** (TBS 시민의 방송)
전태일 50주기 특집 다큐멘터리로 대한민국 노동 운동의 시초가 된 청년 전태일의 죽음으로 노동 환경이 어떻게 바뀌었는지 알 수 있는 영상이야.

🔍 **전태일기념관** 전태일기념관 온라인 전시관에서 전태일 열사의 삶과 죽음 그리고 어머니 이소선 여사를 만날 수 있는 장소야. 청계천에 자리 잡은 전태일기념관은 꼭 직접 방문하길 추천해.

김재규는 박정희 대통령에게
왜 총을 쏘았을까?

10·26사건과 12·12사태

1979년 10월 26일 밤, 18년간 독재를 했던 박정희가 자신의 최측근인 중앙정보부장 김재규의 총에 맞아 숨졌어. 왜 가장 가까운 부하가 상관을 쏘았을까? 그리고 이 사건이 어떻게 새로운 독재의 시작이 되었을까?

학습 키워드 #김재규 #박정희 #부마민주항쟁 #10·26사건 #전두환 #12·12사태
교과 연계 중 3학년 2학기 〉 역사(한국사) 〉 Ⅵ. 근·현대사회로의 전환

유신체제의 위기와 국민들의 분노 폭발

박정희는 1972년 유신헌법을 만들어 자신이 평생 대통령을 할 수 있는 시스템을 만들었어. 마치 게임에서 치트키를 써서 무적 모드가 된 것과 같았지. 1975년에는 긴급조치 9호까지 발표해서 정부를 비판하는 모든 목소리를 틀어막았어.

하지만 1977년부터 상황이 바뀌기 시작해. 재야 세력과 노동자, 농민들이 다시 반유신 저항운동을 시작한 거야. 1978년 총선에서는 놀라운 결과가 나왔어. 야당인 신민당이 32.8%를 득표해 여당인 민주공화당을 앞질렀거든. 국민들이 유신체제에 '싫다'는 뜻을 투표로 보여준 거야.

1979년 8월에는 YH 사건이 터졌어. 가발 업체 YH무역 여성 노동자들이 회사의 부당한 대우에 항의하며 신민당사에서 농성을 벌였는데, 정

부가 경찰을 투입해 강제해산시키는 과정에서 여공 김경숙이 목숨을 잃었어. 신민당이 강력히 항의했지만, 정부는 사과도 하지 않고 오히려 사건을 잠재우기 위해 김영삼 총재를 국회의원에서 제명해 버렸어.

이런 일들이 쌓이면서 전국적으로 국민들의 분노가 끓어올랐어.

특히 반독재 투쟁을 벌이던 국회의원 김영삼의 정치적 근거지인 부산과 마산에서 분노가 폭발했어. 1979년 10월 16일부터 부산과 마산에서 대규모 시위가 일어났는데, 이것이 바로 '부마민주항쟁'이야. 대학생들로 시작된 시위는 곧 일반 시민들까지 합류하면서 전국적인 반정부 시위로 번졌어. 박정희 정권은 비상계엄을 선포하고 공수부대까지 투입해 시위를 진압했지만, 유신정권에 맞선 시민들의 저항은 멈추지 않았어.

정권 내부의 치명적인 갈등

반유신 투쟁이 전국적으로 확산되면서 박정희 정권 내부에도 심각한 틈이 생겼어. 특히 김재규 중앙정보부장과 차지철 경호실장 사이에 거센 대립이 심했지.

김재규는 "시위를 온건하게 대응해야 한다."고 주장했지만, 차지철은 "강경하게 진압해야 한다."고 맞섰어. 더 문제가 된 것은 차지철의 월권 행위야. 경호실장인 차지철이 대통령 경호라는 본래 임무를 넘어서 국가 운영 전반에 개입하며 마치 '정권의 2인자'처럼 행세했거든. 학급에서 안전부장이 반장 역할까지 하려는 것과 비슷해. 당연히 김재규를 비롯한 다른 정권 인사들 반발했지만, 박정희가 차지철 편을 들어서 아무도 막을 수 없었어.

운명의 10월 26일과 그 이후의 혼란

1979년 10월 26일 저녁, 궁정동 안전가옥에서 은밀한 연회가 열렸어. 박정희, 김재규, 차지철, 김계원 비서실장과 가수 심수봉, 모델 신재순이 참석했어. 겉보기에는 평범한 저녁 모

↑ 김재규의 10·26사건 현장 검증

임이었지만, 내부적으로는 긴장감이 흐르고 있었지. 연회 도중 김재규가 갑자기 권총을 꺼내 박정희와 차지철을 연달아 쐈어. 그리고 자신을 따라온 중앙정보부 직원들과 함께 경호실 요원들을 제압했지.

사건 직후 김재규는 정승화 육군참모총장과 함께 육군본부로 가서 사태를 수습하려 했지만, 곧 범인임이 밝혀져 체포되었어. 최규하 국무총리는 비상국무회의를 열고 전국에 비상계엄을 선포했어. 박정희의 갑작스러운 죽음으로 권력 공백이 생겼고, 최규하가 대통령 권한대행이 되어 유신체제를 해체하고 민주화를 추진하려고 했어. 국민들은 "드디어 민주화가 온다."고 기대했지.

12·12 군사반란과 새로운 독재의 시작

하지만 이 틈을 노린 세력이 있었어. 바로 당시 보안사령관이었던 전두환을 중심으로 한 '신군부' 세력이야. 육군사관학교 11기를 중심으로 구성된 군내 비밀 조직인 '하나회' 멤버들이 신군부의 핵심 세력이었어. 전두환은 10·26사건 합동수사본부장이 되면서 막강한 권력을 갖게 돼. 반면 정승화 육군참모총장은 전두환과 하나회의 권력 남용을 막기 위해 인사 조치로 이들을 좌천시키려 했어. 하지만 하나회는 정승화의 계획을 미리 알아차렸던 거야. 그들은 12월 12일을 '거사일'로 정하고 군사반란을 일으켰어. 10·26사건 조사를 빌미로 정승화 참모총장을 체포했어. '정승화가 김재규와 함께 있었으니 사건에 연루되었을 수 있다'는 것이 표면적인 이유였지만, 실제로는 권력을 장악하기 위한 반란이었어. 특전사령관 정병주, 수도경비사령관 장태완 등이 반란에 맞서려 했지만 실패했지.

결국 최규하 대통령이 정승화 체포를 승인하면서 12·12반란은 성공했어. 이후 전두환과 신군부는 정부와 군의 핵심 자리를 차지하며 실권을 장악해. 몇 달 후 전두환은 중앙정보부장까지 겸임하면서 군과 정보기관을 동시에 장악했지.

1980년 5·18광주민주화운동을 무력으로 진압한 후, 전두환은 9월 대통령에 취임했어. 민주화의 희망은 다시 한 번 좌절되고 새로운 군사독재가 시작된 거야. 결국 10·26사건은 유신독재를 끝냈지만, 더 잔혹한 신군부 독재의 문을 열어준 비극적인 사건이 되었지.

1. ㅂㅁ민주항쟁이 일어난 두 도시는?

힌트 초성 ㅂㅅ, ㅁㅅ

----

2. 다음 빈칸에 들어갈 단어를 작성해 보자.

> **예시** 10·26 → 김재규가 박정희를 암살한 사건
>
> 12·12 → ○○○이 일으킨 ○○반란

----

3. 김재규가 박정희를 암살한 이유를 다각도로 분석하고, 10·26사건이 한국 현대사에
   미친 영향을 긍정적·부정적 측면에서 평가해 보자.

👍 **더 알고 싶어 119**　　　　　　　📖 도서　▶ 영상　🔍 사이트

📖 『**1979 부마민주항쟁**』 (차성환, 현북스, 2023)
1979년 부마민주항쟁의 역사를 담은 책이야. 부마민주항쟁은 왜 일어났는지 부마민주항쟁으로 우리 역사는 어떻게 달라졌는지 궁금증을 해소할 수 있는 책이야.

▶ **부마민주항쟁 사망자는 정말 없었을까?** (사피엔스 스튜디오)
1979년 당시 영상을 통해 부산·마산 민주항쟁의 생생한 역사를 공부할 수 있어.

🔍 **부마민주항쟁 디지털 아카이브** 부마민주항쟁과 관련된 사진, 동영상, 신문 기사, 구술 등 다양한 자료를 볼 수 있는 사이트야.

광주 시민들은
무엇을 위해 싸웠을까?

광주 5·18민주화운동

초등학교 4학년이었던 전재수는 5·18민주화운동 당시 계엄군이 쏜 총에 맞아 세상을 떠났어. 도대체 왜 어린 아이가 이런 비극적인 일을 겪은 것일까? 나라를 지키고 국민을 지키는 군인들이 어째서 시민들에게 총을 쏘았을까?

학습 키워드 #광주 #5·18 #민주화운동 #K민주주의
교과 연계 중3 2학기 〉 역사(한국사) 〉 Ⅵ. 근·현대사회로의 전환

신군부의 등장과 광주의 저항

독재자가 죽으면 당연히 민주주의가 이루어질 거라 생각하겠지? 그러나 우리나라 현대사에서는 그렇지 않았어. 독재정치를 하던 군인 출신 박정희가 암살당하자 온 국민이 이제 독재가 끝나고 민주화가 이루어질 거라는 희망에 들떠 있었지만 신군부 전두환이 12·12쿠데타로 정권을 잡는 바람에 그 꿈은 깨지고 말았지. 신군부는 저항세력을 처단하고 사회를 장악하기 위해 1980년 5월 17일 24시부로 비상계엄을 전국으로 확대했어. 새로운 독재가 시작된 거야.

1980년 5월 18일, 그 운명적인 날

1980년 5월 18일 일요일, 광주의 전남대학교 교문 앞에서 학생들

↑ 1980년 5월 15일 전남대 정문

↑ 1980년 5·18민주화운동 때 광주 시민들이 주먹밥 등 음식을 나누는 모습

과 계엄군들이 맞서고 있었어. "비상계엄 해제하라!"는 구호를 외치는 학생들에게 군인들이 곤봉을 마구 휘두르며 학생들을 강제로 끌고 갔어. 이 소식을 전해들은 광주 시민들은 분노에 차 전남도청 앞 광장으로 하나둘 모여들었지.

계엄군은 평화적 시위를 벌이는 시민들을 향해 무자비한 폭력을 저질렀어. 길 가던 죄 없는 시민들을 곤봉으로 때리고 총을 쏘아대기 시작했지. 앞동산 저수지에서 놀다 아무 이유도 모른 채 죽은 어린이들도 있었어. 장갑차가 도로에 가득했고 탱크 부대도 동원되었지. 광주 시민들이 계엄군에게 하나둘 쓰러져 가자 고등학생들도 시민군으로 나섰어. 모인 광주 시민들의 바람은 하나였어. "광주를 지키고 민주화를 이루자!"

이때 정말 감동적인 일이 일어나. 광주의 어머니들과 시민들이 총을 든 시민군들을 위해 주먹밥을 만들어 나눠 줬어. 전쟁 같은 상황에서도 서로를 돌보는 마음, 이게 바로 광주 시민들의 '공동체 정신'이었어.

진실을 가린 언론과 고립된 광주

광주에서 이렇게 끔찍한 일이 벌어지고 있는 걸 다른 지역에서는 알지 못했어. 계엄군이 광주 지역을 둘러싸고 아무도 들어갈 수 없게 했거든. 뉴스에서는 폭도들이 광주에서 폭동을 일으켰다는 가짜뉴스만 흘러나왔어. 이때 독일인 기자 위르겐 힌츠페터가 삼엄한 경비를 뚫고 광주 시내로 들어가 당시 상황을 사진과 영상으로 담아냈어. 덕분에 광주의 진실이 세계에 알려질 수 있었지.

5월 27일 새벽 4시, 계엄군이 전남도청에 총공격을 시작했어. 시민군들은 끝까지 저항했지만 전남도청이 함락되면서 5·18민주화운동은 막을 내렸어. 마지막 순간까지 도청을 지킨 윤상원을 비롯한 시민군들은 "우리는 물러설 수 없다. 끝까지 싸우겠다"며 목숨을 바쳤어.

10여 일간 지속된 민주화운동 과정에서 무려 200여 명에 가까운 시민들이 죽고 많은 이들이 다치고 실종되었어. 계엄군의 무력 앞에 광주 민주화운동은 실패로 끝난 것처럼 보였지. 하지만 5·18민주화운동은 결코 실패한 운동이 아니야. 비록 당시에는 신군부의 폭력 앞에 당했지만 광주 시민들이 보여준 민주주의에 대한 열망과 불의에 맞서는 용기는 전국으로, 그리고 세계로 퍼져나갔어.

광주의 함성은 1987년 6월 민주항쟁의 밑거름이 되었고 결국 우리나라의 민주화를 이끌어냈지. 만약 광주 시민들의 희생이 없었다면 지금 우리가 누리는 민주주의도 없었을 거야. 그런 의미에서 5·18민주화운동은 '승리한 패배'라고 할 수 있어.

진실의 발견과 역사적 재평가

1980년 이후 광주 시민들은 두려움과 공포 속에서 살아야 했지만 결코 그날을 잊지 않고 조금이라도 진실을 알리기 위해 노력했어. 다행히 5·18민주화운동의 진실이 조금씩 사람들에게 알려졌어. 세월이 흘러

진실이 밝혀지고 1993년 문민정부 출범 이후 5·18민주화운동에 대한 재평가가 이루어지기 시작했지. 그 결실로 1997년 5월 '5·18민주화운동 기념일'이 법정 국가기념일이 되었어. 1995년 전두환과 노태우는 5·18민주

↑ 전남 도청 앞 분수대에 모인 광주 시민들

화운동 당시 계엄군을 동원해 광주 시민들을 무력으로 탄압하는 등 민주주의를 훼손한 혐의로 법정에 섰지. 하지만 안타깝게도 전두환은 끝까지 광주 시민들에게 진심 어린 사과를 하지 않았어.

K-민주주의의 시작

유네스코는 2011년 5·18민주화운동 기록물을 세계기록유산으로 등재한다고 발표했어. 국가 폭력에 저항하며 인권과 민주주의를 지키기 위해 노력한 광주 시민들의 희생과 가치를 인정한 거야.

광주에서 시작된 민주화의 불꽃은 1987년 6월 항쟁으로 이어져 직선제 개헌을 이뤄냈고 이후 우리나라는 놀라운 민주주의 발전을 보였어. 지금의 한국은 어떤 것 같아? 국민이 직접 대통령을 뽑고 언론의 자유가 보장되며 시민들이 자유롭게 의견을 표현할 수 있어. 대통령도 잘못하면 탄핵당하는 세상이 되었지. 이런 성숙한 민주주의가 광주 시민들이 꿈꿨던 세상이야. 더 놀라운 건 한국의 민주주의 경험이 이제 다른 나라들에게도 모범이 되고 있다는 거야. 아시아뿐만 아니라 전 세계 민주화운동에 한국의 경험이 참고가 된다고 해. 이게 바로 'K-민주주의'의 힘이야.

1. 1980년 5월 당시 광주의 상황을 세계 언론에 알린 독일 기자의 이름은?

   힌트 초성 ㅇ ㄹ ㅎ ㅅ ㅍ ㅌ

   ----

2. 5·18민주화운동이 일어난 해와 도시를 적어 보자.

   ----

3. 신군부의 탄압에 맞서 싸운 5·18민주화운동의 역사적 의의를 적어 보자.

👍 **더 알고 싶어 119**　　　　　　　📖 도서　▶ 영상　🔍 사이트

📖 『**아무리 얘기해도**』 (마영신, 창비, 2020)
대한민국 역사 중 가짜뉴스가 가장 많은 사건인 5·18 광주 민주화운동의 진실에 대한 이야기를 담은 책이야. 5·18민주화운동을 왜곡하고 폄훼하는 가짜뉴스를 어떻게 구분할지 고민하는 계기가 될거야.

▶ [**알쓸범잡2**] 5·18민주화운동 (tvN)
계엄군의 집단 발포에도 굴하지 않고 민주주의를 지키기 위해 신군부에 대항하여 싸운 광주 시민들의 삶과 투쟁을 공부할 수 있는 영상이야.

🔍 **5·18 기념재단** 1980년 5·18민주화운동의 거의 모든 것을 담고 있는 사이트야. 민주화운동 사적지에 대한 자세한 설명도 확인하고 5·18민주화운동이 세계 민주주의 발전에 끼친 영향을 공부할 수 있는 사이트야.

Week10 ● 47일차

◯년◯월◯일

100만 명의 시민들은
왜 거리로 나왔을까?

모든 국민이 역사의 주인공이 된 1987년 6월 민주항쟁

"책상을 '탁' 하고 치니 '억' 하고 죽었다." 1987년 1월, 서울대 학생 박종철의 죽음을 둘러
싼 경찰의 터무니없는 발표였어. 하지만 6개월 후 이 거짓말에 분노한 100만 명의
시민들이 전국 거리로 쏟아져 나왔어. 과연 무슨 일이 있었던 걸까?

학습 키워드 #박종철고문치사사건 #4·13호헌조치 #이한열 #6·29민주화선언
교과 연계　중3 2학기 〉 역사(한국사) 〉 VI. 근·현대사회로의 전환

전두환의 이중적 통치, 당근과 채찍

　　5·18민주화운동을 무력으로 진압한 전두환은 1980년에 제11대 대
선에 단독으로 출마해 장충체육관에서 열린 통일주체국민회의에서 간
접선거로 대통령으로 선출됐지만 피로 물든 권력이라 국민들의 지지를
받지는 못했어. 그래서 전두환은 교묘한 전략을 썼어. 바로 '당근과 채
찍' 전술이야.

　　당근은 국민들이 좋아할 만한 정책들을 말해. 대입 본고사 폐지, 과
외 금지, 중고생 두발과 교복 자율화, 야간 통행금지 해제, 해외여행 자유
화 같은 것들 말이야. 특히 프로 야구단을 창단하고 스포츠를 육성해서
국민들의 관심을 정치에서 멀어지게 하려 했어. 마치 고대 로마의 '빵과
서커스' 정책과 같아. 하지만 채찍은 훨씬 무서웠어. 전두환 정부를 비판

하는 신문사와 방송사를 없애거나 사장을 마음대로 바꾸었어. 심지어 신문 기사의 크기와 내용까지 정해줄 정도로 언론을 철저히 통제했지. 마치 검열관이 모든 글을 미리 검사하는 것 같았어.

학생운동과 노동운동은 더욱 혹독하게 탄압받았어. 민주화를 요구하는 목소리는 조금이라도 용납하지 않았거든. 그럼에도 불구하고 대통령 직선제 개헌에 대한 국민들의 요구는 점점 높아져 갔지.

박종철 고문치사 사건

↑ 박종철 학생 고문치사 사건이 벌어진 남영동 대공분실

1987년 1월 14일, 충격적인 사건이 터졌어. 서울대 언어학과 학생 박종철이 남영동 대공분실에서 경찰의 수사를 받다가 숨진 거야. 박종철은 왜 끌려갔을까? 경찰이 수배자 박종운을 찾기 위해 후배인 박종철을 불법 연행했어. 509호 조사실에서 박종철은 가혹한 구타와 물고문을 당했지. 그리고 결국 22세의 꽃다운 나이에 세상을 떠났어.

경찰의 거짓말은 정말 어이가 없었어. "책상을 '탁' 치니 '억' 하고 죽었다"고 발표했어. 하지만 부검을 담당한 오연상 의사는 달랐어. "박 군의 복부가 매우 부풀어 있었고, 조사실 바닥에 물기가 있었다"고 증언했거든요. 물고문의 명백한 증거였어. 경찰은 고문 사실을 인정하고 담당 경관 2명을 구속했지만 조직적으로 사건을 은폐하려 했어. 하지만 진실은 숨길 수 없잖아. 5월 18일 5·18 추모미사에서 김승훈 신부가 경찰의 은폐 조작을 폭로했어. 이때부터 국민들의 분노가 수면 위로 떠오르기 시작했어. 대학생, 종교인, 시민사회가 하나둘 목소리를 내기 시작했지.

4.13 호헌조치, 기름에 불을 붓다

박종철 사건으로 민주화 요구가 거세지자 전두환은 4월 13일 충격적인 발표를 했어. 바로 '4.13 호헌조치'였어. 대통령을 국민들이 직접 뽑는 직선제로 개헌하지 않고 간선제를 유지하겠다는 거야. 이건 국민들의 민주화 열망에 정면으로 도전하는 것과 같아. 마치 "민주주의? 그런 건 생각도 하지 마!"라고 선언한 것이나 다름없었지. 국민들의 분노는 더욱 커졌어.

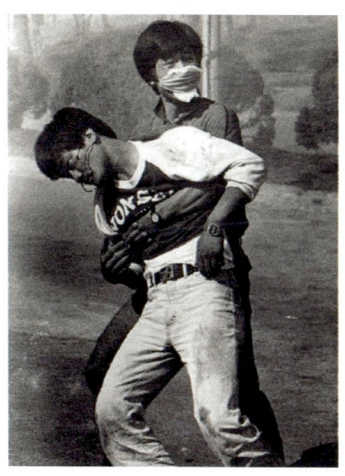
↑ 최루탄에 맞아 쓰러진 이한열 학생

종교계, 학생운동 조직, 야당이 힘을 합쳐 '민주헌법쟁취국민운동본부'를 만들었어. 전국적인 저항 조직이 만들어진 거야. 그런데 6월 9일, 또 다른 비극이 벌어졌어. 연세대 학생 이한열이 시위 중 경찰이 쏜 최루탄에 직격으로 맞아 쓰러졌어. 머리에서 피를 흘리며 쓰러진 이한열의 모습은 온 국민에게 엄청난 충격을 주었어. 이 사진이 신문에 실리자 전국이 들끓었어. "박종철에 이어 이한열까지!" 국민들의 분노는 결국 터지고 말았어.

6월 민주항쟁, 역사적인 100만 명 대행진

6월 10일, 드디어 대규모 시위가 시작되었지. '박종철 군 고문살인

⬆ 서울시청 앞을 가득 메운 시민들

은폐조작 규탄 및 호헌철폐 국민대회'라는 긴 이름의 시위였지만, 내용은 명확했어. "독재 타도! 직선제 쟁취!"

전국 18개 도시에서 동시에 시위가 벌어졌어. 이건 단순한 시위가 아니라 전국민적 봉기에 가까웠어. 여당인 민주정의당은 이런 상황에서도 노태우를 차기 대통령 후보로 추대하고 직선제 개헌을 거부했어. 서울의 시위는 밤늦게까지 계속되었고, 명동성당에서는 농성이 벌어졌어. 명동성당은 민주화의 성지가 되었어.

그리고 마침내 역사적인 날이 왔어. 6월 26일 '민주헌법 쟁취를 위한 국민평화대행진'이 열린 거야. 이날의 규모는 상상을 초월했어. 전국 34개 도시와 4개 군·읍 지역에서 6월 항쟁 최대 규모인 무려 100만 명이 참가했거든. 서울 거리는 사람들로 가득 찼어. 학생, 직장인, 주부, 상인, 성직자, 남녀노소, 계층을 불문하고 모든 사람이 거리로 나왔어. "독재 타도!", "직선제 쟁취!", "호헌 철폐!" 구호가 서울 하늘을 뒤덮었어. 특히 인상적이었던 건 넥타이를 맨 직장인들이 최루탄 연기 속에서도 시위에 참여하는 모습이었어. 평상시에는 정치에 무관심했던 '샐러리맨'들까지 거리로 나온 거야. 여기서 중요한 건 이들이 '폭도'가 아니었다는 점이야. 질서 정연하게, 평화롭게 자신들의 의사를 표현했거든. 진정한 시민 의식의 발현이었어.

6.29 민주화 선언, 승리의 순간

약 100만 명의 함성 앞에서 전두환 정권은 더 이상 버틸 수 없었어. 결국 6월 29일, 여당의 대통령 후보 노태우가 '6.29 민주화 선언'을 발표했어. 이 선언의 핵심은 명확해. 대통령 직선제 선거와 국민 기본권 보장이야. 국민들이 그토록 원했던 대통령을 직접 뽑는 선거가 드디어 가능해진 거야. 1987년 10월, 5년 단임의 대통령 직선제를 핵심으로 하는 헌법 개정이 이루어졌어. 국민투표에서 93.1%라는 압도적 찬성으로 통과되었지. 6월 민주항쟁을 통해 시민들은 '대한민국의 주권은 국민에게 있고, 모든 권력은 국민으로부터 나온다'는 헌법 제1조 2항을 몸소 실현했어.

민주주의 역사에 남긴 소중한 유산

6월 민주항쟁은 4·19혁명, 5·18민주화운동과 함께 우리나라 3대 민주화운동으로 기록되었어. 특히 이번에는 전 국민이 참여한 진정한 '시민혁명'이었다는 점에서 의미가 컸지. 이 항쟁의 성과는 단순히 직선제 쟁취에 그치지 않았어. 시민들의 정치 의식이 크게 높아졌고, 이건 이후 우리 사회 민주화의 든든한 토대가 되었지. 또 평화적인 방법으로 독재를 무너뜨렸다는 점에서 전 세계의 주목을 받았어. 폭력 없이 시민의 힘만으로 정권을 바꾼 것이었거든.

박종철과 이한열의 죽음은 헛되지 않았어. 그들의 희생이 100만 명의 시민을 거리로 이끌어냈고, 마침내 민주주의를 쟁취했으니까. 지금 우리가 자유롭게 말하고, 정부를 비판하고, 선거에 참여할 수 있는 것도 모두 1987년 6월, 용기 있게 거리로 나선 시민들 덕분이야.

1. 다음 빈칸과 초성에 알맞는 말을 찾아 보자.

> 1) 박종철이 고문받은 장소: ○○동 대공분실
> 2) 6월 항쟁의 최대 규모 시위 참가자 수: ○○○만 명
> 3) ㅂㅈㅊ: 고문치사 당한 서울대 학생
> 4) ㅇㅎㅇ: 최루탄에 맞은 연세대 학생
> 5) ㄱㅅㅎ: 진실을 폭로한 신부
> 6) ㄴㅌㅇ: 6.29 선언을 발표한 대통령 후보

2. 1987년 전두환이 개헌 논의 중단을 선언한 조치의 이름은?

3. 1987년 6월 민주항쟁이 한국 민주주의 발전에 미친 영향을 정치적, 사회적 측면에서 정리해 보자.

 더 알고 싶어 119

📖 도서 ▶ 영상 🔍 사이트

📖 **『1987 6월 민주항쟁』** (오진원, 현북스, 2023)
1987년 6월, 거리를 가득 메운 시민들은 "호헌 철폐!" "독재 타도!"를 외치며 민주주의를 갈망했어. 6월 민주항쟁이 현재도 진행중이라는 것을 알 수 있는 책이야.

▶ **가슴이 뜨거워지는 1987 6월의 이야기** (민주화운동기념사업회)
1987년 박종철 고문치사 사건부터 6.10 국민대회까지 민주주의를 쟁취하기 위해 전국 곳곳에서 남녀노소 가리지 않고 거리로 뛰어나왔던 시민들의 목소리를 생생하게 들을 수 있는 영상이야.

🔍 **민주화운동기념관** 대한민국 현대사에서 국가폭력의 상징이었던 남영동 대공분실 자리에 조성된 공간으로, 독재정권의 어두운 역사와 이를 극복한 민주주의의 이야기를 담고 있는 장소로 민주화운동의 역사와 의미를 깊이 공부할 수 있는 곳이야.

국가도 부도가 날 수 있을까?

IMF 국제통화기금과 국가 부도 사태

1998년 1월 5일 KBS 스튜디오, 줄을 길게 선 평범한 주부들의 손에 반짝이는
금반지와 목걸이가 들려 있었어. 자녀의 돌반지와 결혼 반지는 누구에게나 소중한 물건이야.
이 반지들을 왜 국가에 내려고 할까? 1997년에 도대체 무슨 일이 발생한 걸까?

학습 키워드 #IMF #외환위기 #금모으기운동
교과 연계 중3 2학기 〉 역사(한국사) 〉 VI. 근·현대사회로의 전환

IMF 사태, 그 충격의 시작

어느 날 갑자기 부모님이 "우리 집이 파산했다."고 말씀하시면 어떤 기분일까? 1997년 12월 3일, 대한민국 전체가 바로 그런 상황에 놓였어. 이 날을 많은 사람들이 '국가부도의 날' 또는 '경제 국치일'이라고 부를 정도였으니까.

IMF는 국제통화기금International Monetary Fund의 줄임말이야. 쉽게 말해 세계 경제의 '119 구급대' 같은 기관이라 할 수 있지. 각국이 경제위기에 빠졌을 때 긴급 자금을 지원해 주는 대신 그 나라의 경제 정책에 강력한 영향력을 행사해. 우리나라는 1955년에 가입했어.

1997년의 경제위기는 외환위기라는 외부의 충격에서 시작되었어. 1993년 한국 정부가 금융기관에게 해외 단기차입을 허용하면서 단기 외

채 도입의 '뒷문'이 열리게 되었고, 금융기관들은 금리가 낮은 일본 등으로부터 자금을 대규모로 빌려왔어.

이런 상황에서 1997년 1월, 대기업이었던 한보그룹이 갑자기 부도가 났어. 마치 도미노 하나가 무너지면 전체가 와르르 무너지듯 연쇄 부도가 이어졌고 외국 투자자들은 '한국이 위험하다!'고 판단하고 빌려 준 돈을 모두 돌려 달라고 요구하기 시작했어. 그런데 문제는 한국의 은행들이 갑작스럽게 돈 달라는 요구를 감당할 수 없었다는 거야. 마치 은행에 모든 예금자가 동시에 달려가서 "내 돈 내놔!"하고 외치는 상황과 비슷했거든. 1997년 여름, 일본 은행들까지 자금을 회수하기 시작하면서 상황은 더욱 악화되었어. 결국 김영삼 정부는 국제 통화 기금IMF에 구제 금융을 요청하여 긴급 자금을 지원받기로 결정했어. 우리나라가 부도가 났다는 걸 선언한 셈이야.

IMF의 가혹한 조건과 국민들의 고통

IMF는 돈을 빌려 주는 대신 가혹한 조건들을 내걸었어. 마치 "돈을 빌려줄 테니 집안일은 우리 말대로 해"라고 하는 것과 비슷해. 정부에는 긴축 재정을 은행에는 자금의 대출을 줄이고 고금리를 요구했어. 또 수입 승인제, 각종 보조금을 없애고 자본 이동을 더 자유화하라고 했지.

이건 외국 자본이 한국 시장으로 들어올 때 발생하는 충격을 막는 방파제를 제거하라는 요청인 거야. 이 과정에서 정말 많은 기업들이 부도가 났어. 더는 회생이 어려웠던 한계 기업은 물론 우량 기업조차도 고금리와 자금난 때문에 부도를 맞는 경우가 많았지. 기업의 부도와 인력 구조조정으로 실업자 숫자는 급속히 늘어났어.

당시 상황을 생생하게 보여주는 일화가 있어. 어떤 대기업 직장인은 아침에 출근했는데 회사 문에 '폐업 공고'가 붙어 있는 것을 보고 그 자리에서 주저앉았다고 해. 하루아침에 직장을 잃은 사람들의 절망감이 얼마나 컸을지 상상할 수 있겠지?

정말 많은 가족들이 고통을 겪었어. 평범한 중산층 가정이 하루아침에 생계를 걱정해야 하는 상황이 되었고, 아이들은 학원을 그만두고 부모님은 일자리를 찾아 헤맸어. 이때의 아픔은 지금도 많은 어른들의 가슴에 깊이 남아있어.

금 모으기 운동: 절망 속에서 피어난 희망

그런데 이런 절망적인 상황에서 놀라운 일이 벌어졌어. 바로 '금 모으기 운동'이야. 1998년 1월 5일 KBS 생방송을 통해 시작된 이 운동은 공식적으로는 3월 14일에 끝났어. 운동이 시작되자 신기하게도 결혼 반지를 가져오는 신혼부부, 아이 돌반지를 들고 오는 부모들, 심지어 금니

↑ 1997년 금 모으기 운동

까지 뽑아서 가져오는 어르신들까지 나타났어. 한 할머니는 "일제강점기 때 빼앗긴 금붙이를 이제라도 나라에 바칠 수 있어서 기쁘다"고 말씀하셨어. 정말 감동적이지?

이 운동의 결과는 정말 놀라웠어. 당시 시세로 21억 7천만 달러에 이르는 약 225톤이 모금되었고, 전국적으로 349만여 명이 참여했어. 전체 인구의 약 7.5%가 자발적으로 참여한 거야! 2015년 8월 MBC 방송국이 대국민 의식조사를 했을 때, 광복 이후 가장 자랑스러웠던 순간 3위에 금 모으기 운동이 꼽힐 정도였거든. 이런 국민들의 노력 덕분에 한국은 2001년 8월, 예정보다 3년이나 앞서 IMF 구제금융을 모두 상환할 수 있었어. 정말 대단한 국민이야.

IMF 사태가 남긴 교훈과 변화

IMF 사태는 우리 사회에 깊은 상처를 남겼어. 기업의 부도와 실직은 중산층의 붕괴를 가져왔고, 부자와 가난한 자의 격차는 더욱 벌어졌어. 하지만 금 모으기 운동으로 국민들의 애국심과 공동체 의식을 확인할 수 있었어. 금 모으기 운동은 정부나 기업만이 아니라 국민 전체의 노력이 있었기 때문에 IMF 구제금융 조기상환이 가능했음을 보여준 거야. 위기 상황에서 국민들이 얼마나 하나로 뭉칠 수 있는지를 보여준 감동적인 모습이었어! 결국 IMF 사태는 우리에게 아픈 기억이지만, 동시에 위기를 극복하는 국민의 힘을 보여준 자랑스러운 역사이기도 해.

1. 1997년 IMF 경제위기에 대한 설명으로 옳지 않은 것은?

　① 한보그룹의 부도가 경제위기의 신호탄이 되었다.

　② 12월 3일 IMF와 긴급 구제금융 협상이 타결되었다.

　③ 금 모으기 운동을 통해 225톤의 금이 모금되었다.

　④ 외국 투기 자본의 급작스러운 이탈이 주요 원인이었다.

　⑤ IMF는 한국 정부에 재정 확대 정책을 요구했다.

2. 1998년 시작된 국민적 경제 극복 운동의 이름을 써 보자.

3. 우리나라가 단기간에 IMF 경제위기를 극복한 저력은 무엇인지 정리해 보자.

 더 알고 싶어 119

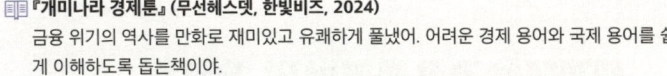 📖도서　▶영상　🔍사이트

📖 **『개미나라 경제툰』 (무선헤스넷, 한빛비즈, 2024)**
금융 위기의 역사를 만화로 재미있고 유쾌하게 풀냈어. 어려운 경제 용어와 국제 용어를 쉽게 이해하도록 돕는책이야.

▶ **금 모으기 - 운동 한국의 애국심 IMF를 기억하다 (KTV 국민방송)**
약 365만 명이 참여하여 세계가 깜짝 놀라고 해외 교과서에도 수록된 금 모으기 운동의 뒷이야기를 알 수 있는 영상이야.

🔍 **대한민국역사박물관** 대한민국역사박물관 상설 전시 역사관에서 한국 현대사의 여정을 한 눈에 볼 수 있고 특히 IMF 금융위기를 극복한 과정을 공부할 수 있어.

남과 북을 가르는 비무장지대는
어떻게 만들어졌을까?

비무장지대와 판문점

2018년 4월 27일, 전 세계가 숨죽이며 지켜보는 가운데 북한 김정은 국무위원장이
판문점 군사분계선을 넘어 문재인 대통령과 만나는 역사적인 일이 일어났어.
그런데 잠깐, 이 '선'이 언제부터, 왜 생겨났을까?

학습 키워드 #비무장지대 #대성동_마을 #판문점 #남북정상회담
교과 연계 중3 2학기 〉 역사(한국사) 〉 Ⅵ. 근·현대사회로의 전환

분단의 시작과 치열했던 경계선 협상

1953년 7월 27일, 3년 동안 이어진 한국전쟁이 끝났어. 하지만 모든 것이 해결된 건 아니었지. 한반도는 온통 상처투성이였고 정전협정에서는 군사분계선(휴전선)을 어디에 그을 것인가를 놓고 조금이라도 땅을 더 차지하기 위해 치열하게 다퉜어. 유엔군은 "지금 우리가 점령한 땅까지가 우리 것"이라고 주장했고 북측은 "전쟁 전 38도선으로 돌아가자"고 했어. 무려 2년간 계속된 협상 끝에 유엔군 주장이 받아들여져 현재의 군사분계선이 만들어졌어.

세계에서 가장 특별한 땅, DMZ

군사분계선을 중심으로 남북 각각 2km씩, 총 4km 폭의 비무장지대

DMZ가 정해졌어. 비무장 지대는 서쪽에서 동쪽으로 길이가 약 248km에 달하며 한반도의 허리를 가로지르고 있어.

이곳은 정말 특별한 곳이야. 군대도 주둔할 수 없고 무기도 배치할 수 없는 '출입금지 구역'이거든. 그런데 놀라운 일이 일어났어. 70년 동안 사람의 발길이 닿지 않자 이곳이 자연의 천국이 된 거야. 현재 DMZ 에는 5,000여 종의 동식물이 살고 있고 100여 종의 멸종위기 동물들도 살고 있어. 두루미, 재두루미, 저어새 같은 새들은 물론, 한국에서 사라진 줄 알았던 산양까지 발견되었어.

혹시 사람이 살 수 없는 비무장지대에 실제로 마을이 있다는 거 알아? 바로 남한의 '대성동 자유의 마을'과 북한의 '기정동 마을'이야. 그런데 북한과 아주 가까운 곳에, 그것도 DMZ 안에 왜 마을이 있는 걸까? 1953년 7월 작성된 한국전쟁 정전협정문에 "남북 비무장지대에 각각 1곳의 마을을 둔다."고 약속했기 때문이야. 대성동 자유의 마을은 경기도 파주시 군내면에 있으며 군사분계선과는 약 400m 정도로 가까워. 대성동 마을은 위치가 특별한 만큼 이곳 주민들의 삶도 평범하지는 않아. 국방과 납세를 면제받는 등의 혜택을 누리기는 하지만 여러 불편함도 있어. 밤 12시 이후에는 외출을 할 수 없고 외부인과의 결혼도 제한적이야.

세계가 주목하는 판문점

경기도 파주에 위치한 판문점은 비무장지대 군사분계선상에 있는 공동경비구역JSA이야. 판문점이 1951년에 남북간 회담 장소로 사용될 때는 천막이었어. 휴전협상이 장기화되면서 군사정전위원회 본회의장을 비롯한 부속 건물들이 세워졌지. 1976년 이전까지는 남북 경비병들이 군사분계선을 넘나들며 대화도 하고 담배도 나눠 피웠다고 해. 그런데

1976년 8월, 나무 가지치기 작업을 감독하던 미군 장교 2명이 북한군에게 도끼로 살해당하는 충격적인 사건이 발생했어. 이 사건 이후 모든 게 바뀌었어. 양측 경비병은 더 이상 군사분계선을 넘을 수 없게 되었고 지금도 서로를 경계하며 긴장된 대치를 하고 있어.

↑ 2018년 판문점 남북 정상회담

2018년에 판문점에서 남북 정상회담이 열렸어. 이때 김정은 국무위원장과 문재인 대통령이 손을 잡고 군사분계선을 함께 넘나드는 모습을 전 세계가 지켜봤어. 2019년에는 트럼프 미국 대통령까지 판문점을 방문해 김정은과 만났어. 한때 전쟁의 상징이었던 곳이 평화의 상징으로 바뀌는 역사적인 순간이었지.

미래를 향한 새로운 꿈

분단의 상징이었던 DMZ가 이제는 평화의 상징으로 거듭나고 있어. 전쟁의 아픔이 서린 이곳이 평화와 생태 관광지로 개발되고 있고, 남북이 함께 협력할 수 있는 공간으로 변화하고 있어.

여러분도 상상해 봐. 언젠가 기차를 타고 평양까지 여행을 갈 수 있다면 어떨까? DMZ에서 북한 친구들과 함께 축구를 할 수 있다면? 그런 날이 올 수 있도록 우리 모두가 평화를 위해 노력하자. 통일된 한반도에서 여러분은 무엇을 하고 싶어?

1. 비무장지대(DMZ)에 대한 설명으로 옳지 않은 것은?

   ① 군사분계선을 중심으로 남북 각각 2㎞씩 총 4km 구간이다.

   ② 동서 길이는 약 239km이다.

   ③ 군사정전위원회의 감독을 받는다.

   ④ 대성동 자유의 마을과 기정동 마을이 있다.

   ⑤ 군사시설과 무기 배치가 자유롭게 허용된다.

2. 다음 빈칸에 해당하는 인물을 작성해 보자.

> 2018년 판문점에서 _____ 국무위원장과 _____ 대통령이
> 손을 잡고 군사분계선을 함께 넘으며 남북 정상회담을 진행하였다.

3. 비무장지대가 분단의 상징에서 평화의 상징으로 변화하기 위해 필요한 조건들을 적어 보자.

더 알고 싶어 119

📖 도서   ▷ 영상   🔍 사이트

📖 『내 이름은 판문점』 (이규희, 밝은미래, 2021)

   분단의 상징에서 평화의 상징이 된 판문점의 역사를 담은 역사 동화책이야. 판문점에 대한 정보와 남북 분단의 주요 사건, 그리고 남북 분단 역사에 대한 연표를 담아 더욱 깊이 있는 내용을 알 수 있어.

▷ 마주 선 남북 정상, 역사적 판문점 악수 (JTBC News)

   문재인 대통령과 김정은 국방위원장이 군사분계선에서 악수를 하고 첫 인사를 나누는 장면을 통해 평화의 중요성을 확인할 수 있는 영상이야.

🔍 통일부 판문점 견학지원센터

   판문점의 역사, 주변 관광지를 소개하고 판문점을 견학을 신청하는 사이트야. 판문점 견학을 원하면 방문해 봐.

왜 우리는
독도를 지켜야 할까?

독도는 우리땅

'독도는 일본 고유 영토!' 2024년에 발행된 일본의 중학교 검정교과서 18종 중 16종이
이렇게 주장하고 있어. 정말 어이없는 일이지?
독도가 우리 땅인 증거를 찾아보고 왜 지켜야 하는지 함께 고민해 볼까?

학습 키워드 #독도 #세종실록_지리지 #팔도총도 #우산국
교과 연계 중3 2학기 〉 역사(한국사) 〉 Ⅵ. 근·현대사회로의 전환

우리 조상들이 남긴 독도 기록들

↑ 독도

독도에 관한 가장 오래된 기록은 『삼국사기』로 "지증왕 13년(512년) 여름에 우산국이 항복하고 매년 토산물을 바쳤다. 우산국은 강릉에서 정동쪽 바다에 있는 섬으로, 울릉도라고 도 한다."라고 나와 있어. 여기서 말하는 우산국은 지금의 울릉도와 독도 지역을 포함하는 작은 나라야. 즉 6세기 초부터 우리 조상들이 동해의 섬

들을 관리하고 있었다는 거지.

　　조선 시대에는 독도에 대한 기록이 훨씬 더 구체적으로 나와. 우리가 꼭 기억해야 할 문헌이 있는데 바로 『세종실록지리지』야. 이 책에는 "우산도와 무릉도는 모두 우산국의 땅이며 무릉도는 곧 울릉도다. 날씨가 맑으면 가히 바라볼 수 있다."라고 써 있어. 여기서 우산도는 독도를, 무릉도는 울릉도를 말해. 이 문구가 중요한 이유는 15세기 조선의 관리들이 독도와 울릉도의 위치를 분명하게 알고 있었고, 우리 영토로 인식했다는 증거이기 때문이야.

고지도가 보여주는 진실

　　우리나라 옛 지도들에는 울릉도와 우산도가 함께 그려져 있어. 그런데 사실 우산도는 울릉도의 동쪽에 있어야 하는데 어떤 지도에서는 서쪽에 그려진 경우가 있어. 일본은 바로 이 점을 들어 "우산도는 독도가 아니다!"라고 주장하기도 했어. 하지만 이건 일본의 억지 주장이야. 왜냐하면 이건 옛날 지도 제작 방식 때문이거든. 직접 현장에 가서 지도를 그리는 게 아니라 문헌을 보고 그린 경우가 많다 보니 위치나 크기가 정확하지 않은 경우가 생길 수밖에 없던 거지. 그래서 중요한 건 섬의 정확한 위치가 아니라 '울릉도와 우산도를 항상 함께 기록했다'는 사실이야.

　　실제로 『팔도총도』, 『동국대지도』, 『여지도』 같은 고지도를 보면 울릉도와 우산도가 나란히 그려져 있어. 방향이 조금 틀릴 수는 있지만 두 섬

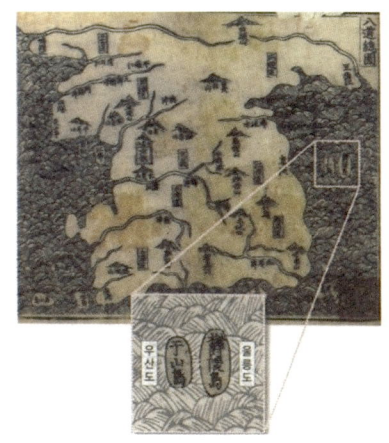

↑ 팔도총도 (1530)

이 늘 조선의 영토로 표시된다는 점이 더 중요해.

일본 스스로 인정한 독도

일본 스스로도 독도가 우리 땅임을 인정한 기록이 많아. 1693년 숙종 때 울릉도 영유권을 두고 조선과 일본이 다투자 일본 지방 정부는 울릉도와 독도가 일본 땅이 아니라고 답했어. 이어 1696년 일본은 울릉도·독도가 조선 땅임을 공식 인정하고 어민들에게 가지 말라는 도해 금지령을 내렸어. 하지만 1830년대 일본인이 울릉도에 들어갔고 일본 정부는 관련자들을 사형에 처했어. 1837년에도 울릉도와 독도가 조선 땅이니 항해하지 말라는 명령을 재차 내렸어. 가장 중요한 건 1877년 태정관 지령이야. 일본 최고 행정기관인 태정관은 울릉도와 독도가 '일본과 관계없다'는 지령을 내렸고 이건 일본이 공식적으로 독도가 일본 땅이 아님을 인정한 결정적 증거야.

독도를 지키는 현재의 노력

지금 독도에는 독도경비대가 상주하며 우리의 영토를 굳건히 지키고 김성도·김신열 부부가 독도 주민 1, 2호로 등록되어 살고 있어. 독도박물관과 독도연구소에서도 역사 자료를 연구하고 교육 활동을 통해 독도의 진실을 알리고 있지. 학교에서도 독도 교육이 이루어져.

우리가 할 수 있는 일도 많아. 올바른 역사를 배우고 알리기, 독도 자료 보존과 연구, 국제사회에 진실 알리기, 그리고 실효적 지배와 관리도 할 수 있어. 무엇보다 중요한 건 우리 모두가 독도에 대한 확고한 주인의식을 가지는 거야. 독도는 역사적, 지리적, 국제법적으로 명백한 우리 영토이며 이를 지키는 건 바로 우리의 책임이야.

1. 독도에 관한 설명으로 옳지 않은 것은?

① 신라 지증왕 때 이사부 장군이 우산국을 정복했다.

②『세종실록지리지』에 독도 관련 기록이 나온다.

③ 1696년 일본이 도해 금지령을 내렸다.

④ 1877년 일본 태정관이 독도는 일본 땅이라고 지령했다.

⑤ 조선 시대에는 우산도로 불렸다.

2. 512년 우산국을 정복한 신라의 장군 이름을 써 보자.

----

3. 독도가 우리나라 땅인 근거를 옛 문헌을 찾아 적어 보자.

 더 알고 싶어 119   📖 도서   ▷ 영상   🔍 사이트

📖『대한민국 독도 교과서』 (호사카 유지, 미래엔아이세움, 2012)

한국 체류 15년 만인 2003년에 한국인으로 귀화한 세종대학교 인문과학대학 교양학부의 호사카 유지 교수가 미래의 주역인 아이들을 위해 쓴 독도 책이야.

▷ 대한민국의 아름다운 영토, 독도 (외교부)

대한민국 외교부에서 제작한 독도 동영상이야. 독도의 아름답고 평화로운 모습을 소개하고 일본의 독도 침탈과정, 일본 독도 영유권 주장의 허구성, 우리 독도 영토 주권의 근거 등을 객관적 사실을 토대로 설명한 영상이야.

🔍 외교부 독도 외교부에서 운영하는 독도 사이트야. 독도를 자기땅이라고 우기는 일본의 논리를 반박하고 독도가 우리 땅인 근거를 깊이 있게 공부할 수 있는 곳이야.

우리 문화의 가치를 지켜내는 사람, 문화재청 공무원

문화재청 공무원은 우리나라의 문화유산을 보호하고 복원하고 국민들에게 올바르게 전달하는 일을 하는 문화재 행정 전문가야.

역사와 어떻게 연결되나?

문화유산은 단순히 오래된 건축물과 유물이 아니라 우리 민족의 기억과 가치가 담긴 시간의 기록이야. 숭례문, 석굴암, 훈민정음 해례본 같은 문화재에는 우리 조상들의 땀과 지혜, 시대의 이야기가 고스란히 담겨 있지. 이 기록이 훼손되거나 사라지면 우리는 우리의 역사와 정체성을 잃게 돼. 문화재청은 바로 이 역사적 자산을 지키고 다음 세대가 배우고 공감할 수 있도록 보존·관리·연구하는 국가 기관이야. 쉽게 말해 대한민국 역사의 수호자인 셈이지.

문화재청 공무원의 하루

Q. 출근하면 가장 먼저 하는 일은 무엇인가요?

A. 관리 중인 문화재의 보존 상태 보고서를 확인해. 비나 태풍, 폭염 같은 기후변화는 목조 건축물이나 석조 문화재에 큰 영향을 주거든.

Q. 어떤 회의를 많이 하나요?

A. 복원 작업 계획, 문화유산 보존 법률, 전시나 행사 운영 등 정책과 실행 계획을 세우는 회의를 자주 해. '이번에 발견된 조선 시대 유적을 어떻게 보존할지', '문화재 주변 개발을 어디까지 허용할지' 같은 중요한 결정을 내리는 거야.

Q. 현장에도 직접 나가나요?

A. 당연하지! 발굴 현장 조사, 전통 건축물 점검, 유적지 보존 환경 체크 등 현장을 자주 방문해. 사무실에서만 일하는 게 아니라 직접 문화재를 보고 만지며 상태를 확인하는 거지. 때로는 전국 곳곳의 문화재를 찾아다니기도 해.

Q. 국민들과 소통하는 일도 하나요?

A. 물론이야. 교육 프로그램, 문화유산 해설, 체험 행사 등을 기획해서 더 많은 사람들이 역사에 흥미를 느끼도록 도와. 궁궐 숙박 체험, 문화재 수리 기술 워크숍 같은 프로그램을 통해 문화재를 가까이에서 경험할 수 있게 만드는 거지.

Q. 힘든 점도 있나요?

A. 문화재 보존과 개발 사이에서 균형을 잡아야 할 때가 있어. '이 땅에 아파트를 지어야 하는데 지하에서 유적이 발견됐다'는 상황에서 어떤 결정을 내려야 할지 고민이 크지. 또 예산과 인력이 부족해서 모든 문화재를 완벽하게 관리하기 어려울 때도 있어.

Q. 언제 가장 보람을 느끼나요?

A. 훼손되었던 문화유산이 복원되고, 사람들이 "우리 문화가 정말 소중하구나" "이렇게 아름다운 역사를 가진 나라에 살고 있구나"라고 느끼는 순간이야. 특히 어린 학생들이 문화재를 보고 감탄할 때 정말 뿌듯해.

문화재청 공무원이 되려면?

한국사와 세계사는 기본이고 문화유산 보존, 고고학, 미술사, 건축사 등의 지식을 넓게 공부해야 해. 대학에서 문화재학, 고고학, 미술사학, 건축학 같은 전공을 선택하면 도움이 돼. 현장 답사나 박물관·유적지 관람을 통해 '보고 느끼며 배우는 역사 경험'을 꾸준히 쌓는 게 정말 중요해. 책으로만 배우는 것과 직접 눈으로 보고 손으로 만져보는 건 완전히 다르거든. 문화재청 공무원이 되려면 국가직 공무원 시험(7급 또는 9급)을 봐야 해. 국어, 한국사, 영어, 행정법 같은 과목을 준비해야 하고 꾸준한 독서와 시사 공부도 필요해.

앞으로 이 직업은?

K-팝, K-드라마와 함께 한국 문화유산에 대한 세계적 관심이 엄청나게 커지고 있어. 외국인 관광객들이 경복궁, 불국사, 한옥마을을 찾는 일이 점점 많아지고 있지. 그만큼 문화재 보존과 활용의 중요성도 더욱 높아지고 있어. 전통 문화뿐 아니라 3D 스캔, 디지털 복원, VR 전시, 메타버스 문화재 체험 같은 새로운 방식으로 역사와 연결할 수 있는 문화재청의 역할은 앞으로 더욱 확대될 거야. 특히 기후변화로 인한 문화재 피해가 늘어나면서 과학적 보존 기술을 갖춘 전문 인력이 더욱 필요해지고 있어.

01일차

1. ①

2. 주먹도끼

3. **답안 예시** 연천 전곡리에서 주먹도끼가 발견되면서 예전에는 '아시아에는 정교한 주먹도끼가 없다'고 믿었던 모비우스 학설이 깨졌다. 세계 고고학자들이 아시아에도 유럽이나 아프리카처럼 발달한 구석기 문화가 있었다는 것을 인정하게 되었다. 결국 작은 돌멩이의 발견이 인류 역사를 바라보는 눈을 바꾼 것이다.

02일차

1. ①-ⓒ, ②-ⓒ, ③-㉠

2. **답안 예시** 사냥이 잘 되고 먹을 것이 풍성하기를 바라는 마음 때문이다. 글자가 없던 시대에는 바위그림이 소원을 비는 방법이자 종교 의식의 한 모습이었다.

3. **답안 예시** 선사시대 사람들은 고래, 물개 같은 바다 동물도 잡고 사슴이나 호랑이 같은 육지 동물도 사냥했다. 또 배, 작살, 그물 같은 도구를 사용해 고래를 잡았고, 샤먼이 등장하는 걸 보면 사냥이 잘 되길 기원하는 의식도 했다는 걸 알 수 있다.

03일차

1. ②

2. **답안 예시** 전라남도 화순(핑매바위), 전라남도 고창, 인천 강화도, 충청남도 부여, 경상북도 고령 등이 있다.

3. **답안 예시** 정치적으로는 지배자와 일반 백성이 구분된 계급사회였음을 알 수 있다. 경제적으로는 농사가 발달해 잉여 곡식이 생겼고 많은 사람이 건축에 참여할 수 있었다. 종교적으로는 큰 바위를 영원함의 상징으로 숭배했고 고인돌이 제사 의식의 중심지 역할도 했다.

04일차

1. ①

2. **답안 예시** 『삼국유사』에 기록된 단군 이야기에 환웅이 곡식을 주관했다는 내용과 쑥과 마늘 같은 농작물이 등장하는 내용을 통해 고조선이 농경 사회였다는 것을 알 수 있다.

3. **답안 예시** 8조법에 '사람을 죽인 자를 사형에 처한다'는 내용에서 형벌이 존재했음을 알 수 있다. 또 '다른 사람에게 상처를 입히면 곡식으로 갚아야 한다'는 조항을 통해 농경 사회였음을 알 수 있고 사유재산이 존재했음을 확인할 수 있다. 마지막으로 도둑질한 자를 노비로 삼는 것에서는 당시에 계급이 있었다는 것을 알 수 있다.

05일차

1. ②

2. 율령

3. **답안 예시** 첫째, 왕위 세습제가 확립되어 왕권이 강화되었다. 둘째, 율령을 제정해 체계적인 국가 운영 체제를 마련했다. 셋째, 관등제를 정비해 관리들의 등급과 서열을 체계화했다. 넷째, 지방에 중앙 정부의 관리를 파견해 효율적인 지방 통치를 실현했다. 다섯째, 신분제를 정비해 사회 질서를 확립했다. 여섯째, 불교를 수용해 사상적 통합을 이루어 냈다.

06일차

1. 백제 → 고구려 → 신라

2. 충주 고구려비

3. **답안 예시** 한강은 교통과 교역의 중심 허브이자, 비옥한 평야를 지닌 경제 기반이었다. 이곳을 차지하면 중국과 이어지는 국제 관문을 확보하고 농업 생산력으로 국력을 키울 수 있었다. 실제로 한강을 가진 나라가 전성기를 맞았다는 점에서 한강 지배는 단순한 영토 싸움이 아니라 패권의 열쇠였다. 그래서 삼국은 동맹과 배신, 전쟁을 오가며 끝까지 이 지역을 놓고 격렬하게 다퉜다.

07일차

1. ①-ⓒ, ②-ⓒ, ③-㉠

2. 살수(청천강)

3. **답안 예시** 군사: 개마무사, 튼튼한 무기와 체계적 기습·유인 전술을 사용했다.

지리: 산악을 활용한 산성·옹성·치를 이용해 철벽 방어하고 천리장성으로 국경선 강화했다.

외교: 돌궐·백제·왜 등과 연계해 균형 유지하며 중국의 집중 공격을 분산시켰다.

08일차

1. ② 웅진(공주) → ③ 사비(부여)

2. 익산 미륵사지 석탑

3. **답안 예시** 백제의 두 차례 천도는 모두 고구려의 침입으로 인한 군사적 위기가 직접적인 원인이었다. 1차는 475년 고구려 장수왕의 남진으로 한성이 함락되면서 방어에 유리한 웅진으로 옮겼다. 2차는 538년 성왕 때 넓은 평야와 수운이 좋은 사비로 옮겨 적극적으로 발전하고 교역을 넓히려 했다. 두 번의 천도로 백제는 위기를 넘기고 재도약을 노렸다.

09일차
1. ①
2. 성골
3. **답안 예시** - 긍정: 역할 분담이 뚜렷해 질서 유지에 도움을 주었고 신분별 사용 제한으로 사치·과소비 억제했다. 정복 세력 편입에 유리해 사회 통합에 도움이 되었다.
 - 부정: 혈통 우선으로 인재 등용이 막혔다. 6두품의 불만 누적과 사회 갈등이 커지고 신라 말 고려 건국에 합류하는 등 체제 붕괴 요인으로 작용했다.

10일차
1. ⑤
2. 첨성대
3. **답안 예시** 경주는 천 년 동안 단 한 번도 수도를 옮기지 않아 신라 문화의 연속성과 완성도를 보여주는 살아있는 역사 박물관이다. 또 다양하고 풍부한 문화유산의 보존 상태가 뛰어나고 불교 문화의 정수를 보여주는 유산들이 집중되어 있어 동아시아 불교 문화 발달 역사에서 중요한 위치를 차지한다. 마지막으로 도시 전체가 하나의 거대한 유적지로써 인류 문명사에 독특한 가치를 지니고 있다.

11일차
1. ②
2. **답안 예시** - 계백의 일기: 오늘 아침 황산벌로 출전하기 전 사랑하는 가족들을 내 손으로 떠나보냈다. 가슴이 찢어질 듯 아팠지만, 백제의 마지막을 지키는 이 전투에서 가족들이 치욕을 당하게 할 수는 없다. 5천의 우리 군사로 5만의 신라군과 맞서야 하지만, 조국을 위해 목숨을 바칠 각오가 되어 있다. 백제의 천 년 역사가 나와 함께 끝나더라도 후세에 부끄럽지 않은 마지막 전투를 치르겠다.
 - 관창의 일기: 아버지 김품일 장군님께서 늘 말씀하셨다. 화랑은 나라를 위해 목숨을 바치는 것을 영광으로 여겨야 한다고. 오늘 황산벌에서 나는 그 가르침을 실천할 기회를 얻었다. 비록 어린 나이지만 신라군의 사기를 높이기 위해 앞장서 싸우겠다. 세속오계에서 배운 충과 용을 보여주어 동료들에게 용기를 주고 싶다. 신라의 통일 대업을 위해 내 목숨을 바치는 것이 화랑으로서의 사명이다.

3. **답안 예시** 신라의 삼국 통일은 긍정적 측면과 부정적 측면을 모두 가지고 있다. 긍정적 측면으로는 첫째, 한반도 최초의 정치적 통일을 달성하여 분열된 국력을 하나로 모을 수 있다는 점. 둘째, 외세 침략으로부터 한반도를 보호할 수 있는 강력한 국가 체제를 구축했다는 점. 셋째, 통일된 영토 안에서 경제와 문화가 발달할 수 있는 기반을 마련했다는 점. 넷째, 한민족의 정체성 형성에 기여했다는 점이다. 부정적 측면으로는 첫째, 외세인 당나라와 동맹을 맺어 통일 과정에서 당의 간섭을 받았다는 점. 둘째, 백제와 고구려의 고유한 문화와 전통이 상당 부분 소멸되었다는 점. 셋째, 통일 과정에서 수많은 인명 피해와 경제적 손실이 발생했다는 점. 넷째, 옛 백제와 고구려 지역 주민들에 대한 차별 정책으로 사회 통합에 어려움을 겪었다는 점이다. 그럼에도 불구하고 신라는 최초의 통일 국가를 이루어 역사적 의의가 크다고 평가된다.

12일차
1. ③
2. 698년 대조영이 동모산 근처에서 건국, 무왕(719~737) 때 만주 북부 지역까지 영토를 확장했어. 문왕(737~793) 때 5경 15부 62주의 행정 체계 정비하고, 선왕(818~830) 때 연해주에서 요동까지 영토를 넓혀 전성기를 맞았다.
3. **답안 예시** 발해와 고구려의 관계는 계승과 연속의 관계로 평가된다. 역사 기록면에서 발해는 건국 초부터 고구려 계승 의식을 강하게 내세웠다. 무왕이 일본에 보낸 외교 문서에서 발해를 고구려의 옛 땅을 회복한 나라라고 소개했고 국호로 '고려'를 사용했다. 일본과 중국에서도 발해를 고구려 유민이 건설한 나라로 인식했고 발해 멸망 후 유민들이 고려로 망명한 것도 이러한 연속성을 보여준다. 유물·유적 측면에서는 발해의 집터에서 고구려와 같은 모양의 온돌 구조와 연꽃무늬 막새가 고구려 것과 유사하며, 정혜공주 무덤 등이 고구려의 굴식 돌방무덤 양식을 따르고 있다. 이건 발해가 고구려의 문화 전통을 직접 계승했다는 물질적 증거이다. 따라서 발해는 고구려 유민이 세운 나라로서 고구려의 영토와 문화, 정신을 계승한 고구려의 후계 국가로 평가할 수 있다.

13일차
1. ⑤
2. 태조 왕건이 훈요십조를 작성한 이유는 후손들에게 올바른 정치 방향을 제시하고 고려가 대대손손 번영할 수 있도록 하기 위해서이다. 특히 백성을 보살피고 불교를 숭상하며 북진 정책을 추진하라는 등의 중요한 국가 정책 방향이 담겨있다.

3. 답안 예시 왕건의 결혼 정치는 고려 건국과 통치에 긍정적, 부정적 영향을 모두 미쳤다. 긍정적으로는 전국 각지의 호족들과 혼인 관계를 맺어 이들의 지지를 얻어 후삼국 통일을 원활하게 달성할 수 있었다. 또 지방 세력을 중앙 정치에 참여시켜 새로운 통치 체제를 안정적으로 만들었다. 그러나 부정적으로는 너무 많은 부인(29명)과 자녀들로 왕실 내부의 권력 다툼이 발생할 가능성이 높아졌고 호족들이 왕실과의 혼인으로 과도한 정치적 영향력을 가져 왕권의 안정성에 위협이 되기도 했다.

14일차

1. ④

2. 정치-과거·음서로 관직 독점, 재상 장악, 경제-공음전 세습, 대토지·노비 소유, 사회-왕실과 혼인해 외척 지위

3. 자주·개혁의 의지는 컸지만 현실 힘과 방법이 부족해 실패한 운동이다.

15일차

1. ⑤

2. - 몽골풍: 변발, 호복, '치'자 붙는 말(장사치, 벼슬아치), 수라, 만두, 소주 등. - 고려양: 고려 여성의 의복, 고려 음식 등

3. 답안 예시 ① 지형 활용(강화도·산성) ② 민중의 연대와 항전(초적·부곡민·노비·삼별초) ③ 몽골 한계(해전 약점, 장기 공성 부담)와 고려의 지속 의지.

16일차

1. ⑤

2. ① 현존하는 대장경 중 가장 완벽하고 정확한 내용, ② 5천만 자가 넘는 방대한 분량임에도 오탈자가 거의 없음, ③ 과학적인 제작 과정을 통한 뛰어난 내구성, ④ 760년 동안 온전히 보존된 세계 유일의 목판 대장경, ⑤ 불교 경전의 집대성으로서 높은 학술적 가치.

3. 답안 예시 나무를 바닷물에 담그고 소금물에 쪄서 방충·방부 효과를 높였고 옻칠과 구리 보강으로 내구성을 키웠다. 해인사 장경판전이 바람길과 제습 바닥(숯·소금·석회)으로 온습도를 스스로 조절했다. 해인사 스님들의 꾸준한 관리가 이어졌다.

17일차

1. 정동행성

2. ① 원나라와 밀접한 관계를 통해 성장, ② 주로 음서를 통한 관직 진출, ③ 불법적인 대규모 농장 경영, ④ 가난한 백성을 노비로 삼아 부 축적, ⑤ 정방과 도평의사사를 통한 정치권력 행사.

3. 답안 예시 공민왕의 개혁정치는 반원 자주화와 내정 개혁으로 구분된다. 반원 자주화는 친원 세력 숙청, 정동행성 축소, 쌍성총관부 공격을 통한 영토 회복, 정치 제도와 왕실 호칭 복구, 몽골식 풍습 금지 같은 것이다. 내정 개혁은 정방 폐지로 왕권을 강화, 신돈 등용과 전민변정도감 설치, 성균관 정비로 신진사대부를 키우는 것이다.

18일차

1. 처가살이

2. 양인층(왕족, 문·무반 관료, 서리·남반·향리·하급 장교), 평민(농민·상인·수공업자·향·부곡·소의 주민), 천인층(노비: 공노비·사노비).

3. 답안 예시 처가살이 제도는 남편이 결혼 후 아내 집에서 아내 가족과 함께 생활하는 혼인 풍습이다. 고구려의 서옥제와 비슷한 형태로 남편이 아내 집에서 자식을 낳고 키운 후 남편 집으로 가는 경우가 많았다. 이 제도의 의미는 여성의 높은 사회적 지위, 부계와 모계를 동등하게 중시하는 양계 중심 가족제도, 딸의 중요한 가족 구성원 인정, 사위와 외손자의 음서 혜택 등을 보여준다. 고려 시대 양성평등적 가족제도를 보여주는 대표적 사례이다.

19일차

1. 순청자, 상감청자

2. 상감 기법은 12세기 중반부터 고려청자에 사용된 장식 기법이다. 청자 표면에 무늬를 새기고 그 홈에 백토나 자토를 넣어 문양을 만든다. 이 기법은 전 세계 중 고려에서만 개발된 독창적 기술이며 국화·모란·연꽃 같은 식물 문양과 학·오리 같은 동물 문양을 아름답게 표현할 수 있다. 청자의 푸른색 바탕에 흰색이나 검은색 문양이 대비되어 세련된 효과가 있다. 상감 기법은 고려 도공들의 뛰어난 기술력과 예술 감각을 보여 주고 고려청자를 중국청자의 모방이 아니라 독창적인 한국 도자기로 발전시킨 핵심 기술이다.

3. 답안 예시 고려의 금속활자는 세계사에서 중대한 의미를 갖는다. 첫째, 세계 최초의 금속활자이다. 1234년 『상정고금예문』과 현존 최고(最古)인 『직지심체요절』(1377)은 구텐베르크의 42행 성서(1455)보다 78년이나 빠르다. 둘째, 인쇄술의 혁명적 발전을 가져와 목판 인쇄에 비해 다양한 종류의 책을 빠르고 효율적으로 제작할 수 있게 되어 지식이 퍼지는 데 기여했다. 셋째, 동아시아 문화 전파에 중요한 역할을 했고 조선 시대로 이어져 더욱 발달했다. 한글 창제 후 한글 서적 보급에도 큰 역할을 했다. 넷째, 인류 문명 발전에 기여한 인쇄술의 발달은 교육의 확산, 문화의 전승, 학문의 발전을 촉진시켜 인류 문명 전체가 발전되는데 큰 역할을 했다. 따라서 고려의 금속활자는 단순한 기술적 발명을 넘어 인류 역사의 진보에 중대한

영향을 미친 위대한 문화유산이다.

20일차

1. ① 4불가론, ② 위화도, ③ 과전법, ④ 조선, ⑤ 정몽주
2. 4불가론
   1) 작은 나라가 큰 나라를 공격하면 불리하다.
   2) 농사철에 군사를 빼면 민생이 무너진다.
   3) 군대가 비면 왜구가 침입한다.
   4) 장마철 원정은 무기가 망가지고 전염병 위험이 크다.
3. **답안 예시** 이성계의 조선 건국은 한국사의 중대한 전환점이다. 역사적 의미를 살펴보면, 정치적으로 500년 고려 왕조를 종료하고 새로운 성리학 중심의 왕조를 건설했고, 사회적으로는 권문세족에서 신진사대부로 지배층이 교체되어 능력 중심 사회로 변화했다. 경제면에서는 과전법을 통한 토지 제도 개혁으로 사회 모순을 해결하고 국가 재정을 안정시켰다. 문화적으로는 성리학 도입으로 새로운 학문과 사상 발달의 기반을 마련했다. 특히 조선이 500년간 지속되어 한 민족 문화가 꽃피우는 토대가 된 점에서 이성계의 조선 건국은 단순한 왕조 교체를 넘어 한국사의 새로운 시대를 연 혁명적 변화이다.

21일차

1. 농업서: 농사직설, 의학서: 향약집성방
2. 출산한 관노비 산모에게 총 130일(출산하는 달+산후 100일) 휴가, 남편에게 30일 육아 휴가, 세쌍둥이 출산 시 쌀과 콩 7~10석 지급.
3. **답안 예시** 첫째, 약 600년 전에 이미 현대적 사회보장제도의 틀을 완성했다. 둘째, 단순한 시혜가 아닌 체계적인 국가 정책이었다. 셋째, 사회적 약자를 포괄하는 포용적 정책이었다. 넷째, 인간의 존엄성을 인정한 휴머니즘 정책이었다. 그래서 세종의 복지 정책은 현재 우리가 지향하는 복지국가의 이상과 일치하는 모범적 사례라고 할 수 있다.

22일차

1. ①-ⓒ, ②-㉠, ③-ⓒ
2. 곽재우, 고경명, 휴정(서산 대사)과 유정(사명 대사) 등
3. **답안 예시** 첫째, 이순신과 조선 수군의 활약을 들 수 있다. 거북선이라는 혁신적 무기와 학익진 같은 뛰어난 전술, 명량대첩 같은 기적에 가까운 승리로 바다를 장악해 일본군의 보급로를 차단했기 때문이다. 둘째, 전국적인 의병 활동이 큰 역할을 했다. 곽재우, 고경명 같은 의병장을 중심으로 양반부터 농민까지 전계층이 참여하여 일본군을 지속적으로 괴롭혔다. 셋째, 승군의 활약도 컸다. 서산대사, 사명대사가 이끈 승군은 부처님 아래 강하게 뭉쳐서 강력한 저항 의지를 보여주었다. 넷째, 명나라 군대의 지원이 도움이

되었다. 1593년 명군 참전으로 조·명 연합군이 일본군을 남쪽으로 밀어냈다. 다섯째, 조선의 지형적 특성을 잘 활용했다. 산성을 이용한 방어전과 복잡한 해안선을 활용한 수군 작전이 효과적이었다. 여섯째, 일본 내부의 분열도 작용했다. 히데요시가 죽자 일본 내에서 권력을 잡기 위해 전쟁은 뒷전이 되었기 때문이다. 일곱째, 민족의 단결과 강인한 저항 의지가 바탕이 되었다. 신분과 계층을 초월해 나라를 사랑하고 지키려는 마음이 모든 저항 활동의 원동력이었다. 결국 뛰어난 전략과 전술, 과학 기술, 그리고 무엇보다 나라를 지키려는 민족의 의지가 합쳐져 일본의 침략을 막아낼 수 있었다.

23일차

1. ① 정묘호란, ② 삼배구고두, ③ 병자호란, ④ 효종, ⑤ 삼전도비
2. 남한산성
3. **답안 예시** 병자호란은 정치적으로는 조선의 외교 노선을 명나라 중심에서 청나라 중심으로 완전히 바꾸어 놓았다. 조선은 청나라의 속국 지위를 받아들여 중화질서 하에서 제한적 자주권만을 유지하게 되었다. 또 왕권이 크게 떨어져 인조 이후 조선 후기 왕권은 많이 약화되었다. 사회적으로는 전쟁 과정에서 수십만 명이 청나라에 납치되어 사회적 혼란이 컸고, 특히 환향녀 문제는 조선 사회의 여성관과 정절 관념을 더욱 강화시키는 계기가 되었다. 또 신분제가 동요되고, 사회 계층 간 갈등이 심해졌다. 사상적으로는 초기에는 북벌론이 등장하여 반청 의식과 복수 의지가 강했지만 시간이 지나면서 현실을 인정하고 청나라의 발전된 문물을 수용하자는 북학론이 떠올랐다. 이것은 기존의 화이관념에서 벗어나 실용적 사고를 중시하는 실학 사상의 발전으로 이어졌다. 결과적으로 병자호란은 조선을 더욱 현실적이고 실용적인 사회로 변화시키는 계기가 되었다.

24일차

1. 정도전, 경회루, 흥선대원군
2. 경복(景福)은 '큰 복을 누리리라'는 뜻으로 조선 왕조가 영원토록 큰 복을 누리기를 바라는 의미로 지었다.
3. **답안 예시** 경복궁은 조선 시대부터 현재까지 다층적인 역사적 의미를 갖고 있다. 조선 전기에는 새로운 왕조의 이상을 구현한 공간이었다. 정도전의 성리학적 이념이 건축으로 형상화되어 유교적 왕도정치의 무대가 되었고, 세종대왕 때는 한글 창제와 과학기술 발전의 중심지 역할을 했다. 임진왜란 시기에는 민족적 시련의 상징이 되었고, 왕이 도망간 것에 분노한 백성들이 불태운 경복궁은 조선 전기 정치의 한계를 보여주는 동시에 백성의 저항 의지를 나타냈다. 조선

후기 흥선대원군의 중건은 민족적 자존심 회복의 의지를 보여주었으나 과도한 재정 부담으로 사회적 부작용도 낳았다. 일제강점기에는 민족 수난의 상징이 되었다. 조선총독부 건물이 근정전 앞에 세워진 것은 일제의 의도적인 정신적 지배 정책이다. 광복 후부터 현재는 민족 정체성 회복과 문화유산 보존의 상징이 되고 있다. 1995년 조선총독부 철거와 지속적인 복원 사업은 주체적 역사 인식의 회복을 의미한다. 현재 경복궁은 전통문화 교육의 장이자 문화 관광의 중심지로 과거와 현재를 잇는 살아있는 역사 공간이 되었다. 따라서 경복궁은 단순한 건축물이 아니라 조선 왕조의 이상과 좌절, 민족의 시련과 극복 의지, 그리고 문화적 정체성이 응축된 우리 역사의 축소판이라 할 수 있다.

25일차

1. ① 공명첩, ② 납속책
2. 몰락한 양반은 잔반, 지방에서 세력을 유지한 양반은 향반이라고 불렀다.
3. **답안 예시** 첫째, 양반 인구가 급격히 늘어서 어떤 지역은 70%나 됐다. 둘째, 전통적인 양반의 권위와 특권이 많이 약해졌다. 셋째, 민중들 사이에서 양반에 대한 비판 의식이 커져 탈놀이에서 양반 조롱이 나타났다. 넷째, 신분보다는 경제력과 실력을 중시하는 사회 분위기가 만들어졌다. 다섯째, 근대적 평등 사상의 토대가 마련되어 신분제 사회에서 능력 중심 사회로 바뀌는 기반이 조성되었다. 결국 조선 후기 신분제의 동요는 예전 신분 사회의 모순을 드러내며 근대 사회로 바뀔 것을 예고하는 중요한 변화였다.

26일차

1. ⑤
2. 규장각
3. **답안 예시** 표면적으로는 아버지 사도세자의 묘를 수원으로 옮기면서였지만 실제로는 수원을 정치·군사·경제의 새로운 중심지로 만들어 자신의 이상적인 개혁정치를 실현하려고 했다. 한양의 기득권 세력에서 벗어나 새로운 정치 기반을 다지고 이를 통해 조선의 농업, 상업, 과학, 국방 수준을 크게 발전시키려고 한 것이다.

27일차

1. ① 앙부일구, ② 자격루, ③ 그림자, ④ 인형
2. 가마솥 모양의 청동 그릇에 정교한 눈금을 새겨 그림자로 시간과 24절기를 동시에 알 수 있었고, 12지신 동물을 그려 넣어 글을 모르는 백성도 쉽게 시간을 알 수 있었다.
3. **답안 예시** 세종 시대의 과학 기술은 사용자 중심의 설계, 자동화 시스템, 정확성과 편의성을 모두 추구한 점에서 현대 과학 기술의 철학과 통한다. 앙부일구의 직관적인 모양은 오늘날 사용자 경험 디자인의 원리와 같고, 자격루의 자동화 시스템은 현대 IoT나 스마트 기술의 출발점과 같다. 특히 모든 계층이 사용할 수 있도록 배려한 점은 현대의 '기술의 민주화' 정신을 600년 앞서 실현한 것으로 볼 수 있다.

28일차

1. 세도정치
2. 전정(전세), 군정(군포), 환곡.
3. **답안 예시** 임술농민봉기는 전국 70여 곳에서 동시에 많이 일어나 농민들의 사회 의식이 자라고 있다는 걸 보여줬다. 삼정의 문란에 맞선 조직적 저항은 나중에 동학농민운동의 밑바탕이 되었다. 하지만 지역마다 흩어져 일어난 봉기라서 전국적으로 힘을 모으거나 체계적 개혁 방안을 내놓지는 못했다.

29일차

1. ⓒ-ⓐ-ⓔ-ⓑ-ⓓ
2. 척화비
3. **답안 예시** 흥선대원군의 통상수교 거부 정책은 당시 상황에서 조선의 자주권을 지키려는 의지를 표현한 것이다. 청나라가 서양 열강에게 굴복하는 것을 보며 무분별한 개방이 국가를 위험에 빠뜨릴 수 있다고 판단한 것은 나름의 합리성이 있다. 실제로 병인양요와 신미양요에서 승리함으로써 조선이 쉽게 굴복하지 않는다는 것을 보여주었다. 하지만 장기적으로 보면 세계사의 흐름을 거스르며 근대화의 기회를 놓친 것도 사실이다. 다만 그 시점에서는 자주권을 지키기 위한 현실적인 선택이었다고 볼 수 있다.

30일차

1. ① 녹두장군, ② 인내천, ③ 집강소
2. 조병갑
3. **답안 예시** 동학농민운동은 신분 차별을 없애고 모두가 평등한 세상을 만들자고 외친 근대적 민권 운동이다. 또 외국 세력이 우리나라를 침략하는 것에 맞서 싸운 운동이자 농민들이 스스로 나서서 벌인 첫 번째 큰 민중 운동이기도 하다. 집강소라는 조직을 통해 마을을 다스리기도 했는데, 이건 민주주의의 시작을 보여준 것이다. 하지만 무기와 조직이 약했고, 활동 지역이 넓지 않았으며, 외국 군대와 정부군이 함께 공격해서 결국 실패했다. 이 운동은 오히려 일본의 조선 침략을 더 빠르게 만드는 결과도 낳았다.

31일차

1. ① 을미사변, ② 아관파천, ③ 을사늑약

2. 을사오적
3. **답안 예시** 일제의 국권 침탈은 주권국가에 대한 무력 침입, 강압에 의한 조약 체결, 내정 간섭 등으로 당시 국제법에도 위배되는 불법 행위였다. 을사늑약은 고종 황제의 동의 없이 강제로 체결되었고 대한제국 국새도 찍지 않아 조약의 기본 요건을 갖추지 못했다. 또 주권국가의 존재를 전제로 한 당시 국제 질서를 정면으로 위반한 침략 행위로 역사적으로나 법적으로나 정당성이 없다.

32일차
1. ① 신흥무관학교, ② 노블레스 오블리주
2. **답안 예시** 1910년 한일병합 후 가족회의를 통해 만주 이주를 결정하고, 전 재산을 처분해 독립운동 자금을 마련한 뒤, 60여 명의 가족을 이끌고 서울에서 신의주를 거쳐 압록강 건너 만주 삼원보까지 이주했다.
3. **답안 예시** 이회영 일가는 조선 시대 명문 양반가로서 사회적 특권을 누릴 수 있었음에도 나라를 잃은 현실 앞에서 개인의 안위보다 민족의 미래를 선택했다. 전 재산을 독립운동에 투입하고 3대에 걸쳐 목숨을 바친 것은 높은 사회적 지위에 따른 도덕적 책임을 실천한 대표적 사례다. 특히 신흥무관학교를 세워 3,500명의 독립군을 양성한 것은 개인적 희생을 넘어 민족사에 실제로 기여하여 진정한 노블레스 오블리주의 모범을 보여주었다.

33일차
1. 1) 하얼빈, 2) 단지동맹, 3) 이토 히로부미, 4) 동양평화론
2. **답안 예시** 이토 히로부미는 명성황후 시해, 고종 강제 퇴위, 을사늑약 강제 체결 등 조선 침탈에 큰 역할을 했고 동양 평화를 깨뜨린 전범이었기 때문에 대한제국의 독립과 동양 평화를 위해 처단했다.
4. **답안 예시** 안중근의 하얼빈 의거는 여러 차원에서 역사적 의의를 가진다. 첫째, 침략자에 대한 정당한 응징으로써 일제의 조선 강점 정책에 큰 차질을 빚게 했다. 둘째, 법정에서의 당당한 변론으로 일제강점의 부당함을 국제사회에 알리는 외교적 효과를 냈다. 셋째, 절망에 빠진 우리 민족에게 희망과 용기를 주어 이후 독립운동의 정신적 지주 역할을 했다. 넷째, 개인적 원한이 아닌 민족적 대의를 위한 의거임을 명확히 하여 테러와 구별되는 의병 활동임을 보여주었다.

34일차
1. 1) 정관헌, 2) 물불 /건달물, 3) 단발령, 4) 경인철도
2. **답안 예시** 단발령에는 을미의병으로 격렬히 저항했고 전차에 대해서는 처음에는 신기해했지만 사고 후 전차를 파괴하기도 했다. 전기나 철도 같은 편리한

문물은 점차 받아들였다.
3. **답안 예시** 개화기에 도입된 서양 문물은 표면적으로는 조선의 근대화에 기여했지만, 실제로는 외국 세력이 경제적으로 침탈하려는 수단이었다. 철도는 교통을 편리하게 해주었지만 조선의 자원을 수탈하는 통로 역할을 했고, 전기와 전차 같은 근대 문물은 일부 계층만이 누릴 수 있어 사회적 격차를 벌렸다. 또 이런 근대 시설의 건설과 운영권이 외국인에게 있어 조선은 혜택보다 피해가 더 컸다. 이것은 근대화와 식민지화가 동시에 진행되는 이중적 상황을 보여주는 것이다.

35일차
1. ㉦-㉧-㉢-㉲-㉣-㉐-㉤-㉠
2. 안사람 의병대
3. **답안 예시** 윤희순의 독립운동은 여성사적으로 중요한 의의가 있다. 첫째, 남녀차별이 극심했던 조선 시대에 여성이 직접 의병을 조직하고 지휘한 최초의 사례다. 둘째, '안사람 의병가'를 통해 여성들의 민족의식을 깨우치고 600명을 조직한 건 여성이 정치적으로 사람을 모으고 이끄는 조직화 힘이 있다는 의미가 있다. 셋째, 3대에 걸친 40년간의 독립운동은 여성도 역사의 주체가 될 수 있다는 걸 보여준다. 이는 근대 여성 인권 신장의 출발점이 되었다. 넷째, 개인적 희생을 감수하며 공적 영역에 진출한 건 전통적 여성 역할의 한계를 뛰어넘은 앞선 발걸음이다.

36일차
1. ① 무단, ② 문화, ③ 민족말살
2. 창씨개명
3. **답안 예시** 표면적으로는 유화정책을 펼치는 것처럼 보였지만 실제로는 탄압을 더욱 강화했다. 헌병을 경찰로 바꾸었다고 하면서 경찰관 수는 3배 이상 늘어났다. 한글 신문을 허가해 주면서 검열을 해서 기사를 삭제하거나 압수하고 신문을 쉬도록 했다. 또 고등경찰제와 치안유지법으로 항일운동을 더욱 가혹하게 탄압했다.

37일차
1. ① 봉오동 대첩, ② 청산리 대첩
2. 대한독립군
3. **답안 예시** 포수 출신들로 구성되어 산을 잘 타고 기동력이 뛰어났다. 평민 출신 홍범도가 계급 차별 없이 부하들을 대해 전우애가 끈끈했고 홍범도 자신이 뛰어난 총솜씨와 탁월한 지도력을 갖춘 명장이었기 때문이다.

38일차
1. 세 손가락 여장군

2. 서로군정서

3. 답안 예시 남자현의 독립운동은 여성사적으로 중요한 의의를 가진다. 첫째, 남녀차별이 극심했던 시대에 48세의 나이로 만주까지 가서 무장투쟁에 참여한 것은 전통적 여성 역할의 한계를 뛰어넘은 앞선 행동이다. 둘째, 후방 지원을 넘어 직접 총을 들고 암살 작전에 참여한 것은 여성도 독립운동의 주체가 될 수 있음을 보여주는 사건이었다. 셋째, 손가락을 잘라 혈서를 쓰는 극단적 의지 표현은 조국 광복에 대한 여성의 열정이 남성 못지않음을 증명했다. 넷째, 죽는 순간까지 독립 축하금을 남긴 것은 미래 세대를 위한 여성의 헌신적 정신을 보여준다.

39일차

1. 1) 하와이, 2) 연변, 3) 고려인

2. 답안 예시 만주에서는 신흥무관학교 같은 군사학교를 설립해 독립군을 양성하고 무장투쟁을 전개했다. 연해주에서는 대한광복군 정부를 조직해 독립운동 기지를 구축했다. 미주에서는 구미 위원부를 중심으로 외교 활동을 펼치고 독립의연금과 공채금을 모아 독립운동 자금을 지원했다.

3. 답안 예시 해외 이주 한인들은 생존을 위해 고향을 떠났지만 이주지에서 극심한 차별과 고난을 겪었다. 그럼에도 해외 이주 한인들의 역사적 의미는 첫째, 이주지에서 한인 공동체를 형성해 민족 정체성을 유지했고, 둘째, 독립운동의 해외 기지 역할을 하며 조국 광복에 기여했으며, 셋째, 오늘날 한국의 국제적 위상 제고와 교민사회 발전의 토대를 마련했다는 점이다.

40일차

1. ① 반민특위, ② 이완용, ③ 박흥식, ④ 을사오적

2. 답안 예시 이승만 정부가 친일파 처벌보다 반공을 우선시했고, 국회 프락치 사건으로 반민특위 의원들을 구속하고, 경찰들이 반민특위 사무실을 습격하는 등 조직적으로 방해했으며, 활동 기간을 대폭 단축시켜 제대로 된 조사를 불가능하게 만들었기 때문이다.

3. 답안 예시 친일파 청산 실패는 해방 후 한국 사회에 심각한 후유증을 남겼다. 첫째, 일제강점기 기득권층이 해방 후 그대로 권력을 유지하는 기형적 구조가 굳어졌다. 둘째, 독립운동가는 가난하고 친일파는 부유한 모순된 현실이 지속돼 사회 정의를 국민이 믿지 못하게 되었다. 셋째, 국민들이 원하는 친일 청산이 되지 않아 민주주의 발전에 부정적 영향을 미쳤다. 넷째, 과거사에 대한 성찰 부족으로 역사 인식의 혼란이 계속되고 있다. 다섯째, 반민특위 좌절은 훗날 독재정권이 친일파를 활용하는 빌미를 제공했다. 이건 오늘날까지도 우리 사회의 정의와 공정성 문제에 영향을 미치고 있다.

41일차

1. ① 3·1절, ② 무장봉기, ③ 계엄령, ④ 출입금지

2. 답안 예시 해방 후 친일파 경찰의 유지, 극심한 생활고, 3·1절 발포 사건으로 인한 제주도민과 당국의 갈등, 단독정부 수립 반대 등이 복합적으로 작용했다.

3. 답안 예시 제주 4·3 사건은 해방공간에서 벌어진 분단과 이념갈등의 비극적 산물이다. 국가권력이 무고한 민간인을 집단학살한 사건으로 국가 폭력의 참상을 보여준다. 이 사건이 주는 교훈은 첫째, 이념과 정치논리가 인간의 생명보다 우선시되어서는 안 된다는 것이다. 둘째, 국가권력은 국민을 보호해야 하고 탄압해서는 안 된다. 셋째, 과거의 아픈 역사도 진실을 규명하고 명예를 회복해야 한다. 넷째, 평화와 인권의 가치를 소중히 여기고 이를 지켜나가야 한다.

42일차

1. ㉠-㉣-㉢-㉤-㉢-㉮-㉰

2. 메러디스 빅토리호

3. 답안 예시 6·25전쟁은 우리 민족에게 심각한 분열과 피해를 가져왔다. 물적으로는 전 국토가 폐허가 되고 경제가 파탄났으며, 수백만 명의 사상자와 1천만 명의 이산가족이 발생했다. 정신적으로는 동족상잔의 트라우마와 분단 고착화라는 상처를 남겼다. 하지만 이 전쟁은 중요한 교훈도 주었다. 첫째, 전쟁으로는 어떤 문제도 해결할 수 없으며 오히려 더 큰 비극만 초래한다는 것. 둘째, 평화의 소중함과 분단의 아픔을 깨닫게 해준 것. 셋째, 흥남철수 같은 인류애의 숭고함. 넷째, 국방력의 중요성 등이다. 이런 교훈을 바탕으로 우리는 평화 통일을 위해 대화와 협력의 길을 찾아야 한다.

43일차

1. ① 김주열, ② 경무대, ③ 진영숙

2. 답안 예시 수송초등학교

3. 답안 예시 4·19혁명은 우리나라 민주주의 발전에 중요한 의의를 가진다. 첫째, 국민이 직접 나서서 부정선거와 독재정권을 무너뜨린 최초의 민중혁명이었다. 둘째, 학생이 민주화운동의 주체로 나서 이후 학생운동의 전통을 확립했다. 셋째, 초등학생까지 참여한 전 국민적 저항운동으로 민주주의에 대한 국민의 식을 보여주었다. 넷째, 평화적 시위를 통한 정권교체의 가능성을 입증했다. 하지만 한계도 있었다. 첫째, 이승만 개인의 축출에 그쳐 구조적 개혁까지 이어지지 못했다. 둘째, 1년 후 5.16 군사정변으로 민주화가 좌절되어 '미완의 혁명'이 되었다. 그럼에도 4.19 정신은 이후 민주화운동의 원동력이 되어 오늘날 우리 민주주의의 토대가 되었다.

44일차

1. ① 바보회, ② 평화시장, ③ 근로기준법
2. 청계천 버들다리
3. **답안 예시** 교실 넓이의 3분의 1밖에 되지 않는 좁은 작업장에 10여 대의 재봉틀이 놓여 있었고, 다락방에서 허리도 펴지 못한 채 하루 14시간 넘게 일해야 했으며, 월급 3,000원으로는 생활이 어려워 1원짜리 풀빵으로 점심을 때우는 경우가 많았다.
4. **답안 예시** 전태일의 분신은 그동안 무관심했던 학생과 시민들이 노동자들의 현실에 관심을 갖게 하는 계기가 되었다. 정부가 개선된 노동정책을 내놓고 노동운동의 확산에 기여했다. 오늘날에도 노동자의 인권과 근로조건 개선의 상징적 의미를 가지고 있고, 주 5일제 근무, 최저임금제도 등 현재 우리가 누리는 노동자 권익의 토대가 되었다.

45일차

1. 부산, 마산
2. 전두환, 군사
3. **답안 예시** 김재규의 암살 동기는 민주주의 회복 신념, 차지철에 대한 개인적 미움, 반유신세력 대응 방식의 차이 등이 거론되었다. 긍정적으로는 18년간의 유신독재를 종식시켰지만 부정적으로는 12·12 군사반란으로 신군부가 등장해 더 잔혹한 독재가 시작되는 계기가 되었다.

46일차

1. 위르겐 힌츠페터
2. 1980년, 광주
3. **답안 예시** 첫째, 군부독재에 맞선 시민들의 자발적 저항정신을 보여주었다. 둘째, 5·18의 희생은 이후 6월 민주항쟁의 동력이 되었고 궁극적으로 민주화 달성에 기여했다. 셋째, 군대가 자국민에게 총을 겨누는 참혹한 현실을 통해 독재정권의 본질을 드러냈다. 넷째, 위기 상황에서 광주 시민들이 보여준 상부상조와 연대의식은 시민사회의 가능성을 보여주었다. 다섯째, 국제적으로 인권과 민주주의의 가치를 알렸다. 2011년 유네스코 세계기록유산 등재는 5·18의 보편적 가치를 국제사회가 인정한 것이다. 즉 5·18민주화운동은 단순한 지역적 사건이 아니라 한국 민주주의 발전과 인권 신장에 결정적 기여를 한 역사적 사건이다.

47일차

1. ① 남영, ② 100, ③ 박종철, ④ 이한열, ⑤ 김승훈, ⑥ 노태우
2. 4.13 호헌조치

3. **답안 예시** 정치적으로는 대통령 직선제 개헌을 통해 절차적 민주주의를 확립하고 국민 주권 원리를 실현했으며, 이후 평화적 정권교체의 토대를 마련했다. 사회적으로는 전 국민적 참여로 시민 의식을 크게 높였고, 시민사회의 성장과 민주적 시민 문화 확산에 기여했다. 또 폭력 없는 평화적 저항으로 민주주의를 쟁취함으로써 전 세계 민주화운동에 모범을 보였다.

48일차

1. ⑤
2. 금 모으기 운동
3. **답안 예시** 첫째, 국민들의 강한 공동체 의식과 애국심이다. 금 모으기 운동에 349만 명이 참여해 21억 7천만 달러 상당의 금을 모금한 건 국민적 단결의 상징이었다. 둘째, 정부의 강력한 구조조정 의지와 개혁 추진력이다. 금융기관 정리, 기업 구조조정, 노동시장 유연화 등을 신속하게 추진했다. 셋째, 기업들의 적극적인 구조조정과 경영 혁신 노력이다. 많은 기업이 사업 포트폴리오를 정리하고 효율성을 높였다. 넷째, 높은 교육 수준과 우수한 인적 자원이 위기 극복의 기반이 되었다. 다섯째, 수출 중심의 경제구조가 빠른 회복에 도움이 되었다. 원화 가치 하락으로 수출 경쟁력이 높아졌고 IT 산업 등 신성장 동력이 부상했다. 여섯째, 국제 사회의 지원과 신뢰 회복 노력이 효과를 발휘했다. 결과적으로 2001년 8월, 예정보다 3년 앞서 IMF 구제금융을 완전히 상환할 수 있었다.

49일차

1. ⑤
2. 김정은, 문재인
3. **답안 예시** 첫째, 남북한 간의 지속적인 대화와 신뢰 구축이 전제되어야 한다. 정상회담과 실무진 협의를 통해 서로 이해를 높여야 한다. 둘째, 한반도 평화체제 구축을 위해 정전협정이 평화협정으로 바뀌어야 한다. 셋째, DMZ의 생태적 가치를 보존하면서 평화관광지로 개발하는 방안을 연구해야 한다. 넷째, 국제 사회의 지지와 협력을 통해 DMZ를 세계평화의 상징으로 만들어야 한다. 다섯째, 남북 공동으로 DMZ 내 역사·문화 유적에 대한 조사와 보존 활동을 펼쳐야 한다. 여섯째, 이산가족 상봉과 교류 확대를 통해 분단의 아픔을 치유해야 한다. 마지막으로 평화교육을 통해 미래 세대가 평화의 가치를 이해하고 실천할 수 있도록 해야 한다.

50일차

1. ④
2. 이사부
3. **답안 예시** 첫째, 『삼국사기』에 512년 이사부 장군이

우산국을 정복했다는 기록이 있고, 우산국에는 독도(우산도)가 포함되어 있다. 둘째, 『세종실록지리지』에 '우산도와 무릉도는 모두 우산국의 땅이고, 날씨가 맑으면 가히 바라볼 수 있다'고 기록되어 있다. 셋째, 조선 시대 각종 지도와 문헌에 울릉도와 우산도가 함께 기록되어 있어 두 섬을 모두 우리 영토로 인식했음을 알 수 있다. 넷째, 조선 정부가 정기적으로 관리를 파견하여 섬을 관리했다는 기록들이 있다.